구술기록관리
방법론 연구

구술기록관리 방법론 연구

초판인쇄	2015년 9월 15일
초판발행	2015년 9월 20일
편저	한국외국어대학교 기록학연구센터 편
발행인	조현수
펴낸곳	도서출판 더로드
표지 & 편집 디자인	오종국 Design CREO
마케팅	조현수
ADD	경기도 고양시 일산동구 백석2동 1301-2
	넥스빌오피스텔 904호
전화	031-925-5366~7
팩스	031-925-5368
이메일	provence70@naver.com
등록번호	제396-2000-000052호
등록	2000년 5월 30일
ISBN	979-11-955702-1-8 93940

정가 30,000원

파본은 구입처나 본사에서 교환해드립니다.

구술기록관리 방법론 연구

한국외국어대학교 기록학연구센터 편

도서출판 **더 로드**
The Rod Books

　세계기록문화유산으로 등재되어 있는 조선왕조실록은 우리 민족의 찬란했던 기록관리 문화의 결정체라 할 수 있습니다. 임금의 승하 후 사초(史草) 및 시정기(時政記)를 수집하여 실록청에서 편찬한 조선왕조실록은, 중국이나 일본의 왕조실록에 비해 그 내용이 매우 상세할 뿐만 아니라, 군왕만이 아닌 당대의 정치 · 경제 · 사회 · 문화 전반에 걸친 내용을 전한다는 점에서 세계에서 유래를 찾아보기 힘든 기록유산이라 할 수 있습니다. 하지만 무엇보다 중요한 점은 군왕도 볼 수 없게 함으로써 내용의 진위성 및 무결성 확보는 물론, 이를 통해 자신의 통치내역에 관한 역사적 설명책임을 지니게 한다는 점입니다.

　기록은 조직이나 개인의 활동 과정 중에 자연스럽게 생성 · 축적된다는 점에서, 있는 그대로의 모습을 비춰 주는 거울과 같다고 할 수 있습니다. 모든 사람들이 거울에 비추어 자신의 모습을 정돈하듯, 기록을 통해 과거를 되돌아보고 오늘을 점검하며 내일의 나아가야 할 길을 찾을 필요가 있습니다. 이러한 면에서 조선왕조실록의 전통은 현재적 의미를 지니며, 보통 사람들이 국가의 주인으로 인정받는 참된 민주주의를 향한 지름길을 제시해 줍니다.

우리나라에 기록학이란 새로운 학문이 소개된 지 15년이 넘었습니다. 지난 10년 동안 우리나라의 국가 기록관리는 괄목할만한 발전을 이룩해 왔습니다. 국가 기록관리를 체계적으로 수행할 수 있는 법적 인프라 수립은 물론 각급 중앙기관 및 지방자체단체에 기록연구직이 배치되었으며, 전자기록을 과학적으로 관리할 수 있는 기록관리시스템이 구축되었습니다. 또한 기업이나 종교기관, 대학 및 기타 민간단체에도 하나 둘씩 기록관이 세워지고 있으며, 전국 각지에 기록학대학원이 설립되어 불철주야로 기록학 이론 및 방법론 연구에 매진하고 있습니다.

한국외국어대학교 기록학연구센터도 우리나라 기록관리의 정착에 힘을 보태고자 노력해 왔습니다. 각계 전문가 및 지난 2001년 설립된 한국외국어대학교 대학원 정보·기록학과 구성원들을 주축으로 기록학 이론 및 방법론에 대한 심도 있는 연구를 수행해 왔으며, 다수의 구성원이 기록관리 실무 현장에서 전문가로서의 첨병 역할을 담당하고 있습니다. 또한 다양한 영역의 기록관리 실무 관련 프로젝트 수행을 통해 과학적인 기록관리 방법론들을 보급해 왔으며, 매월 기록학 콜로키움을 개최하여 연구자의 고뇌와 실무자의 경험이 조우하는 만남의 장을 제공해 왔습니다.

이러한 활동의 연장선상에서 작년부터 기록학연구센터의 연구 및 출판사업에도 박차를 가해 왔습니다. '한국외대 기록학연구센터 연구총서' 발행은 그 일환으로 기획된 것입니다. 지난 10여 년간 우리나라 기록관리 제도의 급격한 발전 속도에 비해 기록학의 학문적 연구는 상대적으로 뒤쳐진 것이 사실입니다. 튼튼한 건물을 세우기 위해서는 지반공사가 중요하듯, 굳건한 기록관리 제도의 정착을 위해서는 기록학의 학문적 연구가 뒷받침 되어야 하기 때문입니다.

향후 한국외대 기록학연구센터 총서는 기록학 이론 및 방법론과 관련된 다양한 학문적 연구 성과들을 엄선하여 발간할 계획입니다. 2009년과 2014년에 기록학연구센터 총서 1과 2를 발간하였고, 2015년 구술기록 관리를 주제로 기록학연구센터 총서 3을 발간하게 되었습니다. 그동안 국내 기록학계에서 본격적인 전문 연구서가 간행되지 못해왔음을 염두에 둘 때, 기록학연구센터 총서 간행은 국내 기록학의 진전에 큰 촉매제가 될 것입니다. 아직 국내 기록학의 학문적 연구 여건이 그리 양호한 편은 아니지만, 한국외대 대학원 정보기록관리학과의 교강사진 및 불철주야로 연구 활동에 매진하는 박사과정생들의 연구 성과, 그리고 국내외 기록학 연구자 및 실무자들의 연구 성과들을 모아, 우리나라 기록학의 학문적 발전에 밑걸음이 되고자 합니다.

 끝으로 어려운 출판 여건에도 불구하고 한국외대 기록학연구센터 총서의 발간을 흔쾌히 하락하신 도서출판 더로드의 조현수 사장님과 편집부 일동께 감사를 드립니다. 아무쪼록 한국외대 기록학연구센터 총서 발간이 우리나라 기록학의 학문적 발전에 일조하길 기대하며, 발간사를 대신하고자 합니다.

2015년 8월

한국외국어대학교 기록학연구센터 소장
한국외국어대학교 대학원 정보 · 기록학과 교수
문학박사

이영학

근래 들어 국내에서도 구술이 보편화되고 있습니다. 역사학, 사회학, 인류학, 문학, 기록학, 예술학 등 여러 학문 분야에서 새로운 연구방법론의 하나로서 구술이 일반적으로 도입되고 있고, 언론사나 방송국, 시민단체 등 사회 내의 각계 영역에서도 구술을 활용한 다양한 활동들을 수행하고 있습니다. 이는 최근 녹화 및 녹음 기기의 보편화로 영상 및 음성을 기록 형식으로 남길 수 있게 된 정황에서도 연유를 찾을 수 있지만, 무엇보다 당대의 사회상 및 집단기억을 적극적으로 남기고자 하는 노력의 결과라는 점에서 국가적으로 볼 때 매우 바람직한 현상이라고 할 수 있습니다.

구술은 말을 통해 과거 및 현재의 사실을 기록화 시키는 작업이라는 점에서, 그간 '사료'의 부족 및 공백을 보완할 수 있는 새로운 수단으로 자리해가고 있습니다. 1930년대 미국에서 시작된 구술채록은 생존자의 기억을 통해 역사적 사실을 기록으로 남긴다는 점에서, 치밀한 사전 연구 및 기획, 그리고 체계적인 채록 방법론이 요구됩니다. 물론 학계에 잔존해 있는 오랜 실증주의의 영향 속에 기억의 주관성이나 부정확성, 편향성 등의 측면에서 구술을 비판하는 목소리 역시 높지만, 기록에 드러나지 않는 보다 깊은 맥락의 파악이나 기록으로 남지 않는 영역에 대한 기록화 측면에서 구술이 지닌 긍정적인 측면은 부정될 수 없는 것 또한 사실입니다.

이를 반영하듯 전 세계적으로 구술은 하나의 전문적인 학문 영역으로 확고히 자리해가는 추세입니다. 우리나라에서도 사회 하층민 내지 소수자의 목소리를 기록화 시키거나 기록의 결락부분을 보완하는 목적으로 수많은 기관에서 구술사업을 활발하게 수행하고 있습니다. 하지만 대부분의 구술 사업은 연구 상의 필요를 위한 구술채록에만 관심을 지닐 뿐, 구술채록 결과물의 체계적인 관리 및 보존에는 등한시하고 있는 것이 현실입니다. 구술채록 결과물은 과거 및 현재의 사실내역을 생존자의 기억을 통해 기록화 시킨 산물이라는 점에서, 생성 당시의 있는 그대로를 장기적으로 관리·보존해야 하는 당위성을 지닙니다. 이래야만 신뢰할 수 있는 증거로서 후대에 전승해 활용할 수 있는 또 하나의 '사료'가 될 수 있기 때문입니다.

이에 한국외국어대학교 기록학연구센터는 구술의 생성부터 관리·보존에 이르는 체계적이고 과학적인 방법론 정립을 위해 본서를 발간하게 되었습니다. 한국외국어대학교 기록학연구센터는 그동안 다양한 구술사업에 참여하며 구술의 과학적 관리 및 보존에 관한 심도 있는 연구를 진행하고 있습니다. 그동안 국내 학계에서는 구술기록의 생성 및 관리 · 보존에 대한 관심이 상대적으로 미진하였고, 이와 관련된 연구성과 역시 부족한 상황임을 염두에 둘 때, 본서의 발간은 시의적절하다고 볼 수 있습니다. 한국외국어대학교 기록학연구센터에서는 그간 수많은 구술채록 경험 및 노하우를 지니고 있으며, 특히 기록학의 이론 및 방법론을 적용하여 구술기록의 관리 및 보존 프로세스에 대한 과학적 방법론을 개발해왔습니다. 이를 기반으로 본서는 구술기록의 기획 및 생성에서부터 최종 보존에 이르기까지 전 영역을 아우르며 구술기록의 과학적 생성 · 관리 · 보존과 관련된 개론서를 발간하게 되었습니다.

디지털 시대를 맞아 구술기록의 관리 · 보존에 대한 도전은 앞으로 더욱 더 거세질 것으로 예측됩니다. 0과 1의 비트스트림으로 된 디지털 구술기록의 관리 · 보존은 이전 종이기록의 그것처럼 그리 간단한 문제가 아니기 때문입니다. 이러한 상황에서 본서가 구술채록에 불철주야 매진하는 연구자

및 실무자들의 노고에 조그마한 도움이 되길 기대하며 간행사를 대신하고
자 합니다.

2015년 8월

한국외국어대학교 인문대학장

한국외국어대학교 대학원 정보 · 기록학과 주임교수

문학박사

노 명 환

| 서문 |

최근 한국에서 구술채록은 매우 활발하게 수행되고 있다. 역사학, 인류학, 사회학, 정치학, 예술학 등 거의 모든 학문 분야에서 하나의 연구 방법론으로 자리하며, 사료가 전해주는 기억의 공백을 보완해주고 있다. 기록학 영역에서도 이러한 경향에 조응하며 다양한 기관에서 구술채록을 수행하고 있다. 기록이 남지 않거나 기록으로 남길 수 없었던, 또는 해당 사안 및 사건에 대한 기록이 결락된 부분을 보완하는 차원에서 구술채록이 수행되고 있으며, 이를 통해 당대의 집단기억 및 사회상을 후대에 전승하기 위해 고분분투하고 있다.

과학기술의 발전에 따른 디지털 동영상 및 녹음기기의 보편화로 인해 구술채록은 비단 학문 영역에만 국한되어 이루어지지 않는다. 개인의 기억, 가족의 기억, 단체의 기억을 이제 문자화된 문서가 아닌 말을 통해 남길 수 있게 되었고, 머지않아 구술의 대중화 시대가 도래할 것으로 사료된다.

이처럼 우리 사회에서 구술채록이 활발함에도 불구하고, 구술채록 후 산출된 구술기록의 관리 및 보존에는 구술채록 만큼 관심을 기울이지 않는 것이 현실이다. 각각의 연구 내지 기타 목적으로 구술채록을 매우 왕성하게 이루어지고 있지만, 그 결과물의 관리 및 보존은 각 기관 나름대로의 제각각의 방식으로 수행되고 있다. 이로 인해 고비용을 투입하여 채록한 구술기록은 우리 사회내 공동의 공유·활용 기반을 구축하지 못하고 있으며, 구술자의 기억을 통해 산출된 해당 사건에 대한 증거 및 정보로서의 구술기록은 영구적으로 보존되어 체계적으로 후대에 전승되지 못할 위험에 처해 있다고 볼 수 있다.

본서는 바로 이러한 문제의식을 발판으로 기획되었다. 구술기록이 또 하나의 기록으로 각광받고 있는 최근의 상황에서, 구술기록의 특성을 반영한 전문적이면서도 체계적인 관리·보존의 필요성이 급증하고 있다. 현재 다양한 기관들이 저마다의 방식으로 구술채록 결과물을 관리하고 있지만, 구술기록의 생성에서부터 최종 보존에 이르는 체계적인 프로세스를 구축한 곳은 거의 없다. 또한 기록보존기관에서도 구술기록은 단지 시청각기록 중의 하나로만 인식되어, 구술기록의 특성에 맞는 전문적인 관리·보존 조치가 이루어지지 않고 있다. 이러한 상황에서 본서는 기록학의 과학적인 방법론을 응용하여, 기록학적 관점에서 구술기록의 개념 정립과 함께 관리·보존 방법론을 소개하는 것을 목표로 삼고자 하였다.

본서는 모두 9개의 장으로 구성되어 있다. 우선 제1장 '구술사와 구술기록' 에서는 최근 구술사에 대한 관심이 증가하고 구술기록의 가치에 주목하여 수집과 관리 전반의 활동 또한 활발하게 진행되고 있는 상황에서, 기록학적 시각에서 구술기록의 개념과 유형에 대하여 개괄하고자 하였다. 또한 국내 구술사 관련 연구 동향과 흐름을 유관 영역을 중심으로 소개하고자 하였다.

제2장 '구술과 기록: 기록학적 관점에서의 구술의 의미와 역할' 에서는 기록학적 관점에서의 구술이 지닌 의미와 역할을 분석하였다. 기록학에서는 그동안 실증주의의 뿌리 깊은 영향 속에 문자화된 기록 위주로 학문적 이론 및 방법론을 개발시켜왔다. 하지만 '말' 을 통한 기록의 생성 및 보존이 가능해진 지금, 기억 및 사회상을 보존해 전승하는 또 하나의 방식으로 구술에 주목해야 할 필요가 있다. 이에 기록보존기관에서의 구술채록 정체성을 정립시키기 위한 일환으로, 기록학적 관점에서의 구술이 지닌 의미 및 역할을 기록학 영역에서의 구술에 관한 이론 및 논쟁을 검토한 후 맥락 및 평가 측면에 초점을 맞추어 분석하였다.

제3장 '구술기록의 수집과 수집개발 정책' 에서는 구술기록의 기록학적 관리방법론 중 생산 단계에 주목하여, 구술기록의 수집을 효율적으로 도모

할 수 있는 기록보존기관 차원의 정책 수립에 대한 기본적인 틀을 제시하였다. 또한 구술기록이 갖는 일반적인 기록물과 다른 특징적인 점에 주목하여, 수집 실무 시 고려해야 할 다양한 이슈에 대하여 제언하고자 하였다.

제4장 '구술기록 생산 프로세스' 및 5장 '디지털 구술기록의 관리·보존 프로세스'에서는 디지털 구술기록의 생산 및 정리·보존 단계 전 영역에 걸친 전체 절차를 수립하고자 하였다. 구술기록은 생존자의 기억을 통해 기록화 시키는 작업이라는 점에서, 신뢰할 수 있는 구술기록의 생성 및 정리·보존이 핵심적 사안이다. 또한 구술은 구술자와 면담자, 촬영자 등 다자간의 협업을 통해 수행되는 작업이라는 점에서, 체계적인 절차의 정립은 필수적 사안이라 할 수 있다. 특히 최근 디지털 기술의 발전으로 구술기록은 대부분 디지털 형태로 생성됨을 감안할 때, 생산부터 정리·보존에 이르는 세밀한 절차는 신뢰할 수 있는 디지털 구술기록의 채록 및 전승을 위한 가장 기본적인 인프라가 된다. 이에 디지털 구술기록의 특성 분석을 기반으로, 디지털 구술기록 생산 절차와 정리·보존 절차로 양분하여 실제 절차를 도출하고자 하였다.

제6장 '구술기록의 기술'에서는 구술기록의 특성에 대한 고찰과 함께, 기

록학적 의미를 반영하여 구술기록의 기술을 위한 배경요소를 도출해보고자 하였다. 또한 구술기록이 디지털로 생산되고 있는 상황에서 디지털 구술의 관리보존을 위한 구성요소 개발과 함께 기술 메타데이터 요소를 모색하고자 하였다. 제7장 '구술기록과 디지털 영상기술'에서는 최근 들어 점차 고도화되고 있는 고성능 디지털영상장비를 이용한 구술채록의 증가 경향과 보조를 맞추어, 구술기록의 디지털 아카이빙 이슈에 대해 살펴본 후 디지털 구술기록의 생성과 관련된 이슈들을 고찰하였으며, 제8장 '구술기록과 온라인 서비스'에서는 구술기록의 활용을 위한 온라인 서비스 시 고려되어야 하는 점들을 '맥락' 관점에서 제시하고자 하였다.

마지막으로 제9장 '구술과 디지털 아카이빙'에서는 디지털 구술 아카이빙 기반 마련을 위한 시론적 글로, 디지털 구술자료의 특성 및 여기서 연유하는 디지털 아카이빙의 필요성을 고찰하였다. 아울러 디지털 구술 아카이빙 체제 구축을 위한 기본 골격으로 전 세계적으로 수용되고 있는 디지털 아카이빙을 위한 국제 표준인 OAIS 참조모형의 디지털 아카이빙 세부 절차를 분석하였으며, 이를 기반으로 추후 실제 디지털 구술 아카이빙 체제 구축시 반영되어야 할 사항들을 제시하였다.

본서는 모두 기록학을 전공한 5명의 연구자들이 공동으로 집필한 결과물이다. 집필진 모두 한국외국어대학교 기록학연구센터의 일원으로 재직하며 그간 수행해 온 다양한 구술채록 경험 및 연구를 바탕으로 본서가 간행되게 되었다. 아직 국내외 기록학계에서 구술기록이 주목받지 못하고 있고 또 관련 연구성과 역시 매우 미진함을 감안할 때, 구술기록의 생성에서부터 최종 보존에 이르는 이슈 및 방법론들을 완벽하게 포괄하는 단행본 발간은 아직 시기상조라고 할 수 있다. 그럼에도 불구하고 구술기록의 체계적이면서도 과학적인 관리·보존 필요성에 대한 현실적 요구를 감안해, 개별 연구성과들을 모아 단행본으로 출간하게 되었다. 앞으로 추후의 지속적인 연구를 통해 본서의 내용들을 보다 충실하게 보완드릴 것을 약속드리며, 아무쪼록 구술채록에 매진하는 연구자 및 실무자에게 조그마한 도움이 되길 간절히 바랄 뿐이다.

2015년 8월

집필진 일동

CONTENTS

1장 구술사와 구술기록

1. 국내 구술사의 등장과 쟁점

랑케류의 실증주의 사조에 가려 주목 받지 못했던 소위 작은 사람들의 이야기는 20세기 중반에 들어서야 그 가치가 주목 받기 시작했는데 이는 포스트모더니즘 인식의 확산과 무관하지 않다. 포스트모던 역사학에 대한 관심이 확산되면서 역사이론에 대한 전반적인 재조명이 불가피해졌으며 이로 말미암아 다양한 역사 연구에 대한 관심 또한 증대되었고, 그 방법론 또한 다양해졌다. 이러한 인식의 전환은 다양한 관점으로 과거에 접근하는 데에 있어 공식적인 지배층의 서사를 거부하였으며, 역사의 흐름 속에서 목격자로서 그리고 참여자로서 함께했던 개개인을 구술사의 내부로 끌어 들이는 결과를 가져왔다.[1] 또한 근현대 관련 문헌의 부재나 자료의 진부성에서 오는 공백을 메워나가는 과정

---

1   Truesdell, Barbara, 「The Practice of Oral History in the United States」, 『역사문화연구』 제18호, 한국외국어대학교 역사문화연구소, 2003, p. 259.

에서 구술사는 국내에서 점차 주목을 받고, 활성화되었다. 이렇게 근현대 전반에서 상당부분 제외되어져 왔던 개개인의 일상은 최근 들어 활발해 지고 있는 구술사 방법론을 이용한 다양한 연구들을 통하여 어느 정도 체제와 소통할 수 있는 계기를 마련하게 되었다.

구술사 영역은 등장 이래 기억의 정확성, 신뢰성 및 주관성과 일반성 등에 대하여 꾸준히 문제제기가 되고 있다.[2] 또한 영국의 대중기억연구회(Popular Memory Group)가 지적하듯이 구술사 연구에는 경험주의와 실증주의를 바탕으로 한 문헌 중심적 풍토에서 오는 한계와 이의 극복 문제, 개인의 기억이 과연 사회적 대표성을 함유하고 있는가에 관한 문제, 그리고 구술의 생산과 해석 과정에서 구술자와 연구자 사이에 나타나게 될 다양한 형태의 권력 관계와 이의 해소에 관한 문제 등 다양한 인식론적 쟁점들이 존재하고 있다.[3] 이와 같이 기억을 매개로 한 연구를 둘러싸고 있는 다양한 쟁점들은 구술사가 기존의 문헌 중심의 학문적 토양에서 보조적 역할 밖에 수행할 수 없다는 결정적 한계점으로 비춰질 수 있다. 하지만 개인의 기억이 단순히 한 개인의 고유한 경험일 뿐만 아니라 사회 속에서 이루어지는 사회적 현상이라는 점, 또 자료의 정확성이나 진실성의 문제도 결국은 객관성의 관점이나 실증주의적인 시각에서 제기된 것이라는 점 등을 고려한다면 이러한 구술사의 한계는 한계가 아니라 오히려 역사를 복원하는 과정으로 이해될 수 있다.[4] 구술사는 결국 개인이 자신의 삶의 주체로서 역사적 사건이나 주변의 상황을 어떻게 인식하는지, 그리고 한 개인에게 역사적 사건과 상황이 무슨 의미가 있는지를 밝힘으로써 개인을 역사의 주체로 자리매김하는 작업이며[5] 개개의 경험들이 집합적으로 형성될 때 체

2 김귀옥, 「한국 구술사 연구 현황, 쟁점과 과제」, 『사회와 역사』71, 한국사회사학회, 2006, pp. 317~322.
3 윤택림 · 함한희, 『새로운 역사쓰기를 위한 구술사 연구방법론』, 서울, 아르케, 2006, pp. 59~62.
4 김주관 외, 「구술기록물 종합관리체계 구축 방안 및 구술채록을 위한 연구 용역 최종보고서」, 행정자치부 국가기록원, 2007, pp. 3~4.
5 김선정, 「미국 중소도시 한인 사회와 한인들의 삶: 인디애나폴리스 올드타이머를 중심으로」, 한국외국어대학교 사

제 내에서 역사의 다른 한 면으로 이해될 수 있다. 집단 기억이라는 것은 한 개인의 기억이라 하더라도 그것은 가족·친족·마을·종교집단 그리고 국가와 같은 사회적 그물망 안에서 만들어지기 때문이다.[6] 여기에 최근 각 학계를 중심으로 한 다양한 논의가 결실을 맺으면서 구술사는 한국 근현대사 속에서 작은 사람들로 존재했던 일반 대중들을 역사의 주체와 능동적 생산자로 재인식하고 그들의 목소리를 끌어내는 소중한 방법론으로 점차 자리매김하고 있다.

구술사 방법론을 이용한 다양한 연구와 구술기록의 수집은 현재 국가 차원, 근현대사 연구 단체, 개인 학자들의 주도하에 활발하게 이루어지고 있다. 또한 그 분야도 사회사, 향토사, 노동사, 전쟁사, 위안부 문제, 일제강점시기 연구, 여성사, 정치·이념사, 예술·체육사 등에 이르기까지 다양하다. 최근에는 수집된 구술기록을 전문적으로 관리, 활용하고자 하는 다양한 형태의 구술 아카이브 구축 움직임이 활발하며 이에 대한 구체적인 논의도 학계와 단체 차원에서 활발하게 진행되고 있다.

2. 구술기록의 정의 및 특성

(1) 구술기록의 개념

구술사(oral history)라는 용어는 1934년에 퓰리처상 수상자인 미국의 역사학자이자 언론가인 네빈스(Allan Nevins)에 의하여 처음으로 사용되기 시작

학과 박사학위논문, 2008, p. 15.

6 함한희, 「구술사와 문화연구」, 『한국문화인류학』 33집 1호, 한국문화인류학회, 2000, p. 6.

하였다. 네빈스를 중심으로 조직된 구술사 프로젝트가 미국 컬럼비아 대학 구술사연구소(Oral History Research Office) 내에서 시작되면서 구술사에 대한 연구가 본격화 되었다.[7] 이후 과거 주류 역사학의 틀 밖에 있었던 구술사는 전후 미국의 도시사회학과 인류학자들 중심의 창작사업 등의 프로젝트에 생애사 방법론이 이용되기 시작하면서부터 다양한 역사 서술을 보여 줄 수 있는 대안으로 가능성을 인정받기 시작하였다.

구술사라는 용어가 처음 쓰이기 시작한 이래 서구에서는 여러 학자들에 의하여 다양한 관점에서의 정의가 등장하기 시작하였다. 영국의 대표적 구술사가이자 구술사의 고전 The Voice of the Past(1978)의 저자 톰슨(Paul Thomson)은 "구술사란 기억을 파헤치고 진실에 다가서는 희망이다. 또한 과거에 대한 개인적인 기억들의 환기와 기록이다"[8]라고 하면서 구술사의 사회적 역할과 의미에 주목하였다. 또한 미국의 구술사가인 리치(Donald A. Ritchie)는 그의 저서 Doing Oral History(1995)에서 "구술사(Oral History)는 기록된 인터뷰들을 통하여 역사적으로 중요한 구술된 기억이나 사적 기록(회고록)들을 수집하는 것"[9]이라고 언급하면서 구술사를 정의하는데 기억을 기록하고 남기는 것에 초점을 두었다. 이탈리아의 저명한 구술사가인 포르텔리(Portelli, Alessandro)는 "구술사는 특정한 형태의 담론, 즉 구술을 표현의 매개로 하는 과거에 대한 서술"[10]이라고 보면서 구술기록이 가지고 있는 특징 중 하나인 구술성에 주목하여 구술사를 정의하였다. 모스(William W. Moss)는 다양하게 존재하는 구술사에 대한 정의를 명확하게 내리기는 쉽지 않지만 일반적으로 "인간의 기억과 경험에 근거한 구술 증언을 면밀하고 계획적으로 기록하는

7 윤택림 · 함한희, 『새로운 역사쓰기를 위한 구술사 연구방법론』, 서울, 아르케, 2006, p. 21~22.
8 한국구술사연구회, 『구술사 – 방법과 사례』, 선인, 서울, 2005, p. 19.
9 Donald A. Ritchie, Doing Oral History, NY : Twayne Publishers, 1995, p. 1.
10 윤택림 · 함한희, 『새로운 역사쓰기를 위한 구술사 연구방법론』, 아르케, 서울, 2006, p. 48.

것"이라고 정리하고 있다.[11]

국내에서도 구술사 용어를 정의하는 데에 있어서 구술사를 통하여 연구를 진행하는 학문의 수 만큼이나 다양한 관점이 존재한다. 따라서 이를 한마디로 정의 내리는 것은 쉽지 않지만 구술사가 갖는 다른 방법론들과는 구분되는 특성을 고려하였을 때 대체로 '역사 주체의 재인식에 따른 새로운 역사쓰기 방법론', '과거의 총체적 재현과 해명', '기억의 역사화 과정', '구술자와 연구자의 대화와 교감'이라는 개념이 강하게 작용한다는 측면을 간과할 수 없다. 즉, 구술사는 "과거에 있었던 사실에 대한 경험이나 기억을 면담자와 구술자의 소통을 통하여 현재로 불러오는 작업으로 문헌사와 대비되는 역사쓰기의 한 방법"으로 정의할 수 있다. 또한 구술사는 생애사(life history), 자기보고서(self-report), 개인적 서술(personal narrative), 생애 이야기(life story), 구술전기(oral biography), 회상기(memoir), 증언(testament)등의 용어로 이해되어 지기도 한다.[12]

이처럼 국내에서 Oral History는 위에서 언급한 대로 구술자의 발화된 기억을 통한 역사서술, 즉 구술사 방법론을 통한 학문 영역으로 번역되어 사용되는가 하면, 그 서술에 근간이 되는, 구술 채록 활동으로 얻어진 1차 자료의 의미로도 사용되기도 한다. 후자의 경우 국내에서는 '구술사료', '구술자료', '구술기록' 등으로 번역되어 사용되고 있다. 이런 용어들은 구술사와 관련한 각 학계의 고유한 성격을 반영하고 있으며, 학제 간 경계를 넘나들며 통용되고 있으나, 적합한 용어에 대한 학제간의 구체적인 논의는 아직까지는 이루어지지 않은 실정이다. 다만, '구술사료', '구술자료'의 경우 구술자로부터 비롯된 역사적 자료를 통한 역사서술, 혹은 사회 전반의 연구 등에 그 역사적 가치가

11 William W. Moss, James Gregory(ed.), "Oral History", *Managing Archives and Archival Institution*, University of Chicago Press. 1991, p. 148.

12 Valerie Raleigh Yow, *Recording Oral History: A Practical Guide for Social Scientists*, CA: Sage Publication, 1994, p. 4.

부각되어 활용된다는 측면, 즉 생산의 특수한 목적과 그에 따른 가치가 강조되는 한편, '구술기록'이라는 용어에는 생산된 기록의 특정한 목적에의 활용과 함께 저장된 대상의 가치 자체에도 주목하여 관리의 측면이 함께 강조된 개념이라고 볼 수 있다. 이와 관련하여 해외 기록학 영역에서는 구술로 생산된 자료에 기록이라는 의미를 부각시켜 'oral records', 'oral history archives'라는 용어를 사용하기도 한다.

(2) 기록학 영역에서의 구술기록

기록관리에 있어서 유구한 전통을 이어오고 있는 서구에서는 기록이 갖는 증거적, 법률적 가치에 주목하여 일반적으로 기록물을 개인이나 법인이 자신들의 실질적이고 법적인 활동에 근거하여 업무 진행과정에서 자연스럽게 축적된 것으로, 이는 과거에 대한 증거로서 이 분야에 종사하는 책임자들로부터 보존될 대상[13]이라고 정의하고 있다. 전통적으로 기록학계에서는 구술기록이 이러한 행위의 전반을 기록학적 관점에서 반영하지 못하고 있으며, 구술기록이 갖는 맹점인 기록화의 주관성, 기억의 부정확성 등에 주목하여 기록물이 가져야 하는 가치를 온전히 함유하고 있지 못하다는 평가를 해왔다. 하지만 활동의 결과를 다양하게 기록화하는 것을 가능하게 한 저장 매체와 기술의 급속한 발전이 계속되어 왔고, 근현대 시기의 기록이 질적·양적으로 부족한 우리나라의 특수한 현실에서 과거의 역사를 총체적으로 재구성하기 위해 기억을 재현하고 기록화 하고자 하는 노력이 구술사 방법론과 소통하여 오늘에 이르고 있다. 기록학계에서의 구술기록은 결락 기록의 내용적 한계를 보완 해줄

---

13 김정하, 「기록물의 개념과 용어의 정의에 관한 연구」, 『기록학연구』 제21호, 2009, pp. 16~36.

뿐 아니라 기록속의 이면을 보여주고, 이를 풍부하게 하여 기록의 맥락을 복원하고 총체적인 이해를 돕게 해 주는데 유용하게 활용되고 있다.

구술기록과 기록학계에서의 기록물의 개념 사이에는 또 하나의 쟁점이 존재한다. 구술사 연구방법론을 통하여 구술기록을 수집하고 이를 통하여 활발하게 연구를 진행하고 있는 인문학 및 사회과학 영역, 예술학계 등에서의 구술기록은 기록된 정보가 담고 있는 성격과 목적상 기록학계에서의 기록물과는 차이를 보이고 있다. 전자가 기록된 모든 것에서 연구에 필요한 정보를 획득하는 반면 후자는 위의 개념을 함유하고 있는 역사·문화적 가치가 지배적인 기록물의 범위 내에서 생산 주체의 제도와 구조에 대한 정보들 또한 포함한다. 또한 조직 활동의 산물로 자연스럽게 생산된 기록물과는 달리 구술기록은 수집형 기관에서 기관의 사명과 목적에 따른 필요성에 의해 의도적으로 주제별 생산이 이루어지는 경우가 많다.[14] 여기에서 역사적 자료와 기록물이 갖는 명백한 차이를 보여주는데 즉, 기록된 모든 것이 기록물이 아닌 것을 의미한다. 이는 기록물관리에 있어 생산의 주체와 목적, 또한 그에 따른 기록물 내부의 유기적 관계가 중요 기준으로 작용하기 때문이다.[15] 하지만 넓은 의미에서 기록물에는 역사, 문화적 가치로 인하여 의도적으로 수집된 수집기록물 역시 포함될 수 있다. 기록학적 관점에 구술기록은 기존 기록물과 자연스럽게 형성되는 유기적인 상관성을 일정 부분 배제한 채 생산기관의 사명 수행과 활용 목적에 의하여 주제별로, 그리고 의도적으로 생산된다는 점에서 매뉴스크립트적 요소가 강하게 드러난다. 또한 철저한 기획 단계를 통하여 수집 이전에 평가 절차가 이루어지고, 매뉴스크립트의 일반적 특성과 부합하여, 역사·

---

14 최근 우리나라에서 구술기록은 공공기관의 기능을 수행하는 과정 속에서 혹은, 기존 기록물의 결락 보완 차원, 업무 수행과정의 다양한 면을 국민들에게 제공한다는 측면에서 생산되어, 기존에 관리되고 있는 기록물과의 유기적 연계성을 가지고 생산되기도 한다. 이는 기록물이 내용적으로나 양적으로 절대적으로 부족한 우리나라의 특수한 상황에 기인한다.

15 김정하, 「기록물의 개념과 용어의 정의에 관한 연구」, 「기록학연구」21호, 2009, pp. 16~36.

문화적 가치로 인하여 생산되기 때문에 생산 직후부터 사료로서의 가치가 더 부각되게 된다고 볼 수 있다.

최근 들어 공공기관에서 생산된 기록물 뿐 아니라 비(非)정부기관으로 부터 생성된 민간기록에 대한 관심이 급증하는 가운데 국내 기록학계에서도 구술기록에 대하여 "면담을 통하여 개인의 기억 속에 남아 있는 과거나 역사적 사건을 재구성하는 작업을 통해 만들어지는 기록"[16]이라고 정의하면서 넓은 의미에서 구술기록도 기록학적 프로세스 안에서 영구적으로 보존할 가치가 있는 기록의 범주로 인식하고 있다. 공공기록물 관리에 관한 법률(이하 '공공기록물법')에서도 구술기록에 대한 직접적이고 구체적인 언급은 없지만 '공공기관이 업무와 관련하여 생산 또는 접수한 문서 · 도서 · 대장 · 카드 · 도면 · 시청각물 · 전자문서 등 모든 형태의 기록정보 자료와 행정박물'[17]을 기록물의 범주 안에 포함시키고 있다. 또한 공공기록물법의 생산의무조항 등에는 '공공기관은 주요 업무수행과 관련된 시청각 기록물 등을 대통령령이 정하는 바에 따라 생산'하여야 한다고 명시하고 있으며, 역사자료의 보존을 위하여 관련 기록물을 직접 생산할 필요가 있을 때에 '주요 기록물의 보존을 위하여 관련 기록물을 직접 생산할 필요가 있다고 인정되는 경우에는 관련 공공기관의 장과 협의하여 그 공공기관 또는 행사 등에 소속 공무원을 파견하여 기록하게 할 수 있다'는 조항을 두어 생산의무를 규정하고 있다.[18] 이는 업무활동의 다양한 이면을 기록으로 남기고, 업무수행 내역의 생생함을 구술기록의 생산을 통하여 보존할 수 있도록 법제적 차원의 가능성을 열어두는 것이라고 볼 수 있다. 최근 망실된 결락기록의 내용과 맥락의 보완 측면에서 수행하고 있는 대통령기록관의 구술채록사업과 증거로서의 가치에 주목하여 각종 위원회 등 준공공기관에서

16 한국기록학회,『기록학 용어 사전』, 역사비평사, 서울, 2008, p. 32.
17 공공기록물 관리에 관한 법률[법률 제10010호, 2010. 2. 4, 일부개정] 제3조(정의) 2항
18 공공기록물 관리에 관한 법률[법률 제10010호, 2010. 2. 4, 일부개정] 제 17조(기록물의 생산의무) 3항, 4항

수행하고 있는 면담조사기록의 수집, 근현대의 역사를 생생히 복원할 수 있도록 역사 · 문화적 가치를 지니고 있는 구술기록의 항구적 보존과 적극적 활용이라는 취지에서 국사편찬위원회와 한국학중앙연구원 등 국책기관에서 진행되고 있는 구술기록 수집 사업과 아카이브 구축 작업 등 일련의 노력은 업무에의 필요성과 업무 수행의 여부를 떠나 구술기록 수집의 필요성의 일면을 보여 주는 주요 사례라고 할 수 있다. 또한 이에 따른 기록학 영역에서의 구술기록이 갖는 의미의 재정립과 함께 체계적인 관리 프로세스 마련이 새로운 쟁점으로 대두되고 있는 현실이다.

(3) 구술기록의 범위 및 종류

일반적으로 구술면담을 통하여 수집되는 구술기록은 지역사회 내에서 집단적으로 소유되어 몇 세대에 걸쳐 구술적으로 전승되는 지식체계인 구전(oral tradition)과 현재의 사건들에 대한 회고의 성격이 강한 구술사(oral history)의 두 범주로 구분되며 구술사는 구술증언(oral testimony)과 구술생애사(oral life history)를 포함한다.[19] 이에 대해 Moss는 구전과 구술사에 대하여 다음과 같이 정의하고 있다.[20]

"구전은 문화의 역동성속에서 자연스럽게 발생하여 입을 통하여 이야기 되어지고, 전달되는 과거로부터 온 이야기이자 유산이다. 반면 구술사는 보통 가까운 과거의 직접적 경험을 가지고 있는 사람들의 삶의 기억에 대한 학문적 조사 과정이다."

19 염미경, 「지방사연구에서 구술사의 활용현황과 과제」, 『역사교육』 98, 역사교육연구회, 2006, p. 240.
20 William W. Moss, James Gregory(ed.), "Oral History", *Managing Archives and Archival Institution*, University of Chicago Press. 1991, p. 150.

좀 더 구체적으로 이상의 개념들을 정리해 보면 다음과 같다.[21] 우선 구전이란 여러 세대에 걸쳐 말로 전해져 오는 것으로 구비문학, 기록되지 않은 역사적 지식에 관한 이야기, 신화처럼 이야기 되는 개인에 관한 이야기 등을 가리킨다. 증언이란 개인들이 과거의 특정 사건이나 경험을 현재로 불러내어 이야기한 것으로 특정 사건에 대한 경험담이나 목격담 등이 포함된다. 증언은 이야기의 초점을 개인의 삶 전반에 맞춘 것이 아닌 특정 사건의 진행과정, 성격, 사건의 원인과 결과에 맞춘 것이다. 생애사는 한 개인이 지나온 삶을 자신의 말로 다른 사람에게 이야기한 기록이다. 따라서 증언과는 달리 한 개인의 삶 자체에 초점을 둔다. 비록 개인적 기억에 의존한 것이지만 집단과 사회의 구성원으로서 개인이 기억한 것이므로 생애사도 증언과 마찬가지로 구술사를 구성하는 주요 자료가 된다.

구전은 일상생활이나 특정 상황에서 자연스럽게 이야기 되는 것에 비해 구술생애사와 구술증언은 심층면접을 통하여 얻어진다는 차이점이 있다. 즉, 적극성이 가미된 기억의 수집이라는 개념이 포함된다. 한편 구술생애사와 구술증언의 수집이 항상 별개로 이루어지는 것은 아니다. 구술생애사 청취 도중 특정 사건에 대한 심도 깊은 증언이 이어지기도 하며, 구술증언의 채록 도중 정보의 맥락에 대한 이해가 필요한 경우에는 구술생애사 채록이 동시에 이루어지기도 한다.

구술기록은 수집방법, 생산규모, 생산목적에 따라 그 종류를 나눌 수 있다.[22]

첫째, 수집방법에 따라서 생산구술기록과 기증(수집)구술기록으로 나눌 수 있다. 생산구술기록은 개인 및 기관, 단체 등에서 구술 채록 계획을 가지고 일정한 절차에 따라 면담을 진행하여 최초로 생산한 구술기록을 의미하며 기증

---

21 유철인, 「구술자료의 채록과 해석」, 『한국예술종합학교 논문집』 제6집, 한국예술종합학교, 2003, pp. 100~101.
22 권미현, 「구술사료의 기록학적 관리방안」, 명지대학교 석사학위논문, 2003, pp.18~20.

(수집)구술기록은 개인 연구자나 단체 등에 의하여 최초 생산되어 관리되고 있던 구술기록이 필요나 이해관계에 의하여 타 기관으로 물리적 이관된 것을 의미한다. 현재 우리나라에서는 생산구술기록이 차지하는 비율이 대부분인데 이는 기록을 공유하는 데에 있어서 필수적으로 필요한 정리, 기술 등을 포함한 체계적인 관리 프로세스의 미흡 및 기록의 상호 공유를 위한 통합적 아카이브 시스템이나 정책, 인식의 부재에 기인한다고 볼 수 있다.

둘째, 생산 규모에 따라 개별구술기록과 집단구술기록으로 나눌 수 있다. 그 규모나 주제 범위에 대한 기준을 명확하게 제시할 수는 없으나 일반적으로 개별구술기록은 개인 연구자나 소규모 프로젝트를 통하여 주로 연구적 목적으로 생산되는 구술기록이라고 볼 수 있다. 이런 기록의 경우 수집의 범위가 작고 개별적인 주제인 경우가 많으며, 대부분의 기증(수집)구술기록은 개별구술기록에 속한다. 개별구술기록의 경우 기록학적 관리체계 내에서 관리 되지 못하는 것이 대부분이라 그 수집 목록조차 확인하기 힘들며 수집에 상당한 난점을 가지고 있다. 집단구술기록은 구술기록을 수집하고자 하는 기관에서 특정 큰 주제에 대하여 다수의 잠재적 구술자가 정하여 졌을 때 이루어지며 개별구술기록보다 프로세스나 기간, 인력 동원 등이 체계적이며 규모 또한 크다.

셋째, 생산하는 목적에 따라 공적구술기록과 사적구술기록으로 나눌 수 있다. 공적구술기록은 공공기관에서 공적 업무 수행시 생산되는 기록이다. 최근 공공기관에서는 활동의 증거 혹은 다양한 국정 활동의 역동성을 부각시켜 홍보 등의 목적으로 활용 하려는 차원에서 이러한 공적구술기록의 생산이 점차 늘고 있는 추세이다. 이에 비해 사적구술기록의 범위는 다양하다. 일반 민중의 생활사를 연구하기 위한 생산, 근현대사의 특정 사건에 대한 구술증언에서부터 결락된 역사적 기록을 복원하기 위한 차원으로 사회 각계 명망가에 대한 구술기록에 이르기까지 학문 각 분야에서 다양한 내용과 가치를 지닌 구술기록이 생산되고 있다.

한편 구술기록은 가공 여부에 따라서 다음과 같이 분류할 수 있다.

첫째, 구술자의 구술 내용이 가감 없이 그대로 드러나는 가공되지 않은 음성 및 영상 자료가 1차 기록으로 분류된다. 여기에는 레코더나 비디오 카메라 등의 장치를 이용하여 면담 내용을 담은 테이프나 전자파일 등이 포함된다. 또한 면담 도중 수집된 특정 사건이나 구술자와 관련된 중요 자료도 포함되는데 이는 구술자의 동의를 얻는 절차를 거쳐 입수 할 수 있다.

둘째, 1차 구술기록은 연구나 홍보 등의 활용에 유용하도록 가독성을 높이는 차원에서 녹취문, 녹취자료집 등을 제작하게 되는데 이는 2차 구술기록으로 볼 수 있다. 녹취문의 경우 면담 현장을 가장 잘 이해하고 있는 면담자 중심으로 작성되어야 하며, 녹취자료집과 같은 발간물의 경우에도 기관의 방침 등에 의거하여 구술성을 해치지 않는 선에서 적절한 요건을 갖추어 생산되어야 한다.[23] 또한 특정 주제나 사건에 대한 일반인들의 관심을 불러일으키고 연구의 활성화를 위하여 생산되는 영상물이나 증언집과 같은 경우도 1차 구술기록을 바탕으로 생산되는 2차 기록이라고 볼 수 있다.

셋째, 구술관련기록 역시 구술기록의 범주에 속한다. 여기에는 구술 내용에 관련된 기록과 공개 및 활용에 관련된 각종 서식 및 양식이 포함되며, 이러한 서식들 역시 구술기록을 포괄적으로 이해하기 위한 정보로 간주되어 함께 관리 되어야 한다. 이는 추후 구술기록의 생산 맥락의 이해를 도와 기술(description)과 정리작업에 유용하게 활용될 수 있으며, 추후 구술기록의 효

---

23 정혜경은 자료집 발간시 '첫째, 윤문이나 편집을 하지 않고 '날 것'을 그대로 담을 것. 둘째, 질문 내용과 답변 내용이 동시에 담겨져서 구술자와 면담자의 공동 작업이 드러나게 할 것. 셋째, 구술 상황에 대한 이해를 돕는 면담자의 각주 등이 첨부 되어야 할 것. 넷째, 구술자에 대하여 이해를 도울 수 있는 연보, 관련 문헌 및 사진 등이 함께 첨부되어 구술과 문헌 기록이 비교 가능한 방식으로 구성할 것'을 바람직한 방식으로 제시하고 있다; 정혜경, 「일제말기 조선인 강제연행·강제노동에 관한 기록사료: 수집 및 활용 방안을 중심으로」, 「史林」 제24호, 首善史學會, 2005, p. 35.

율적 활용을 위한 중요 자료로 사용된다. 구술기록 상세목록이나 구술 요약문 등은 주로 파일 형태나 엄청난 양의 녹취문 형태로 존재하는 구술기록에 접근성을 제공해 줄 수 있다. 면담일지나 면담후기는 구술 당일 구술자의 상태나 채록 분위기, 채록시 발생했던 다양한 에피소드 등을 담고 있다. 구술자 및 면담자의 신상카드의 경우 잠재적 구술자를 찾아내는데 정보원으로써 큰 역할을 할 뿐만 아니라 추후 지속적으로 이루어지게 될 다른 구술기록의 생산이나 연구 진행에 있어 많은 도움을 줄 수 있다. 결국 이와 같은 관련 서식 기록은 구술기록에 대한 다양한 맥락과 정보를 제공한다고 볼 수 있다. 한편 구술기록 공개 및 활용 동의서, 공개여부 검토 의견서, 자료 기증서 등의 서식 기록은 활용에 있어서 개인 면담자 및 단체를 법적, 윤리적으로 보호해 주는 역할을 한다.

〈표 I − 1〉구술기록의 종류

구분	분류	기록 출처	생산 방법 및 산출물
1차 기록	음성 테이프 및 파일	구술자	아날로그 및 디지털 레코더로 구술자의 육성을 채록. 마그네틱 녹음 테이프, 전자파일
	영상 테이프 및 파일	구술자	비디오 카메라로 구술자의 영상을 담은 테이프 및 파일. 6mm 녹화테이프, 전자파일
	기증자료	구술자	구술 도중 촬영한 영상 및 사진, 구술자 및 사건 관련 사진, 문서, 구술자의 일기, 가계도 등
2차 기록	녹취문	구술자 면담자	구술성을 살려 가급적 면담자 중심으로 작성
	발간물	해당 기관 및 개인 면담자	구술자의 공개 승인을 고려하여 개인 및 기관의 방침에 따른 간행물(녹취 자료집, 증언집) 및 영상자료 출판
구술 관련 기록	공개 및 활용 관련 기록	구술자, 면담자	구술동의서, 구술기록 공개 및 활용 동의서, 공개여부 검토 의견서, 자료 기증서 등
	구술 내용 관련 기록	면담자, 보조 면담자	구술자 신상카드, 면담자 신상카드, 구술기록 상세목록, 면담일지, 면담후기, 구술 요약문 등

〈출처〉 장진철, 「구술자료의 관리에 관한 연구」, 대구대학교 석사학위논문, 2001. 〈표 II–1 구술자료의 유형별 생산 및 이용방식〉에서 재구성

(4) 구술기록의 특성

구술기록은 상호 연관된 세 가지의 특성, 즉 구술성, 주관성 및 개인성, 쌍방향성(공동작업)을 가지고 있다. 이는 국내외에서 구술사 방법론으로 연구를 진행하고 있는 각종 단체 및 연구자들이 그 동안 실제 필드워크(field work)를 수행하면서 축적된 경험이나 지식으로부터 비롯된, 어느 정도 정형화 되어 받아들여지고 있는 일반적인 특징이라 할 수 있다.

① 구술성

구술기록이 갖는 가장 큰 특징은 그것이 말로 서술 된 것, 즉 구술성(orality)을 갖는다는 점이다. 구술은 구술자의 성별 및 환경은 물론 개인의 지위, 세대, 언어 행위의 특성 등을 반영한다. 물론 여기서 말하는 구술은 단순히 구술자의 입을 통해서 나오는 음성적 형태의 내용 정보만을 일컫는 것은 아니다. 면담이 진행되는 동안에 구술자의 말뿐만 아니라 말할 때의 제스처, 얼굴 표정, 음성의 고저와 떨림, 머뭇거림과 침묵, 흥분 상태의 정도 등 비언어적 감정 처리 등을 모두 포함한다. 이러한 구술성의 포착은 구술자의 언어자체와 언어행위가 이루어지는 상황을 재현하는 작업이기도 하다. 이렇게 말로 표현되는 구조적 특성상 구술기록은 생산되는 상황에 따라 크게 영향을 받게 된다. 즉 구술이 언제, 어디에서, 무엇 때문에, 구술자와 면담자 간의 어떠한 관계 속에서 행하여지느냐에 따라 내용의 충실성이 크게 달라지기도 한다. 또한 구술성은 추후 해석 작업에도 영향을 미치기 때문에 구술기록에는 구술된 내용 뿐 아니라 이러한 구술자의 다양한 상황, 현장 분위기 등도 반드시 포함[24]되어야 한다.

최근에는 이러한 필요성이 기술의 발달과 맞물려 영상 촬영이 활성화 되었

---

24 유철인, 「구술자료의 채록과 해석」, 『한국예술종합학교 논문집』 제6집, 한국예술종합학교, 2003, p. 102.

다. 영상 촬영은 구술내용 이외에 구술면담 배경맥락을 보다 생동감 있게 복합적이고 유기적으로 담아내는 것을 가능하게 한다. 또한 구술성을 적극 반영하여 추후 활용에 있어서 구술 내용의 오용을 줄이고, 이용자를 적극적으로 고려한 활용을 가능하게 하는 등 구술기록의 가치를 높이는 측면에서 많이 활용되고 있다.

② 주관성과 개인성

구술기록이 갖는 두 번째 특징은 주관성 및 개인성이다. 구술기록은 개인의 주관적 경험을 회상을 통해 현재로 불러오는 작업이므로 지극히 주관적이고 개인적이라는 평가를 피하기 어렵다. 일반적으로 구술자는 사건을 자신이 기억하고 있는 상태로, 그리고 감정을 부여한 상태로 구술하며[25] 구술기록은 이러한 특징으로 인하여 신뢰성과 정확성, 대표성을 의심받게 된다. 그러나 구술자가 객관적인 사실과는 거리가 있는 구술을 했다고 해서 이 기록이 거짓된 기록이거나 가치가 없는 것이라고 단정 지을 수 없다. 여기서 중시해야 할 점은 구술자의 특정 사건에 대한 기억에는 사실이나 정보의 요소와 함께 그것에 부여한 의미나 감정의 요소가 병존한다는 것이다.[26] 즉, 주목해야 할 것은 구술자가 무엇을 말하고 있는가가 아닌 왜 그렇게 말하고 믿고 있는가이며, 사건의 구체적인 일시나 배경이 아닌 사건 자체여야 하는 것이다. 단순히 결락기록의 내용 보완 측면에만 주목하여 구술기록을 바라보지 않고, 구술사의 등장 배경과 본연의 가치, 그리고 그 필요성에 주목하여 구술사를 바라보는 시각을 확장시키면 역설적으로 구술기록의 가치는 바로 그 주관성과 개인성으로부터 온다고 할 수 있다. 구술사는 다른 사회과학 연구에서 다루기 어려운 개인

25 한국구술사연구회, 『구술사 – 방법과 사례』, 선인, 서울, 2005, p. 33.
26 한국구술사연구회, 『구술사 – 방법과 사례』, 선인, 서울, 2005, p. 35.

의 사적, 주관적 경험이 개인에게 어떤 의미가 있고, 어떻게 객관적 구조와 상호 연관되어 있는지를 보여주기 때문이다. 따라서 구술사의 주관성과 개인성은 민족과 국가가 주체가 되는 중앙 중심적, 국가 전체사적 역사 연구에 가려지는 개인들의 경험을 드러내는 구술사의 강점[27]이 될 수 있다.

③ 공동작업

셋째, 구술기록은 면담자와 구술자의 상호작용 속에서 생산되는 공동작업이라는 점이다. 구술자는 단순 증언을 통한 사실 확인을 돕고, 연구 자료를 만들어 내는 수동적 존재가 아닌 면담자와 함께 기록을 생산하는 주체자로 이해하여야 한다. 따라서 이러한 역사의 주체를 잘 보조하여 기억을 보다 효율적으로 이끌어내기 위해서는 진정성을 가진 면담자의 체계적인 준비가 필요하다. 이에 따라 구술자를 통하여 생산되는 구술의 질도 현격하게 달라지게 된다. 구술자의 현재 상황에 대한 면담자의 무관심, 몰이해나 편견, 자료수집에 대한 과욕과 이로부터 비롯되는 약탈적 수집은 구술자에게 상처를 안겨줌은 물론이고, 자료수집에도 부정적인 결과를 낳을 수 있다.[28] 진정성있는 면담자가 구술자와의 교감을 통하여 생산한 구술기록은 가치있는 기록이 되기 위한 최우선이자 기본적인 조건이다.

④ 유일성

이외에 구술기록이 갖는 또 하나의 특징은 유일성이다. 이는 위에서 언급한 구술기록이 가진 세 가지 특징이 복합적으로 작용하여 드러나는 특성이다. 일반적으로 당대를 살았던 기억의 조각들은 집합적 기억을 구성하고, 이를 바

---

27 윤택림 · 함한희, 『새로운 역사쓰기를 위한 구술사 연구방법론』, 아르케, 서울, 2006, pp. 51~53.
28 정혜경, 「한국의 구술자료 관리현황」, 한국역사기록의 관리와 발전방향 발표문, 한국역사연구회, 2000, p. 30.

탕으로 대표성을 이끌어 내어 어느 정도 일반적인 사실로 간주될 수 있다. 하지만 이러한 일반적인 범주에 포함 시킬 수 있는 기억 이외에 특정 구술자로부터 생산된 특별하고 다양한 기억은 그 어느 곳에서도 이끌어낼 수 없는 유일무이한 자료로서의 가치를 지닌다. 이는 또한 동일한 주제로 같은 면담자와 구술자가 면담을 진행하더라도 매번 다른 결과물이 생산되는 것과 같은 맥락이다. 이러한 유일성이라는 특성은 면담자에게 수집 실행 이전에 정책과 사명에 맞는 철저한 준비 및 자세의 중요성을 요구한다. 또한 구술은 인간의 기억이라는 장치를 통해 재현되는 것이므로 구술자가 사망하게 되면 더 이상 구술기록을 확보할 수 없는 한시성을 지니고 있다[29]는 측면에서 소중한 기억을 담아내고 있는 구술자의 연령과 건강상태 등까지 고려하여 체계적으로 수집해야 하는 이유가 되기도 한다.

⑤ 활용의 유동성과 민감성

마지막으로 구술기록은 그 활용에 있어 유동성과 민감성이 존재한다. 이 특성은 구술 자체보다는 방법론적 특수성으로 인하여 드러난다. 영상이나 음성의 형태로건 일단 구술기록이 생산되게 되면 자료집 혹은 녹취문의 형식으로 기록이 텍스트화 되는 것을 막을 수는 없다. 하지만 텍스트화 되는 과정에서 구술기록의 가장 큰 특징이라 할 수 있는 구술성이 파괴되는 현상이 발생한다. 일반적으로는 현장에서 직접 면담을 진행한 주 면담자가 현장의 생생함까지 반영하여 구술성의 파괴를 최소화하는 방향으로 녹취문을 작성하는 것이 가장 이상적이다. 하지만 녹취문 작성에 소요되는 시간적, 인적, 경제적 상황을 고려하였을때 실제로 면담자가 녹취문 작성을 진행하는 경우는 많지 않은 실정이다. 이러한 현실 속에서 면담 현장을 잘 이해하지 못하고 있는 사람이

---

29 권미현, 「구술사료의 기록학적 관리방안 연구」, 『기록학연구』 제10호, 한국기록학회, 2004, p. 114.

구술자의 발화 당시의 상황, 어투, 감정 상태 등 특수성을 고려하지 않고 녹취문을 작성할 경우 이는 구술자로부터 발생한 1차 자료를 왜곡하는 결과를 초래할 수 있다. 또한 이렇게 텍스트화 된 녹취문만을 가지고 연구 등에 활용할 경우 구술자의 구술 맥락을 전혀 파악하지 못한 채 다양하게 해석될 수 있는 위험성을 내포한다. 따라서 구술이 텍스트화 되는 과정에서 구술성을 최대한 반영한 꼼꼼한 녹취문 작성과 면담자의 검독과정이 반드시 포함되어 생산 맥락의 객관성을 보존하여야 한다.

한편 구술기록은 기록 자체가 포함하고 있는 내용으로 인하여 활용의 민감성이 존재한다. 공공기관에서 생산되는 기록물의 공개 여부는 생산주체와 업무의 중요 사안에 따라 생산단계 이전에 수립된 명확한 기준에 의하여 관리되지만 상대적으로 불특정 다수의 출처에서 생산된 구술기록의 경우에는 생산 이후에 그 내용의 세부적 검토와 구술자의 의견을 반영하여 이루지게 된다. 이는 구술기록이 인간의 기억과 경험에서 비롯된다는 특성으로 인하여 개인의 경험담과 주관이 여과 없이 드러나기 때문이다. 이 때 아무리 기록으로서 중요한 가치를 지니고 있다 하더라도 공개 및 활용에 대한 구술자의 동의가 전제되지 않으면 그 구술기록은 절대로 활용될 수 없다. 또한 구술자는 구술자가 의식하지 못하고 있는 가운데 사회적으로 민감한 현안에 대한 발언, 타인에 대한 명예 훼손 등 공개시 문제의 소지가 될 수 있는 발언을 할 수 있다. 이러한 구술기록의 공개 및 활용에 대한 구술자마다의 기준은 구술자의 성향에 따라 유동적이며 사회적 상황이나 존재하는 이슈 등에 의하여 민감하게 반응할 수 있다. 따라서 면담자는 지속적으로 사회와 소통하면서 구술 내용이 공개 되었을 때에 발생할 수 있는 다양한 문제점들에 대하여 숙지하여야 하고, 구술자와의 지속적인 관계유지를 통하여 이러한 논란의 소지들을 사전에 차단하여야 한다. 구술기록이 가지고 있는 이러한 일반적인 특성은 주로 생산과 활용과정에서의 민감성과 관련되어 있다고 볼 수 있다.

3. 국내 구술사 영역의 연구 흐름과 전망

우리나라에서의 구술사는 1920년대 민속학, 인류학 등에서 구비전승이라는 특수한 형태로 일제의 침략 수단으로 이용되거나 혹은 그것에 대항하기 위한 학문적 도구로 수집되었다.[30] 그리고 해방과 분단 이후 민중사에 대한 연구가 잠시 주춤한 시기를 지나 1980년대 중후반부터 1990년대 중반까지 민주화운동과 맞물려 구술사 연구가 진행되었던 시기를 거쳐 왔다. 1990년대 후반에서 최근에 이르는 기간 동안에는 학계와 민간단체에서 진상규명을 위한 구술사 연구가 광범위하게 소개되기에 이르렀다.[31] 특히 2000년대 초중반부터는 일제강점기시대 이후 민주화운동시기에 이르는 격동의 근현대사를 다시 조명하고 여러 사건들에 얽힌 피해자들의 진상을 규명하여 역사의 진실을 밝히고자 발족한 대한민국 정부 직속 및 독립 위원회를 비롯하여 2004년 부터 현재까지 구술기록의 수집과 정리 사업을 진행하고 있는 국사편찬위원회, 성공회대 노동사연구원, 민주화운동기념사업회, 한국독립운동사연구소, 20세기민중생활사연구단 등 근현대사 특정 사건에 대한 구술기록을 생산해오고 있는 기관들이 중심이 되어 과거의 다소 제한적이었던 구술기록의 생산과 이를 통한

---

30 권미현, 「구술사료의 기록학적 관리 방안」, 명지대학교 석사학위논문, 2003, p. 114. 한편 이 시기 구술사를 통하여 왕조 중심과 식민사관에 기초한 지배사를 극복하기 위해서 유물사관의 관점에서 경제사, 민속사 등이 연구되기도 하였다. 김귀옥, 「한국 구술사 연구 현황, 쟁점과 과제」, 『사회와 역사』 71, 한국사회사학회, 2006, p. 148.

31 학자들 마다 시기의 구분의 견해 는 조금씩 차이가 있으나 전체적인 맥락에서는 대동소이 하다. 김귀옥은 이 시기를 각각 1기와 2기로 나누어 서술하고 있으며 시기구분은 다소 모호할 수 있으나 시대적 상황, 방법론의 내적 성숙도 등을 기준으로 하여 구분을 시도한다고 서술하고 있다. 이에 대한 자세한 것은 김귀옥, 「한국 구술사 연구 현황, 쟁점과 과제」, 『사회와 역사』 71, 한국사회사학회 2006, pp. 148~158. 참조.

연구 성과 발표에 양적 팽창을 주도하고 있다.[32] 이러한 구술기록 수집의 양적 성장에는 구술사 도입 초창기부터 꾸준히 계속되어 오고 있는 학계 차원의 다양한 연구 성과들이 이론적, 방법론적 구심점이 되었다.

우리나라에서의 구술사 관련 초기의 연구들은 구술사가 갖는 다양한 쟁점들에 주목하여 방법론의 적절성과 적용 가능성에 대한 논의가 그 중심을 이루었다. 하지만 1990년대 중반부터 구술사 방법론을 통한 적지 않은 연구가 발표되었고, 다양한 분야의 연구자들에 의하여 구술사 연구의 가능성을 입증하는 연구들이 해외 이론을 접목시켜 활발하게 진행되면서 이러한 논의들은 어느 정도 각 학계에서 가능성과 타당성이 입증되고 있는 단계에 와 있다고 볼 수 있다. 이제 관련 연구의 주제 영역은 방법론 자체와 방법론을 이용한 다양한 연구 성과들을 비롯하여 구술기록의 효과적인 수집과 체계적인 관리, 적절한 활용 등으로 그 방향이 이동하는 추세이다.

구술사 방법론을 통한 연구들은 그간 역사학, 사회학, 문화인류학, 민속학은 물론 여성학, 예술 분야에 이르기까지 다양하게 진행되어 왔다. 방법론과 이론적인 부분에서 기관 및 단체 차원의 연구도 국사편찬위원회나, 민주화운동기념사업회 등을 중심으로 워크숍의 개최, 연구서 간행 등 다양한 활동이 꾸준히 진행되었다. 또한 한국국가기록연구원, 서울대학교 교육사고, 한국구술사연구회, 한국구술사연구소 등의 단체에서도 구술사에 대한 필요성을 느끼고 이론 및 방법, 아카이브 구축 등 다양한 주제로 출판과 워크숍을 기획해 오고 있다.

국내에서 1990년대 후반부터 활발하게 진행되기 시작한 역사학, 사회학, 문화인류학계에서의 연구들은 크게 구술사를 이론적으로 고찰하고 구체적인 방법론을 다룬 연구[33], 구술사 연구의 필요성과 가치를 강조하고 다양하게 존

---

32 2000년대 이후 구술기록의 수집 기관 현황을 다룬 글로는 선영란 외, 『구술기록의 기록학적 관리방안』, 한국국가기록연구원, 2006과 김귀옥, 「한국 구술사 연구 현황, 쟁점과 과제」, 『사회와 역사』 71, 한국사회사학회 2006참조.

33 김귀옥, 「지역조사와 구술방법론」, 『한국사회과학』 22, 서울대사회과학연구원, 2000; 국사편찬위원회, 『현황과 방

재하는 여러 쟁점들을 다룬 연구[34], 해외 및 국내 구술사의 발달 양상 및 구술기록의 생산·관리 동향을 다룬 연구[35], 유관 학문과의 연계 활용의 가능성과 방안에 관한 연구[36] 등으로 나누어 살펴 볼 수 있다. 이와 더불어 1950년대 이후부터 이전의 구술전통을 계승하여 구술사 연구를 활발하게 진행시킨 미국 및 유럽의 다양한 연구 성과들은 국내 구술사 연구를 질적으로 풍부하게 하였다.[37] 이러한 연구성과들이 집적된 결과, 방법론적으로 큰 발전이 있었음은 물론이거니와 수집 실제에서도 많은 성과가 나타났고, 이를 바탕으로 2차 연구성과 또한 다양한 영역에서 활발하게 진행되어져 오고 있다. 최근에는 일반인들도 구술을 통해 다양한 학문 영역을 쉽게 접할 수 있도록 채록된 구술기록을 텍스트화 하여 자료집 형태로 묶어 출간되는 사례도 늘고 있으며, 개론서 형식

법, 구술·구술자료·구술사』, 국사편찬위원회, 2004; 장진철, 「구술자료의 관리에 관한 연구」, 대구대학교 석사학위논문, 2001.

34 윤택림, 「기억에서 역사로: 구술사의 이론적, 방법론적 쟁점들에 대한 고찰」, 『한국문화인류학』 25 , 한국문화인류학회, 1993; 윤형숙, 「생애사 연구의 발전과 방법론적 쟁점」, 『배종무총장 사임기념 사학논총』, 광주: 동간행위원회, 1994; 남신동, 「'역사의 민주화'와 구술사 연구의 윤리적 쟁점」, 『한국예술종합학교논문집』 6, 한국예술종합학교, 2003; 이용기, 「구술사의 올바른 자리매김을 위한 제언」, 『역사비평』 58, 2002; 프리쉬 마이클 H ;薛順鳳 譯, 「구술역사가 우리 에게 줄 수 있는 것은 무엇인가? – 문화와 역사의식 및 기억에 대한 小考」, 『세계의문학』 20, 1981; 김기석·이향규, 「구술사: 무엇을, 왜, 어떻게 할 것인가」, 서울대학교사범대학 한국교육사고 연구노트 제9호, 1998; 정혜경, 「한국 근현대사 구술자료의 간행 현황과 자료과 –'지운(遲雲) 김철수(金綴洙)'를 중심으로–」, 『역사와현실』 33, 한국역사연구회, 1999.

35 정혜경, 「한국 구술사료 관리현황」, 한국역사연구회, 2000; 김용의, 「일본 구술사 연구의 동향과 쟁점」, 『일본어문학』 12, 일본어문학회, 2002; 김귀옥, 「구술사 연구현황과 구술사 아카이브즈의 구축」, 『한국기록학회 학술심포지엄 자료집』, 2005; 김봉중, 「미국 구술사의 동향과 쟁점」, 『전남사학』 16, 2001; 정혜경, 「일제말기 조선인 강제연행·강제노동에 관한 기록사료 :수집 및 활용 방안을 중심으로」, 『史林』 제24호, 首善史學會, 2005.

36 염미경, 「전쟁연구와 구술사」, 『전쟁과사람들』, 한울아카데미, 2003; 김광식, 「구술사 연구의 필요성 :근·현대 불교의 공백을 메우자」, 『불교평론』 제5권 제2호, 2003; 함한희, 「구술사와 문화연구」, 『한국문화인류학』 33집 1호, 한국문화인류학회, 2000; 오유석, 「한국 근·현대 사회사 연구와 구술기록」, 『기록학연구』 제9호, 한국기록학회, 2004; 류방란, 「구술사 연구의 방법과 활용」, 『韓國敎育』 제25호 2, 韓國敎育開發院, 1998; 염미경, 「지방사연구에서 구술사의 활용현황과 과제」, 『역사교육』 98, 역사교육연구회, 2006; 현재열 외, 「지역 노동사 및 노동운동사 연구를 위한 구술사의 가능성」, 『역사와경계』 62, 부산경남사학회, 2007.

37 Paul Thomson(The Voice of the Past: Oral History, Oxford University Press, 1987.)은 구술사의 필요성과 가치 등 구술사에 대한 전반적인 이론적 이해의 틀을 제공하였으며, Donald A. Ritchie(Doing Oral History, NY : Twayne Publishers, 1995.)와 James Hoopes(『증언사 입문』, 유병용 역 ; 한울아카데미, 1995.)는 구술기록의 실제 수집에 있어서의 과정 및 이론적 방법론을 제시하였다. Valerie Raleigh Yow(Recording Oral History: A Practical Guide for Social Scientists, CA: Sage Publication, 1994.)는 구술사 연구 방법론 수행에 있어 기술적인 사항 뿐 아니라 구술자와 면담자간의 상호관계 속에서의 민감한 윤리적 문제까지도 종합적으로 다루고 있으며, 구술사의 다양한 프로젝트를 소개하고 있다.

의 연구서[38]도 구술의 대중화에 앞장서고 있다. 이들 연구 성과들은 국내에서 구술사를 학문 영역으로 자리매김하는 데에 있어 선구자적 역할을 수행하였다.

이후 구술사에 대한 관심의 급증과 생산의 활성화에 따른 아카이브 차원의 구체적인 관리 · 활용 방법론에 대한 논의는 기록학계를 중심으로 본격화되었다. 구술기록의 수집 계획의 수립에서부터 이후 정리, 기술 등 관리방안, 활용에 이르기 까지 구술기록의 실제적인 관리 프로세스 전반의 과정을 다룬 권미현의 연구[39]를 시작으로 최근까지 특정 이슈들을 주제로 하여 적지 않은 연구가 발표되었다. 좀 더 구체적으로는 구술기록의 수집 및 이용을 중심으로 수집기관이 겪고 있는 현실적인 문제점과 중요하게 고려해야 할 이슈를 다룬 연구[40], 수집방법론을 특정 수집 사례에 적용하여 수집절차를 세부적으로 설계한 연구[41], 수집기관의 구술기록 수집현황 및 관리 실태를 바탕으로 구술기록의 이용 서비스 방안을 제시한 연구[42], 국내외 대통령 기록관 및 구술 프로젝트 팀의 사례를 통하여 대통령 구술기록 수집의 프로세스를 설계하고 실제 사례에 적용시킨 연구[43], 국내외 구술기록 웹 서비스 사례 분석을 통하여 웹상에서 활용이 가능한 서비스 메뉴의 설계방안을 제시한 연구[44] 등을 들 수 있다.

이들의 연구가 구술기록의 수집과 활용의 중요성에 주목하여 관리 프로세스 전반과 수집 방법론을 중심으로 진행되었다면, 최근의 성과들은 그 주제 영역이 더욱 다양해지고 있다. 국내외 기관의 기술 요소를 분석하여 구술기록

38 한국구술사연구회, 『구술사 – 방법과 사례』, 선인, 서울, 2005; 윤택림 · 함한희, 『새로운 역사쓰기를 위한 구술사 연구방법론』, 아르케, 2006.

39 권미현, 「구술사료의 기록학적 관리 방안」, 명지대학교 석사학위논문, 2003; 권미현, 「구술사료의 기록학적 관리방안 연구」, 『기록학연구』 제10호, 한국기록학회, 2004; 권미현, 「강제동원 구술자료의 관리와 활용」, 『기록학연구』 제16호, 한국기록학회, 2007.

40 한정은, 「대중적 이용을 위한 구술기록의 수집과 활용 방안」, 한국외국어대학교 석사학위논문, 2007.

41 권명숙, 「구술기록의 수집 절차에 관한 연구 – 민간인학살사건 다큐멘테이션을 중심으로」, 경북대학교 석사학위논문, 2007.

42 노대진, 「국내 구술사료의 관리 실태와 서비스 방안」, 원광대학교 석사학위논문, 2007.

43 김지수, 「대통령 구술기록 수집방안 –김대중 대통령 구술 수집을 중심으로-」, 명지대학교 석사학위논문, 2007.

44 김미주, 「인터넷을 통한 구술자료 서비스 현황과 메뉴설계 방안」, 충남대학교 석사학위논문, 2007.

의 특성이 반영된 기술요소와 규칙을 설계하고 이를 실제 기관에 적용시킨 연구[45], ISAD(G)와 더블린 코어, PBcore 등을 분석 대상으로 하여 구술기록을 위한 메타데이터 요소를 설계한 연구[46], 구술기록의 디지털화 절차 및 메타데이터, 기관 차원의 전반적인 관리 규정 등 디지털 아카이브 차원의 구술기록 관리 방안을 다룬 연구[47], 디지털 구술기록 생산의 증가에 따른 서비스 방안에 대한 연구[48], 국내외 사례분석을 통하여 구술기록의 맥락을 중심으로 한 온라인 서비스 방안에 대하여 제언한 연구[49], 디지털 구술기록의 생산 및 관리기준과 아카이빙 운영절차를 다룬 연구[50], 구술기록의 정리 원칙에 있어 기록학의 원칙과 구술기록의 특성을 반영하여 구술기록의 정리 원칙을 구술기록을 수집하고 있는 기관에서 적용할 수 있도록 구술기록의 등록, 분류, 기술이 포함한 논리적 정리방법과 디지털화와 장기보존을 위한 물리적 정리방법을 제시한 연구[51], 디지털 구술기록의 생산에서부터 정리, 보존에 이르는 과정을 기록관리 영역의 방법론으로 구체적인 절차 설계한 연구[52] 등이 발표되었는가 하면, 아카이브 차원에 효과적인 수집 개발을 도울 수 있는 정책적 요소와 수집 실무 이슈에 대하여 제언한 연구[53], 구술기록의 신뢰성 확보 방안[54] 등 다양한 이슈를 주제로 한 연구가 발표되었다.

---

45 이화은, 「구술기록의 기술에 관한 연구」, 이화여자대학교 정책과학대학원 석사학위논문, 2009.

46 이정연, 「구술사 기록물 아카이브 구축을 위한 메타데이터 모델링 및 표준 요소 개발에 관한 연구」, 「정보관리학회지」 제26호, 2009.

47 김혜진, 「한국 구술기록의 관리 효율화 방안 연구」, 중앙대학교 석사학위논문, 2010.

48 문동원, 「구술기록의 Digital화에 따른 활용 및 서비스에 관한 연구」, 중부대학교 석사학위논문, 2009.

49 한지혜, 「구술기록 온라인 서비스 방안」, 한국외국어대학교 석사학위논문, 2010.

50 정영록, 「구술기록의 디지털아카이빙에 관한 연구 : 디지털구술기록의 생산·관리 및 보존전략을 중심으로」, 한국외국어대학교 석사학위논문, 2010.

51 김은영, 「보존과 활용을 위한 구술기록의 정리방안 연구 : 국사편찬위원회 사례를 중심으로」, 명지대학교 석사학위논문, 2010.

52 김명훈, 「디지털 구술기록의 생산 및 정리·보존 절차에 관한 연구」, 「한국기록관리학회지」 vol.10 no.1, 2010.

53 조용성, 「구술기록의 수집정책에 관한연구 – 과거사 진상규명 관련 위원회의 면담조사기록을 중심으로」, 한국외국어대학교 석사학위논문, 2009.

54 김민영, 「구술기록의 신뢰성 확보 방안 연구」, 신라대학교 석사학위논문, 2009.

이처럼 최근 연구는 구술기록의 전반적인 정리 방법, 아카이브 차원의 관리 방법에 대한 구체적인 방안을 주제로 활발하게 진행되고 있으며, 여기에 정보통신 기술의 발달과 디지털 매체 기술의 발달 속에서 최근 증가하고 있는 구술영상을 포함한 디지털구술기록 생산, 이들 기록의 웹 아카이브에서의 활용을 염두한 방법론적 논의도 활발하게 진행되고 있다. 또한 다양한 학회, 단체 차원에서 수집과 활용, 법적·윤리적 쟁점, 콘텐츠 활용방안, 구술 아카이브 구축 방안에 이르기 까지 다양한 주제에 관련한 학술행사가 개최되는 등 구술기록을 바라보는 시각도 점차 다양해지고 있다.

최근 구술사에 대한 관심은 학계의 경계를 떠나 가히 폭발적이다. 구술기록의 필요성에 대한 인식과 그 발전 양상이 특정 영역이나 시기에 국한되지 않는 다는 점을 감안하였을 때 구술기록의 생산은 앞으로 공공영역이나 민간차원에서 활발하게 진행 될 것으로 보여 진다. 이와 같은 관심을 반영하듯 구술기록의 양적 증가와 더불어 그에 따른 체계적인 관리 필요성에 대한 목소리가 높아지고 있다. 여기에 각 학계의 관심과 고민이 더해져 최근 통합적 구술 아카이브 구축과 그 운영방안에 대한 다양한 고민과 연구 역시 활발하게 진행되고 있다. 구술기록의 기록학적 관리의 필요성에 대한 목소리는 비단 기록학 영역에만 국한된 것은 아니다. 이는 유관 학계들의 연구 풍토와 이에 따른 생산 및 활용 목적의 상이성에도 불구하고, 구술기록을 수집하는 대다수 개인 연구자 및 단체가 공감하는 부분이라고 할 수 있다. 이와 같은 흐름의 원인은 기록학적 관점에서 아카이브의 의미와 기능을 살펴봄으로써 찾을 수 있다. 주지하듯이 아카이브는 그 사명과 목적으로부터 비롯한 적합한 기준에 따라 기록이 가지고 있는 가치에 주목하여 평가 과정을 거치고, 영구적으로 보존되어야 할 기록물을 보존소 내부로 끌어들여 보존, 활용하는 곳이다. 아카이브의 역할은 기록의 단순한 수집 및 축적, 단편적인 활용만을 고려하는 것이 아닌,

효율적인 수집과 보존체제 속에서 영구보존기록물의 지속적인 가치의 활용을 통하여 사회전반을 도큐멘테이션하고, 기록이 가지고 있는 다양한 가치를 극대화 시켜 사회 및 구성원들에게 제공하여 기여한다는 점에서 단순 자료 보관소 또는 정보 집적소와는 다른 한 차원 높은 의미와 사명을 지니고 있다고 할 수 있다. 최근 일고 있는 아카이브 내에서의 체계적인 관리의 필요성에 대한 주장들에는 그간 구술기록이 효율적으로 보존, 활용되어지지 못했다는 것에 대한 자성적 목소리와 더불어 이러한 아카이브의 개념과 역할이 전제되었다고 볼 수 있다. 이에 앞으로 구술기록을 소장하고 내부에 아카이브를 설치하고 있으며, 소장기록의 데이터베이스를 구축하고, 서비스를 제공하는 등 아카이빙 시스템을 기획 혹은 운영하고 있는 국가기록원, 국사편찬위원회, 민주화운동기념사업회, 20세기민중생활사연구단, 한국학중앙연구원 등의 기관을 중심으로 구술 아카이브의 발전 방향에 대한 고민과 좀 더 확장된 구술 아카이브에 대한 기능과 역할에 대한 논의가 계속될 것으로 보여 진다.

이에 그간 구술사에서 논의 되었던 협의의 아카이브 즉, 단순 디지털화와 웹 상의 업로드를 통한 보관과 활용에 치우친 아카이빙 방안이 아닌, 기록의 항구적인 보존과 적절한 활용을 위한 근본적인 노력과 수집 · 등록에서 활용 · 평가 · 폐기, 영구 보존 전략에 이르기 까지 관리프로세스 전 과정을 아우를 수 있는 효율적인 통제수단이 전제된 광의의 아카이브로의 접근에 대한 고민이 기록학 영역을 중심으로 학제차원에서 더욱 필요한 시기이다. 아울러 기록학적 관점에서 구술기록이 갖는 의미와 역할에 대한 보다 깊이 있는 고민이 전제된 가운데 구술사와 맞닿아 있는 다양한 학문 영역을 기록학적 고민 속에서 아우르는 노력은 이제 막 걸음을 떼기 시작한 기록학 영역의 구술로의 접근에 이론적 깊이를 더하고, 사회를 보다 총체적으로 도큐멘테이션하는 방법론적 가능성에 힘을 실어 줄 것으로 기대한다.

조용성

한국외국어대학교 사학과 및 대학원 정보 · 기록학과를 졸업하고, 현재 한국외국어대학교 역사기록관에서 기록연구사로 활동하고 있다. 구술 관련 사업으로는 국가기록원 대통령기록관의 '역대대통령 구술채록 사업', 국가기록원의 '국민생활정책 관련 구술채록사업', 한국학중앙연구원의 '현대한국구술사연구사업' 등에 참여하였다. 주요 논문으로는 「구술기록의 수집정책에 관한 연구 – 과거사 진상규명 관련 위원회의 면담조사기록을 중심으로」(한국외국어대학교 대학원 정보 · 기록관리학과 석사학위논문, 2009), 「구술기록의 수집과 아카이브 정책에 관한 연구」(『기록학연구』 25, 2010)이가 있다.

구술과 기록[1]:
기록학적 관점에서의 구술의 의미와 역할

1. 기록학에서의 구술이란?

현대 과학기술의 발전은 기록을 남기는 방식 면에서 큰 변화를 가져다주었다. 그동안 주로 문자를 통해 기록을 생성시켰다면, 음성과 영상 역시 손쉽게 기록으로 남길 수 있는 세상이 되었다. 인류의 역사상 말과 글 양자는 의사소통의 보편적이 수단으로 사용되었지만, 말을 녹음해 보존할 수 있는 기술의 부재로 인해 그동안 문자로 작성된 기록을 위주로 행위에 대한 증거이자 기억의 보존 도구로 사용되어 왔다. 하지만 최근 녹음 및 녹화기술의 진전은 그동안 문자화된 기존의 기록이 지닌 한계를 극복하는 차원에서, 음성이나 영상을 행위의 증거 및 기억의 보존 도구로 활용할 수 있게 해주었다.

이러한 경향과 보조를 맞추어 구술은 다양한 학문 영역에서 활발하게 수행

---

1 이 글은 김명훈, 「기록학적 관점에서의 구술의 의미와 역할에 관한 연구」, 『기록학연구』 24, 한국기록학회 2010의 내용을 수정 · 보완한 것임.

되고 있다. 수행방식 및 채록 목적은 다소간의 차이를 보이지만, 문자화된 기록이 남지 않은 분야에 대한 실제 경험자의 기억을 음성 및 영상으로 채록하여 연구를 위한 자료를 생성시킨다는 취지에서이다. 최근 들어 국내 기록학 영역에서도 기록으로서의 구술이 지닌 중요성을 인식하고 구술채록 사업을 개시하였다. 하지만 기록보존기관에서의 구술채록은 아직 정체성 정립이 요원하다. 구술채록은 부족한 기록을 보충하거나 결락된 기록을 보완한다는 차원에서 진행되고 있지만, 구술채록 분야에 대한 전체적 구조나 수집 틀은 별도로 마련되어 있지 않다. 아울러 채록된 구술 결과물 역시 단순 시청각기록 중 하나로만 간주되어, 구술기록의 특성을 반영한 관리 및 보존조치가 이루어지지 않고 있다.

기록학은 '현재의 삶의 모습을 기록을 통해 미래에 전승하는 과업'을 목표로 한다는 점에서, 구술채록 역시 여타 학문분야에서 사료의 생성 및 연구 목적을 위해 수행되는 구술채록과는 다른 특성을 도출할 필요가 있다. 더불어 기록학은 '수많은 기록 중 맥락을 지닌 행위의 증거를 평가하여 현재의 사회상 및 집단기억을 형성'시키는 분야라는 점에서, 구술채록에 앞서 기록학 고유의 구술 정체성 정립이 선행되어야 한다.

기록학에서는 그동안 실증주의의 뿌리 깊은 영향 속에 문자화된 기록 위주로 학문적 이론 및 방법론을 개발시켜왔다. 하지만 '말'을 통한 기록의 생성 및 보존이 가능해진 지금, 기억 및 사회상을 보존해 전승하는 또 하나의 방식으로 구술에 주목해야 할 필요가 있다. 이에 본장에서는 기록보존기관에서의 구술채록 정체성을 정립시키기 위한 일환으로, 기록학적 관점에서 특히 기록학의 '맥락' 논점 및 '평가' 측면에 초점을 맞추어 구술이 지닌 의미 및 역할을 분석하고자 한다.

2. 기록학과 구술, 그리고 구술기록

구술의 역사는 인류가 문자를 사용하기 이전부터 시작되었다고 할 수 있다. 문자의 발명 이전부터 인간은 본능적인 기억의 필요를 위해 구술을 기억의 도구로 사용해 왔기 때문이다. 근대 이후 문자화된 기록에 토대를 둔 실증주의 영향 하에 이러한 기억의 도구로서 구술의 중요성이 반감되어 왔지만, 20세기 이후 문자화된 기록으로 남지 않은 기억을 채록해 연구하는 구술사(Oral History)란 명칭으로 다시 자리를 잡아 현재 다양한 학문 영역에서 활발하게 수행되고 있다.

구술사는 여러 학문 영역에서 다양하게 정의되고 있지만, 과거의 특정 사건 내지 사실내역을 구술자의 기억을 통해 채록하고 이를 기반으로 연구를 수행한다는 점을 공통분모로 한다. 넓은 의미에서 구술사는 과거의 기억을 말로 회상한 것을 연구의 주된 자료로 활용하는 역사연구라 할 수 있으며, 이 점에서 문헌사와 대비되는 개념으로 파악이 가능하다.[2] 우리나라에서도 구술사는 구술을 기반으로 역사를 연구하는 개념이 일반화 되어 있지만, 실제 구술사 연구에서는 역사 쓰기 보다는 구술 채록이 보다 빈번히 수행되고 있다. 이를 감안할 때 구술사란 개념에는 역사연구 개념과 함께 구술채록 모두를 포괄하는 개념으로 이해할 필요가 있다.[3]

개인의 경험을 구술로 채록해 연구하는 구술사의 보편화는 과학기술의 발전과 무관치 않다.[4] 근대시기까지 인간의 경험이나 기억은 종이 매체에 문자를 사

---

2 한국구술사연구회, 『구술사 – 방법과 사례』, 선인, 서울, 2005, p. 18.

3 윤택림·함한희, 『새로운 역사쓰기를 위한 구술사 연구방법론』, 아르케, 서울, 2006, pp. 49~50.

4 Thomas Carleton, "Videotaped Oral Histories: Problems and Prospects", *American Archivist* 47(Summer), 1984, pp. 229~230.

용하여 기록으로 남겨졌다면, 20세기 이후 녹음 및 녹화기술의 발전은 예전에는 불가능했던 음성이나 영상으로 남길 수 있기 해주었다. 그러나 개인의 기억을 음성 내지 영상으로 채록하는 구술사 방법론에는 필연적으로 비판이 수반된다. 먼저 개인의 기억이 지닌 정확성 및 신뢰도 문제이다. 개인이 지닌 기억은 시간의 흐름에 따라 소실되거나 부정확해질 수 있으며, 개인의 지식이나 경험, 성향 등에 따라 기억이 왜곡되거나 굴절될 수 있기 때문이다. 또한 신뢰도란 한번 조사한 것을 반복해 조사해도 동일한 결과가 나올 때 얻게 되는 것이라고 할 때, 구술 채록에서 신뢰도를 완벽하게 확보하는 것은 현실적으로 불가능하다. 하지만 구술사 방법론의 가장 큰 한계로 지적되는 것은 말과 기억의 주관성 문제라 할 수 있다. 구술은 구술자 개인의 주관적 경험 및 기억을 토대로 말을 통해 이루어지는 관계상 주관성을 원천적으로 배제시키기 어려우며, 따라서 객관적인 자료로서의 속성에 제일 큰 장애로 떠오르게 된다.[5]

이러한 구술사 방법론이 지닌 비판에 대한 반론 역시 존재한다. 실제 인간의 경험을 다루는 구술사는 불가피하게 각 개인의 주관적이면서도 부분적인 경험에 의존하게 되지만, 이는 역으로 기존의 구조중심적 역사학에서 배제하거나 단순화한 실제 인간들의 생생한 경험과 인식을 담아낼 수 있다는 것이다. 구술은 과거에 대한 부분적 진실을 담고 있음에도 불구하고, 거기에는 과거의 사실만이 아니라 그것을 구체적으로 인간이 '어떻게' 그리고 '왜' 그렇게 경험하고 인식했는가도 담겨 있다. 따라서 구술사는 개인의 주관적 경험과 인식을 적극적으로 담아냄으로써 그 강점을 발휘할 수 있기 때문에, 구술은 주관적일수록 가치가 있다는 역설의 성립이 가능하게 된다.[6] 또한 구술사의 의미는 개인의 주관적인 기억을 통해 절대적인 역사적 사실을 구축하는 것이 아

---

5 김귀옥, 「구술사 연구현황과 구술사 아카이브즈의 구축」, 『한국기록학회 학술심포지움 자료집』, 한국기록학회, 2005, pp. 145~147.
6 이용기, 「구술사의 올바른 자리매김을 위한 제언」, 『역사비평』 58, 역사비평사, 2002, pp. 366~367.

닌, 역사적 사실에 대한 다양한 개인들의 목소리를 들을 수 있다는 점에 있다. 이러한 측면에서 구술이 지닌 역사적 사실의 다성성(multi-vocality)은 구술이 지닌 진정한 의미라 할 수 있다.[7]

근대 이후 기록학 영역에서의 구술 역사는 그리 길지 않다. 근대 서구의 기록학 담론에서 기록의 한 유형으로서 구술은 주목받지 못하였다.[8] 구술은 문자를 대신해 인간의 경험이나 기억을 말을 통해 표현한 것이라는 점에서 인간의 행위 및 사고를 반영한 기록화 된 흔적이라 할 수 있지만, 실증주의를 기반으로 해 성장해 온 근대 기록학의 조류 속에서 구술은 자연스럽게 소외되어 왔다.

20세기 이후 기록학 영역에서 구술에 관심을 보이기 시작한 것은 기존의 문자회된 기록이 지닌 한계와 더불어, 과학기술의 발전 및 역사 연구동향의 변화와 관계가 깊다. 20세기 중반 이후 과학기술의 발전, 특히 녹음 및 녹화 기술의 보급은 과거에는 불가능했던 음성 녹음 및 영상 녹화라는 기록화 방식을 가능케 해주었고, 이를 계기로 기록학 영역에서도 구술채록이 점차 도입되기 시작하였다.[9] 사회사 연구동향 역시 기록학 영역에서 구술을 주목하게 한 동인이라 할 수 있다. 이는 현대적 의미의 구술사가 태동한 미국에서의 경험이 잘 대변해준다. 1970년대의 사회사 연구 사조와 맞물려 '밑으로부터의 역사' 복원이라는 차원에서 구술사가 성행하게 되었고, 기록학 영역에서는 유명한 역사적 사건 내지 인물 기록의 결락 보완을 위한 차원에서 구술을 수행하게 되었다.[10]

이를 계기로 미국 SAA 산하의 구술사위원회(Oral History Committee)에

---

7 윤택림, 「역사인류학자의 시각에서 본 역사학: 구술사 연구를 중심으로」, 『역사문화연구』 6, 2001, p. 232.

8 Sue McKemmish, "Traces: Document, Record, Archive, Archives", *Archives: Recordkeeping in Society*(Australasian Library and Information Studies 24), Sue McKemmish, Michael Piggott, Barbara Reed, Frank Upward ed., Wagga Wagga: Centre for Information Studies Charles Sturt Univ., 2005, p. 18.

9 William W. Moss, "Oral History", *Managing Archives and Archival Institutions*, James Hregory Bradsher ed., London: Mansell Publishing Limited, 1988, p. 152.

10 Ellen D. Swain, "Oral History in the Archives: Its Documentary Role in the Twenty-first Century", *American Archivist* 66(Spring/Summer), 2003, pp. 140~141.

서는 구술을 또 하나의 기록으로 간주하고, 기록학 영역에서의 구술 자리매김을 위한 아젠더 마련을 위해 대대적인 조사를 실시하게 된다. 1971년 SAA 회원들을 대상으로 실시된 조사에 따르면, 회원의 약 20%는 구술채록 및 수집에 직접적으로 참여하고 있으며, 구술채록 사업의 70% 이상이 1966년 이후에 마련되었다고 응답하였다. 그리고 회원 가운데 73%는 구술이 기록관리 상의 정식적인 업무로 자리매김해야 하며, 적절한 재원 확보가 가장 큰 관건이라고 대답하였다.[11]

1980년대 들어 위와 같은 방향은 부분적으로 변화하게 된다. 그 계기는 Paul Thompson의 *The Voice of the Past* 출간을 계기로 역사학의 새로운 방법론으로 주목되기 시작하면서부터이다. 즉 각종 연구기금 지원에 힘입어 역사학자들은 소외되고 잊혀진 소수자들에 대한 역사연구에 주목하게 되고, 기록이 부재한 여성·소수인종·하층민 등 사회적 소수자에 대한 사료 확보 차원에서 구술이 진행되게 된다. 기록학 영역 역시 이러한 조류에 동참해, 기록이 거의 없거나 존재치 않는 사회 소수자들에 대한 기록 확보 목적으로 구술을 수행하였고, 구술사협회 및 역사협회에서는 구술의 관리 및 보존 차원에서 아키비스트의 역할을 강조하였다.[12]

하지만 1990년대 들어와서는 다시 상황의 반전이 일어나게 된다. SAA 소속 아키비스트를 제외한 대부분 아키비스트들은 구술에 별다른 관심이 없었으며, 1990년대에 들어서는 위와 같은 동향이 줄어들고 일부가 음성기록 관리 차원에서 접근하게 된다. 이에 따라 1990년대 초 다양한 학문 영역에서 진행된 구술사의 대중화·보편화 속에, 기록학 영역에서의 구술은 연구가 더욱 더

---

11 Committee on Oral History of the Society of American Archivists, "Oral History and Archivists: Some Questions to Ask", *American Archivist* 36(July), 1973, pp. 361~365.

12 Ellen D. Swain, "Oral History in the Archives: Its Documentary Role in the Twenty-first Century", *American Archivist* 66(Spring/Summer), 2003, pp. 141~142.

저조해졌다.[13]

하지만 전체적 견지에서 볼 때 기록학 영역에서의 구술은 하나의 전문 과업으로 자리하지 못하였고 볼 수 있다. SAA 소속 아키비스트를 제외한 대부분 아키비스트들은 구술에 별다른 관심이 없었으며, 1990년대에 들어서는 위와 같은 동향이 줄어들고 일부가 음성기록 관리 차원에서 접근하게 된다. 이에 따라 1990년대 초 다양한 학문 영역에서 진행된 구술사의 대중화 · 보편화 속에, 기록학 영역에서의 구술은 연구가 더욱 더 저조해졌다.[14]

이를 반영하듯 기록학 영역에서의 구술기록에 대한 개념 및 위상은 아직 완벽하게 정립되지 않은 상태라 할 수 있다. 구술사 영역에서는 구술사료 내지 구술자료란 명칭으로 '구술자 또는 화자가 연구자 내지 해석자 앞에서 자신의 과거 경험을 기억을 통해 현재로 불러오는 작업으로 얻은 자료'로 정의[15]하거나, '연구를 위한 심층면접(Interview)을 통해 얻은 자료로서 역사적으로 중요한 기억이나 개인적인 회고 등을 통해 수집한 결과물'로 지칭[16]하고 있다. 이와 유사하게 기록학 영역에서는 구술기록을 '면담을 통해 개인의 기억 속에 남아 있는 과거나 역사적 사건을 재구성하는 작업을 통해 만들어지는 기록'으로 정의 내리면서, 면담자와 구술자의 공동작업을 통해 생산되며 주관성과 개인성을 지닌다고 설명하고 있다.[17] 이러한 정의는 구술사 영역에서 사용되고 있는 정의에 '기록'이란 단어를 추가하여 치환한 것으로, 기록학 영역 고유의 학문적 실무적 특성을 투영한 구술기록을 정의 내리기에는 다소 역부족이라 할 수 있다.

기록학 영역에서 구술 채록이 지닌 의미와 역할을 정립하기 위해서는 우선

13 Ellen D. Swain, "Oral History in the Archives: Its Documentary Role in the Twenty-first Century", *American Archivist* 66(Spring/Summer), 2003, p. 143.

14 Ellen D. Swain, "Oral History in the Archives: Its Documentary Role in the Twenty-first Century", *American Archivist* 66(Spring/Summer), 2003, p. 143.

15 윤택림 · 함한희, 『새로운 역사쓰기를 위한 구술사 연구방법론』, 아르케, 서울, 2006, p. 48.

16 한국구술사연구회, 『구술사 – 방법과 사례』, 선인, 서울, 2005, p. 20.

17 한국기록학회, 『기록학 용어 사전』, 역사비평사, 서울, 2008, p. 32.

적으로, 기록학의 고유 특성을 반영한 구술기록에 대한 개념을 정립시켜야 한다. 구술사 영역에서 일반적으로 통칭하는 구술채록 결과물로서의 구술사료 내지 구술자료 개념은 역사 및 기타 학문연구를 위한 의미가 강하다. 즉 특정 사건 및 경험에 대한 개인의 기억을 통해 과거의 사실을 복원한다는 뜻으로, 구술사의 출발부터 이러한 의미를 내포하고 있다. 기록학적 관점에서의 구술기록 개념 역시 이러한 면에서는 공통점을 지닌다. 왜냐하면 기록은 과거의 행위내역에 대한 사실적 증거로서의 의미를 지니기 때문이다.

하지만 이것으로 구술기록의 정의가 완성되는 것은 아니다. 이와는 별도로 기록학 영역이 지닌 고유의 구술 채록 의미 및 역할이 존재하기 때문이다. 기록학에서 기록은 형태나 유형에 관계없이 행위에 대한 증거 및 정보적 의미를 지닌 대상으로 정의되며, 이러한 정의를 기반으로 기록학 영역에서는 '현재의 모습을 기록을 통해 남기는 과업'을 수행해왔다. 따라서 기록학적 관점에서의 구술기록은 과거의 사실을 연구하기 위한 사료로서의 개념만을 포함하는 것은 아니다. 이에 더해 기록은 인간의 행위에 대한 신뢰할 수 있는 증거 및 정보로서의 의미를 지니며, 이를 토대로 현재의 당대 사회상 및 집단기억을 기록을 통해 후대에 전승하는 역할을 담당하고 있다. 이러한 관점에서 본다면 기록학 영역에서의 구술기록은 문자화된 기록으로 남지 않는 영역에 대한 기록 생성 및 현재 보유 중인 기록의 결락부분을 보완하는 의미와 함께, 기록 속의 보다 근원적인 맥락을 확보하며 당대의 사회상 및 집단기억의 형성과 관련된 의미를 지니게 된다.

3. 구술을 둘러싼 기록학 영역에서의 논쟁

　기록학 영역에서의 구술채록은 그리 간단한 문제가 아니다. 녹음기나 영상 촬영기를 들고 구술자의 목소리이나 모습을 채록하는 것으로 끝나는 것이 아니기 때문이다. 그간 서구 기록학계에서는 기록학 영역에서의 구술 참여 문제를 둘러싸고 논쟁이 진행되어왔다. 대표적인 쟁점은 구술채록이 기록보존기관에서 수행할 업무인가 또한 구술을 채록한다는 것은 그동안 기록학 영역에서 엄금해왔던 기록 생산 영역이 아닌가 등과 관련해서이다.[18]

　적극적인 구술채록 참여에 대한 기록학 영역에서의 반대 입장은 몇 가지 측면에서 제기되었다. 이러한 반론은 먼저 문자화된 기록 중심의 오랜 기록관리 관행과 관련된다. 19세기 이후 관료제에 기반을 둔 조직 운영이 일반화됨에 따라 공문서의 생산량이 폭발적으로 급증하게 되었고, 이러한 상황과 연동하여 현대 기록학 이론 및 방법론은 종이 내지 전자적 형태의 문자화된 기록을 중심으로 개발되어왔다. 매일 매일의 일상적인 활동과정에서 통제할 수 없을 정도의 방대한 양으로 생산되는 문자화된 기록을 관리 · 보존하기 위해서는 논리적인 이론체계 및 과학적인 관리 방법론이 필요로 되었기 때문이다. 특히 0과 1의 비트스트림으로 이루어져 가상의 공간에서 생성 · 유통되는 전자기록을 관리 · 보존하는 것은 아직도 완벽한 방책을 마련하지 못한 난제로 남아 있다.[19] 이러한 연유로 인해 기록보존기관의 주요 관심 대상은 시기 및 장소를 불문하고 문자화된 기록이 되어 왔으며, 이러한 가운데 구술기록은 주로 녹음 및 음악테이프와 같은 음성기록 관리 차원에서 접근이 이루어져왔다. 이처럼

---

18 Jean-Pierre Wallot & Normand Fortier, "Archival Science and Oral Sources", *The Oral History Reader*, Robert Perks, Alistair Thomson eds., London & New York: Routledge, 1998, p. 365.

19 전자기록의 관리 및 보존과 관련된 딜레마에 대해서는 김명훈 외, 『전자기록관리의 이해』, 한국국가기록연구원, 서울, 2003, 2장 및 4장을 참조.

방대한 양의 문자화된 기록물 관리문제에 직면한 상황에서, 고비용이 소요되는 구술기록의 생산에 앞서 산적해 있는 문자화된 기록의 처리를 우선적으로 수행해야 한다는 것이 반대론자들의 공통된 입장이다.

기록에 대한 실증주의의 뿌리 깊은 관념 역시 구술기록 생산을 중시치 않게 한 이유 중 하나이다. 근대 기록관리의 출발점으로 삼는 프랑스혁명 이후 문자화된 기록은 실증주의 사조와 연계되어 과거의 사실 내지 사건에 대한 객관적인 증거로서 인식되어 왔다. 19세기 정치·외교·군사적 문제에 주로 관심을 가지고 있던 실증주의 전통은, 기본적으로 원문비평(Textual Criticism)에 근거한 신뢰할만한 문서에 역사연구가 근거해야 한다는 입장을 지닌다. 이의 영향으로 전통적으로 기록학 영역에서의 기록은 서면 형태의 문서로 인식되어 왔다. 즉 개인 내지 단체의 활동 과정 중 생성된 활동에 관한 신뢰할 수 있는 증거로서의 의미를 기록에 부여했고, 이러한 영향으로 기록학 영역에서는 이러한 증거를 온전하게 관리·보존하는데 주력하게 되었다.[20]

또한 20세기 이후 관료제의 보편화 속에 공식적인 업무처리는 구두가 아닌 문자로 작성된 기록을 통해 수행되게 되었다. 관료제를 기반으로 한 대규모의 조직체계에서 업무 처리의 비합리성을 배제하고, 역할 분업화에 따른 책임의 범위를 명확하게 하기 위해 주로 기록에 기반을 둔 업무처리를 지향했기 때문이다. 이와 같은 근대 이후 기록관리의 모토가 되는 실증주의와 문서주의의 심화 속에 문서화된 기록을 행위 내지 활동에 관한 업무적·법적 증거로서 파악하는 경향이 더욱 고착화되었고, 구술은 자연스럽게 기록관리의 우선적 관심 대상에서 배제되었다. 실증주의의 관점에서 볼 때 개인의 불완전하면서도 주관적인 기억에 입각한 구술은 기록으로 인정키 어려우며, 행위 과정 속

---

20 Jean-Pierre Wallot & Normand Fortier, "Archival Science and Oral Sources", *The Oral History Reader*, Robert Perks, Alistair Thomson eds., London & New York: Routledge, 1998, p. 365.

의 자연스러운 축적물이 아닌 면담자의 의도 및 구술채록의 의도가 반영된 목적의식적 산물이기 때문이다.[21]

하지만 구술채록을 반대하는 논지는 무엇보다 기록보존기관 및 기록전문직의 중립성 문제와 관련된다. 기록학 영역의 가장 기본적인 원칙 중 하나는 가치 내지 의미의 중립성이라 할 수 있다. 기록은 인간의 행위 내역이 있는 그대로 투영된 산물이며, 따라서 기록전문직의 사명은 있는 그대로의 행위내역을 기록화 된 그대로 관리·보존해 전승하는 것이다. 인간의 가치 기준 및 의미 판단은 주어진 시기 및 사회의 사고 체계에 따라 상이할 수밖에 없으며, 아울러 기록전문직의 기록에 대한 가치 내지 의미의 부여 역시 당대의 사회적 가치관이 투영될 수밖에 없다. 이러한 점을 감안할 때 발생된 그대로의 행위 내역을 주관성을 배제하고 생성된 당시 그대로 관리·보존해 전승한다는 중립성이 기록학 영역에서는 시대를 불문하고 철칙으로 자리해왔다.

이러한 중립성에 대한 현대적 의미의 재해석은 영국의 기록학자인 Jenkinson의 논지로 대변할 수 있다. 생산목적의 본원성을 강조하는 Jenkinson의 이론적 기반은 기록의 본질에 대한 르네상스적 회귀에 그 출발점을 둔다. 고대 로마법에 근거한 관념인 '영속적 기억'(Perpetual Memory)과 '공적 신뢰성'(Public Faith)으로 대표되는 기록의 본질은 가치의 중립성을 원칙으로 한다. 영속적 기억은 기록에 수록된 내용의 변동 없는 지속적 사실성을 의미하며, 공적 신뢰성은 기록의 사회적 기능에 관련된 개념이다. 이러한 두 개념은 당시 로마법을 기반으로 한 기록보존제도에서 유래를 찾을 수 있는데, 국가기관인 기록보존소에 보관된 기록은 지속적 사실성 및 내용의 공신력을 국가로부터 보증 받으며, 이때 국가기관에 보관되지 않은 부수적 기록과의

---

21 Jean-Pierre Wallot & Normand Fortier, "Archival Science and Oral Sources", *The Oral History Reader*, Robert Perks, Alistair Thomson eds., London & New York: Routledge, 1998, p. 366.

이분법적 사고가 성립된다. 즉 일회성 기록 내지 사본 등을 제외한 보존기록은 위의 두 관념에 기초하여 동등한 가치가 부여되며, 따라서 특정 가치관 내지 주관성이 투영된 가치판단 행위는 무의미한 것으로 인식된다. 각각의 기록에 대한 특정 기준의 가치판단은 내용적 사실성과 공신력에 손상을 주는 행위로 생산목적 본연의 고유성을 상실케 하기 때문이다.[22]

이와 같은 입장에서 볼 때 구술채록은 기록보존기관 및 기록전문직의 중립성을 저버리는 행위가 된다. 인간의 행위 내역을 투영한 기록을 주관이나 가치의 개입 없이 관리·보존해 전승한다는 '신성한 증거의 수호자'로서의 역할에 위배되기 때문이다. 구술채록이라는 것은 면담자의 개인적 견해나 가치 판단, 주관을 기반으로 기록을 새롭게 생성시키는 행위라고 볼 때, 20세기까지 기록보존기관 및 기록전문직의 철칙으로 여겨왔던 중립자로서의 역할과 배치될 수밖에 없다.[23] 이를 염두에 둘 때 구술채록은 구술의 내용과 성격에 주관이나 가치 판단이 반영될 수밖에 없으며, 따라서 기록보존기관 및 기록전문직은 기록을 생산할 수도 생산해서도 안된다는 것이 중립성을 기치로 내건 반대론자들의 일관된 견해이다.[24]

하지만 근래 들어 기록보존기관에서의 구술채록 필요성을 주장하는 논지들이 서서히 제기되기 시작하였다. 기록보존기관에서의 구술채록 찬성 논지들은 주로 현존 기록의 결락부분 보완 차원에서 구술의 필요성을 제기한다. 문자화된 기록으로는 당대 제도 속의 공식적인 행위들만을 남기기 쉬우며, 제도권 밖의 비공식적인 일상 행위들은 기록으로 남지 않는 경우가 허다하다. 특

---

22 이상의 논지는 김명훈, 「공공기록물의 평가체제에 관한 이론적 검토: 선별방식 및 가치범주를 중심으로」, 『기록학연구』 6, 한국기록학회, 2002, pp. 23~24에서 재인용.

23 Ellen D. Swain, "Oral History in the Archives: Its Documentary Role in the Twenty-first Century", *American Archivist* 66(Spring/Summer), 2003, p. 144.

24 William W. Moss, "Oral History", *Managing Archives and Archival Institutions*, James Hregory Bradsher ed., London: Mansell Publishing Limited, 1988, p. 149.

히 최근의 통신 및 컴퓨터 기술의 발달에 따라 이전의 문자화된 종이에 기반을 두었던 의사소통들이 전화나 통신, 직접적인 구두로 행해지는 경우도 빈번히 발생하고 있다. 이를 감안할 때 구술은 문자화된 기록으로는 채울 수 없는 역사의 공백을 메우는 측면에서 의미를 지니게 된다.[25] 또한 구술은 살아 있는 기억에 기반을 둔 과거와 현재와의 대화이자 과거 기억의 파편화된 조각들을 남기는 작업이다. 따라서 구술채록은 파편화된 기록의 빈틈을 메워주는 의미 있는 작업이며, 구술과 기록은 상호 보완적인 관계를 형성할 필요가 있게 된다. 구술채록은 하나의 완벽한 과거 사실을 복원시키는 것이 아닌, 이러한 파편화된 조각들을 모으는 작업이기 때문이다.[26]

이러한 논지들은 구술채록을 기록보존기관에서 수행해야 할 업무영역 가운데 하나로 설정해 준다는 점에서, 기록학 영역에서의 구술의 의미 및 역할 정립에 하나의 방향을 제시해준다. 하지만 이들 논지들은 결락기록의 보완 측면에 한정해 논지를 전개하고 있어 기존의 구술사 영역에서 일반적으로 제시되어 온 논지와 큰 차별성을 지니지 않는다. 기록학은 행위에 대한 증거를 맥락(Context)을 확보하며 생성·관리·보존케 함과 아울러 현재의 사회상 및 집단기억을 평가(Appraisal)를 통해 형성케 하는 학문 영역이라 요약할 수 있다. 따라서 기록학 영역 고유의 구술채록 의미 및 역할을 정립하기 위해서는 이러한 기록학의 본성과 연계시켜 논증되어야 한다. 이에 이하에서는 기록의 맥락 및 평가 측면에 초점을 맞추어 기록학 영역에서의 구술채록이 지니는 의미를 도출해 보도록 하겠다.

25 Jean-Pierre Wallot & Normand Fortier, "Archival Science and Oral Sources", *The Oral History Reader*, Robert Perks, Alistair Thomson eds., London & New York: Routledge, 1998, pp. 367~375.

26 Francois Rochat, "Psychology, Archives, and Memory", 15th International Congress on Archives, 2004, pp. 2~4. <http://www.wien2004.ica.org/imagesUpload/pres_356_ROCHAT_C-USA-BEN04_EN.pdf>

4. 기록학적 관점에서의 구술의 의미와 역할

(1) 구술과 기록, 그리고 맥락

전통적으로 기록학 영역에서 기록은 '물리적 형태나 매체에 상관없이, 개인 내지 조직의 행위과정 중에 생성·접수되어, 해당 행위에 대한 증거 및 정보로서 의미를 지닌 대상'으로 정의되어 왔다. 개인 내지 조직은 다양한 의사소통 도구들을 통해 활동한다는 점에서, 개인 내지 조직의 행위가 반영된 대상은 종이문서이건 그림이나 사진이건 또는 의미 있는 물품이거나 컴퓨터로 생성된 바이너리 코드이건 모두 기록으로 간주하게 된다. 그리고 이러한 대상들은 개인 내지 조직의 행위가 수행된 내역을 있는 그대로 반영한다는 점에서, 기록은 개인 내지 조직의 행위에 대한 사실적인 증거 및 정보로서의 의미를 지니게 된다. 따라서 기록을 관리한다는 것은 산발적·우연적으로 남겨진 대상을 기반으로 과거를 복원하는 활동이 아닌, 현재의 사회체계 내에서 벌어지고 있는 인간의 총체적인 행위내역을 기록을 통해 남기는 고도의 합목적적이고 계획적인 활동이라 할 수 있다.

기록은 인간의 행위에 대한 증거 및 정보로서 의미를 지닌다는 점에서 독특한 특성을 지닌다. 기록 역시 특정 매체에 사람이 인지할 수 있는 문자·숫자·기호 등으로 기재된다는 점에서 도서와 같은 관련 대상과 유사한 성격을 지니지만, 또한 이들과는 다른 고유의 특성을 지니고 있다. 그 첫 번째는 기록의 유일성이다. 가령 도서의 경우에는 동일한 내용의 판본이 다수 존재하지만, 특정 행위의 수행과정에서 생성된 기록은 세상에서 하나 밖에 없다. 물론 최근의 복사기기의 발달로 동일 사본이 다수 복제될 수는 있지만, 기록학에서는 최초로 작성된 원본만을 유일본으로 간주하여 특정 행위에 대한 흔적으로 삼는다. 똑같은 인간이 두 명일 수 없듯이 인간 각자 각자가 수행한 행위는 세상에 하나뿐이다. 따라서 이러한 행위를 반영한 기록은 유일성을 지니며 인간 행위에 대한 사실적 증거로서의 의미를 자연스럽게 지니게 된다. 바로 이러한 점에서 기록은 과거에 대한 실증적 증거자료서 그 권위를 인정받아 왔다.

기록이 지닌 또 하나의 특성은 기록 간의 상호연계성이다. 인간의 행위는 원인과 과정, 결과로 이루어지는 것처럼, 행위를 반영한 기록 역시 일련의 인과관계를 형성하며 해당 행위에 관한 기록들 간의 상호연계성이 생성되게 된다. 이로 인해 기록은 일반적으로 각각의 건별로는 본래의 의미 파악이 어려우며, 상호연계성 속에 해당 기록에 대한 이해성이 보다 잘 확보될 수 있다. 전후의 인과관계를 알아야 해당 사안에 대한 명확한 파악이 가능한 것처럼 말이다.

기록이 지닌 이러한 유일성과 상호연계성은 기록학의 기본적 성격을 규정 짓는 요소로 자리해왔다. 기록이 지닌 유일성은 개인 및 조직의 행위에 대한 신뢰할 수 있는 증거로서의 권위를 부여해주며, 기록 간의 상호연계성은 행위에 대한 증거들을 일련의 인과관계 속에 파악할 수 있게 함으로써 행위의 사실내역에 대한 이해를 풍부하게 한다. 이를 통해 다원적이면서도 복잡한 인간의 행위를 계획적으로 남겨 현재의 사회상을 전승하는 가치중립적 활동으로 기록학의 정체성을 확립케 해준다.

유일성과 상호연계성의 토대 위에 인간의 다원적인 행위를 관리 · 보존하기 위해 기록학 영역에서 강조해 온 것은 기록의 맥락(Context)이다. 기록 속에 기재된 내용(Content) 및 기록이 조직화되고 상호 연계된 방식을 의미하는 구조(Structure)와 함께 기록의 3대 요소를 형성하는 맥락은, 기록이 생성 · 관리 · 활용된 조직적 · 기능적 환경 및 기타 제반 환경을 의미한다.[27] 기록은 인

----

27 Richard Pearce-Moses, *A Glossary of Archival and Records Terminology*(Exposure Draft), Chicago: SAA, 2004,

간의 행위내역을 반영한 결과물이라는 점에서, 어떠한 연원 및 배경에서 왜 생성되었는가란 맥락의 확보 없이는 해당 기록의 내용 파악이 곤란하다. 맥락이 확보되어야만 누가 언제 어떠한 배경에서 왜 무엇을 수행했는지를 밝혀줌으로써 기록이 인간의 행위에 대한 증거로서의 의미를 지니게 되기 때문이다.

특히 전자기록 환경에서는 이러한 맥락의 중요성이 더욱 부각된다. 종이기록의 경우 기록의 내용과 구조, 맥락은 종이라는 물리적 매체 위에 기재되어 있어 이들 세 요소의 확보가 용이하였다. 하지만 전자기록은 0과 1의 비스트림으로 이루어져 내용과 구조, 맥락이 각기 분리되어 존재한다. 또한 전자기록이 생성되는 업무환경은 더욱 더 다원화·복잡화되어 전자기록이 생성된 맥락의 확보가 예전처럼 용이치 않게 된다. 이러한 연유로 인해 전자기록 환경에서는 기록의 맥락 확보가 기록관리 행위상의 가장 기본적인 요소로 자리하게 된다.[28]

이러한 기록의 맥락을 원천적으로 확보하기 위해 기록학 영역에서는 출처주의(Principle of Provenance)와 원질서 존중의 원칙(Respect for Original Order)을 적용해왔다. 출처주의는 기록이 생성된 연원인 출처를 분류상의 중심축으로 삼아야 한다는 것으로, 동일 조직 내지 단체, 개인 등에 관련된 기록을 동일 생산자의 조직 및 기능구조와 연동시켜 분류하는 원리를 말한다. 기록은 행위의 결과라는 점에서 기록의 생산자는 곧 출처로 등치되며, 이러한 출처는 기록관리 영역에서 다음과 같은 역할을 지니게 된다.

우선 기록의 전체적인 통합성을 창출하는 논리적 구심점이 된다. 기록은 생산자의 행위 과정 중에 자연적으로 생산·축적된 산물로 하나의 거대한 유기체를 형성하게 된다. 즉 생산자의 조직 및 기능구조와 연동된 기록간의 유기적 연계관계가 존재하게 되며, 따라서 단일 생산자를 정점으로 전체 기록의

---

p. 71.

28 이에 대한 보다 상세한 설명은 김명훈, 「전자기록 환경에서의 평가에 관한 연구」, 『기록학연구』 11, 한국기록학회, 2005, pp. 94~99를 참조.

통합성이 생성되게 된다. 다음으로 기록 생산맥락과의 연계이다. 기록은 생산자의 행위 과정 중에 생성된다는 점에서 행위를 둘러싼 맥락을 함유하고 있다. 여기서 생산자와 기록을 연계시키는 논리는 기록이 생성된 배경 내지 연원과 같은 맥락의 확보를 원천적으로 가능케 해준다. 바로 이러한 논리에서 단일 생산자를 중심으로 한 출처주의는 기록 간의 유기적 관계 형성 위에 기록의 맥락을 확보하는 기록학의 가장 기본적인 원리로 자리해왔다.[29]

원질서 존중의 원칙은 기록의 생성과 관련된 행위과정 그대로의 질서가 우선적으로 기록 분류·정리에 반영되어야 한다는 원리이다. 즉 기록이 생성된 당시의 원래 질서를 인위적으로 변경해서는 안되는 고유의 의미를 함축하는 것으로, 기록의 생성과정에 따른 기록의 본원적 성격을 해명하는 중심고리를 제공해준다.[30] 이러한 원질서 존중의 원칙은 행위의 본원적인 인과관계를 기록의 분류·정리에 투영시킴으로써 기록이 생성된 맥락을 원천적으로 확보해 주며, 종국적으로 출처주의와 결합하여 기록의 전체적인 분류체계를 완성해주게 된다.[31]

이상과 같이 그동안 기록학 영역에서는 인간의 행위내역을 기록이 지닌 유일성 및 상호연계성을 기반으로 관리·보존해왔으며, 이를 통해 현재의 사회체계 내에서 벌어지고 있는 인간의 총체적인 행위내역을 기록을 통해 증거로서 남기는 고도의 계획적인 활동을 수행해왔다. 여기서 핵심적인 고리 역할을 하는 것이 기록의 맥락으로, 출처주의 및 원질서 존중의 원칙 적용을 통한 맥락의 원천적인 확보 속에 기록을 과거의 행위에 대한 증거로서 기능할 수 있게 해주었다.

하지만 이와 같이 이루어지는 기록의 맥락 확보에는 일정 한계 역시 지니며, 여기서 기록학 영역에서의 구술채록 필요성이 도출된다. 기록 맥락 확보

---

29 출처주의에 대한 보다 상세한 내용에 대해서는 김명훈, 『출처주의와 현대 기록관리』, 한국국가기록연구원, 서울, 2003, pp. 1~30을 참조.

30 Fredric M. Miller, 『아카이브와 매뉴스크립트의 정리와 기술』, 조경구 역, 진리탐구, 서울, 2002, pp. 19~21.

31 김명훈, 『출처주의와 현대 기록관리』, 한국국가기록연구원, 서울, 2003, pp. 32~33.

를 위한 출처주의와 원질서 존중의 원칙 적용은 최선의 방식이 아닌 대량의 기록을 대상으로 한 최소한의 조치이기 때문이다. 먼저 기록의 맥락 확보를 위한 출처주의 적용은 일정 조직 및 기능구조 하에서 생성된 기록의 기본적인 맥락 유지를 위한 방편이라 할 수 있다. 이러한 측면을 근원적으로 이해하기 위해서는 우선 기록 생성 모태로서의 조직운영 논리와 출처주의의 관계를 파악할 필요가 있다.

일반적으로 조직(Organization)은 특정 목표를 추구하기 위해 일정 구조 및 구성원을 지닌 사회단위로 정의된다. 공동의 목표 달성을 위해 조직 내 부서들에 일정 권한 및 업무를 부여해 전업화 시키며, 이러한 부서들은 명령의 통일성 및 업무수행의 효율성을 위해 하나의 정점으로 구조화된다. 이러한 구조화는 보통 계층제로 구현된다. 계층제는 '통솔의 범위'에 따른 귀결이다. 즉 1인의 상관이 통솔할 수 있는 업무기능 및 부하의 수는 한정되며, 따라서 여러 단계의 위계를 설정해 권한 및 책임의 배분뿐만 아니라 명령 및 의사소통의 통로로 활용하는 것이 계층제의 근본 취지라 할 수 있다.

관료제는 계층제라는 단독제적 구성을 통해 형성된 산물이다. 이러한 관료제의 주요 특징은 세 가지 측면에서 살필 수 있다. 우선 명확한 분업체계이다. 동일 종류에 속하는 모든 직능은 단일 부서에 귀속시킴과 아울러, 부서 간 고유 직능 및 책임에는 엄격한 경계를 부여함으로써 특정 업무의 전업화를 지향케 한다. 또한 피라미드 형태의 계층제를 통해 위계별 권한 및 업무를 배정하고 명령 및 감독의 상하관계를 수립하게 된다. 마지막으로 이러한 토대 위에 행해지는 모든 공식적 업무처리는 기록을 통해 수행되며, 기록은 위계화 된 계층 간의 의사소통 및 업무처리 수단으로서의 역할을 담당하게 된다.

이러한 전형적인 조직운영 패턴에서 출처주의의 본원적 논리가 도출된다. 우선 조직은 단일 목표 달성을 위해 구조화된다는 점에서, 여기서 생산된 기록 역시 단일 출처를 중심으로 한 통합성 및 상호유기성이 형성된다. 또한 최고위층을 정점으로 한 조직 내의 위계화 된 계층구조는 단일 출처를 기반으로 한 기록의 계층적 질서를 창출시킨다. 아울러 특정 업무기능의 전업화에 따른 부서간의 명확한 역할 구분은 생산자와 기록간의 일대 일 연계관계를 형성시키게 되며, 바로 여기서 단일 출처의 조직 및 기능구조와 기록 구조를 연계시키는 출처주의 논리는 설득력을 얻게 된다.[32]

바로 이와 같은 논리에 따라 기록의 분류에 출처주의를 적용시켜 왔으며, 이를 통해 기록의 맥락을 원천적으로 확보하는 도구로 삼아왔다. 아울러 조직구조의 변화가 빈번하며 업무수행 패턴이 매우 복잡한 전자환경에서는 사전적인 업무분석을 기반으로 한 출처주의 적용을 통해 기록의 생산맥락을 확보하고 있다.[33] 하지만 이러한 출처주의는 기록 간의 상호연계성을 근저로 조직의 운영과정에서 생성된 방대한 기록들의 맥락 확보를 위한 가장 기초적인 최소한의 방안으로, 기록의 생성과 관련된 모든 맥락을 확보해주는 것은 아니다. 즉 출처주의는 조직 및 기능체계와 기록의 분류체계를 연동시킴으로써 조직이 운영되고 업무가 수행된 외형적인 맥락을 확보할 수 있게 해주지만, 보다 근저에 있는 행위 및 사건 내면에 숨겨진 근원적인 맥락의 확보에는 한계가 있다. 또한 출처주의는 문서주의를 특징으로 하는 현대 조직운영 환경에서 매일매일 생성되는 방대한 기록들을 분류를 통해 용이하게 생산맥락과 연계시킬 수 있도록 해주지만, 행위 및 사건 이면에 놓인 문자화된 기록에는 미처 작성치 못하거나 남길 수 없었던 생성 당시의 보다 심층적인 맥락을 확보하기는 어렵다.

원질서 존중의 원칙 역시 그 적용에는 제약이 따른다. 앞서 언급한 바대로

---

32 이하의 내용은 김명훈, 「공공기록물의 분류 원리: 출처주의에 대한 이론적 검토」, 『기록보존』 16, 정부기록보존소, 2003, pp. 216~217을 재인용.

33 전자환경에서의 출처에 대한 기능적 해석 및 적용방식에 대한 상세한 설명은 김명훈, 『전자기록 평가론』, 진리탐구, 서울, 2009, pp. 180~183, 195~203을 참조.

원질서 존중의 원칙은 행위의 본원적인 인과관계를 기록의 분류 · 정리에 투영시킴으로써 기록이 생성된 맥락을 원천적으로 확보케 하는 방편이지만, 해당 사안과 관련된 원래의 기록 생성 순서가 온전히 유지되어 이관된 경우에만 의미를 지니게 된다.[34] 따라서 무질서하거나 파편적으로 이관된 기록의 경우에는 원질서 존중의 원칙 적용이 무의미하거나 적용한다고 해도 본원적인 맥락 확보가 어려운 경우가 빈번히 발생하게 된다.

바로 이러한 면에서 기록학 영역에서의 구술채록은 의미를 지닌다. 구술은 기록 속에 담지 못한 인간의 행위와 관련된 근원적인 맥락을 확보할 수 있게 해준다. 해당 행위 내지 사안의 당사자 또는 관련자의 직접적인 경험을 채록함으로써, 공식화된 문서의 서식 틀 속에는 남지 않는 또한 문자화된 표현의 행간에 숨겨져 있는 행위에 대한 보다 근원적인 맥락을 확보할 수 있게 해주기 때문이다. 이러한 점을 감안할 때 기록학 영역에서의 구술채록은 기록 이면에 드러나지 않는 심층적인 행위의 배경 및 인과관계를 파악하거나 특정 사안의 세부적인 내용 보완에 의미 있게 활용될 수 있다. 또한 기록 속에 수록된 내용을 검증하거나 사실내역을 확인하는 등 다양한 측면에서 의미를 지니게 된다.

최근의 전자기록 환경 하에 구술의 중요성은 더욱 부각된다고 할 수 있다. 0과 1의 비트스트림으로 이루어진 전자기록의 경우 수많은 행위들이 모두 기록으로 남는 것은 아니며 맥락 정보 역시 충분히 포착하기 어려운 경우가 빈번히 발생하기 때문이다.[35] 또한 최근의 다원화되고 복잡화된 사회 속에 개인 및 조직은 그물처럼 복잡하게 얽혀있는 관계 속에서 행위하며 이 과정 중에 기록이 자연스럽게 생성된다. 이러한 환경에서 기록은 예전과 같은 정적인 고

34 Fredric M. Miller, 「아카이브와 매뉴스크립트의 정리와 기술」, 조경구 역, 진리탐구, 서울, 2002, pp. 45~46.

35 David Bearman, "New Models for Management of Electronic Records", *Electronic Evidence: Strategies for Managing Records in Contemporary Organisations*, Pittsburgh: Archives & Museum Informatics, 1994, pp. 284~285.

정체가 아닌 항시 '형성되어 가는'(becoming) 존재로 파악되며, 기록과 이를 둘러싼 맥락과의 관계는 다원적이며 역동적인 형태를 지니게 된다.[36] 이러한 면에서 전자기록 환경에서는 기록의 생성을 둘러싼 복잡한 맥락을 원천적으로 확보하는 것이 기록관리상의 핵심 사안이 된다.

이와 같은 점은 Ketelaar가 제안한 'Archivalization'이란 개념으로 설명할 수 있다. 일반적 의미에서 'Archiving'은 기록을 기록보존소에 모으는, 기록의 생산 이후 수행되는 활동으로 이해되어 왔지만, 최근의 전자기록 환경에서는 기록의 생산 이후가 아닌 기록을 기록관리시스템으로 획득하는 것으로 파악되고 있다. Archiving에 선행하는 'Archivization'이란 개념 역시 존재한다. 이는 9세기 프랑스 철학자인 Bernard Stiegler가 최초로 사용한 개념으로 기록의 획득에 앞선 기록의 생산을 둘러싼 다양한 국면을 포함하는 의미이지만, Archivization에 선행하는 또 다른 '사실의 순간'(Moment of Truth)이 존재하게 된다. 이는 바로 'Archivalization'으로, Archiving할 가치가 있는 대상이 사회적 문화적 제반 요인들에 의해 결정되는 의식적 내지 무의식적인 선택과정을 말하는 것이다. 즉 모든 기록은 기록에 수록된 내용에 앞서 이러한 내용이 생성되게 된 다양한 맥락을 함유하게 된다. 따라서 이러한 Archivalization은 Archiving에 앞서 기록의 생산 연원이 되는 광범위한 사회적 문화적 요인들을 맥락으로 파악해야 함을 의미하는 것이라 할 수 있다.[37]

이는 곧 기록관리 행위는 기록을 사후적인 결과물로 파악해 현재 그대로를 보관하는 역사적 사료의 보관자가 아닌, 기록의 생성 연원이 되는 사회적 · 정치적 · 문화적 제반 맥락을 반영한 기억을 창출하는 적극적 역할을 수행해야 함

---

36 Sue McKemmish, "Are Records Ever Actual?", *The Records Continuum: Ian Maclean and Australian Archives First Fifty Years*, Sue McKemmish & Michael Piggott ed., Clayton: Ancora Press in association with Australian Archives, 1994, p. 200.

37 Eric Ketelaar, "Tacit Narratives: The Meanings of Archives", *Archival Science* 1(2), 2001, pp. 132~133; "Archivistics Research Saving the Profession", *American Archivist* 63(Fall/Winter), 2000, pp. 328~329.

을 강조한 것으로 해석할 수 있다. 이러한 점에서 최근의 전자기록 환경에서는 인간의 행위에 관한 흔적을 다양한 맥락과 함께 획득해 행위에 대한 있는 그대로의 증거로서 기록으로 생성·유지시키는 것이 기록관리의 기본 과제가 된다.[38] 바로 여기서 구술채록은 다원적이면서도 복잡한, 기록을 둘러싼 보다 근원적인 맥락을 확보하는 방안으로서의 의미를 지니게 된다고 할 수 있다.

이상과 같이 구술은 기록학의 본원적 사명인 기록의 맥락 확보 측면에서 의미를 지닌다. 맥락 확보의 기본 방편인 출처주의 및 원질서 존중의 원칙이 기록의 생성과 관련된 모든 맥락을 완벽하게 확보해 주지 않는 상황에서, 구술은 행위 및 사건 이면에 놓인, 문자화된 기록에는 작성치 못하거나 미처 남길수 없었던 생성 당시의 보다 심층적인인 맥락을 확보케 해준다. 특히 최근의 전자기록 환경 하에 기록의 맥락이 더욱 복잡화된 상황에서, 기록을 둘러싼 다원적이면서도 복잡한 보다 근원적인 맥락을 확보하는 방안이 될 수 있다.

(2) 구술과 기록, 그리고 평가

기록학 영역에서 구술채록이 지니는 또 다른 의미는 기록의 평가 (Appraisal) 측면과 연관지어 고려해 수 있다. 기록의 평가는 기록이 지닌 가치를 기준으로 영구보존 내지 기타 기록의 처리에 대한 근거로 제공하는 활동으로 규정할 수 있다. 무수히 많은 기록 중 어떠한 기록을 평가해 남길 것인가에 대해서는 필연적으로 수많은 이론과 논쟁이 있을 수밖에 없다. 개인이든 조직이든 인간의 행위 중 기록이 생성되고 기록은 인간의 행위를 반영한 거울

---

38 Sue McKemmish, "Traces: Document, Record, Archive, Archives", *Archives: Recordkeeping in Society*(Australasian Library and Information Studies 24), Sue McKemmish, Michael Piggott, Barbara Reed, Frank Upward ed., Wagga Wagga: Centre for Information Studies Charles Sturt Univ., 2005, p. 9.

과 같다면, 인간의 행위 가운데 의미 있는 대상을 선별하여 후대에 전승하는 임무를 평가가 맡고 있기 때문이다. 따라서 현대 기록학 영역에서의 평가에 관한 이론들은 모두 현재의 사회 모습을 기록을 통해 남겨야 한다는 공통분모를 지니고 있다.

현재의 모습을 어떻게 기록으로 남길 것인가란 문제와 관련하여 체계화된 방법론으로 제시된 것은 기록의 라이프사이클(Life-Cycle)과 결합된 가치평가이다. 기록의 가치 개념은 항구적 보존의 근거를 해당 기록에 내재하는 고유의 가치에서 구하는 것이고, 라이프사이클은 '현용―준현용―비현용' 단계를 거치며 비현용 단계에서 기록의 새로운 가치가 새롭게 생성된다는 가치의 순환논리이다. 이러한 가치평가 방식은 시간의 흐름에 따른 기록의 가치 변화와 연동하여 현용과 준현용 단계 사이에서는 기록의 생산 목적에 기반을 둔 가치평가를, 그리고 생산 본래의 목적이 소멸된 준현용과 비현용 단계 사이에서는 역사적·문화적 가치 위주로 기록을 평가하여 선별하게 된다.[39] 하지만 개별 기록 속에 기재된 내용상의 중요도를 기반으로 하는 가치평가 방식은 기록을 통한 사회상의 형성 측면에서 한계를 지닌다. 즉 다원화된 사회 환경에서 그리고 이러한 환경 속에서 조직이 운영되는 메커니즘의 복잡화 속에, 내용적 가치를 근저로 한 개별 기록의 선별은 파편화된 사회 모습만을 남길 수밖에 없다는 점에서이다.[40]

최근의 전자기록 환경에서는 개별 기록의 내용적 가치에 우선하여, 기록이 생성된 맥락상의 중요도를 기반으로 평가를 수행하는 기능평가(Functional Appraisal)가 보편적으로 수용되고 있는 추세이다. 이는 전자기록이 지닌 특성을 반영한 귀결이기도 하지만, 무엇보다 개별 기록을 사후적으로 내용상의

---

39 미국 Schellenberg에 의해 체계화된 라이프사이클과 결합된 가치평가 방식의 형성배경에 대해서는 김명훈, 「공공기록물의 평가체제에 대한 이론적 검토: 선별 방식 및 가치 기준을 중심으로」, 『기록학연구』 6, 한국기록학회, 2002, pp. 21~22를 참조. 아울러 가치평가 방식에 대한 상세한 내용에 대해서는 Theodore R. Schellenberg, 「현대 공공기록의 평가」, 『기록학의 평가론』, 오항녕 역, 진리탐구, 서울, 2005, pp. 29~47을 참조.
40 김명훈, 『전자기록 평가론』, 진리탐구, 서울, 2009, pp. 184~185.

중요도에 따라 평가하는 것이 현실적으로도 불가능하며 또한 중요 기록의 선별 측면에서도 무의미하다는데서 연유를 찾을 수 있다. 이에 기능평가에서는 개별 기록의 내용에 앞서 기록이 생성된 기능상의 중요도를 기록 생성 이전의 업무기능 분석을 통해 판단하며, 이를 통해 기록이 생성된 연원으로서의 맥락 상의 중요도를 기반으로 중요 기록을 선별하게 된다.[41] 그러나 기능평가는 업무기능 분석에 토대를 둔 관계상 기록이 지닌 현용적 가치 선별에는 강점을 지니지만, 역으로 사회상 형성의 토대가 되는 사회적 문화적 가치의 선별에는 한계를 지니고 있다.[42]

이러한 기능평가의 한계를 보완하기 위해 기능평가와는 별도로 고안된 것이 영구보존 대상 선별을 위한 평가전략이다. 최근의 전자기록 환경에서 국가 및 사회는 더욱 다원화되고 복잡한 메커니즘 하에 영위되고 있다. 문서주의를 특징으로 하는 관료제의 보편화와 함께 인간의 사회적인 활동상은 대부분 기록으로 남겨진다는 점에서, 개별적인 기록의 선별로는 다원화되고 복잡화된 사회 속에 기록의 맥락 파악이 어려우며 아울러 파편화된 내용 전달로 인해 전체적인 사회상의 재구축이 불가능하게 된다.[43] 따라서 방대한 양의 기록 가운데 당대 사회상 및 집단기억을 형성시킬 수 있는 국가적 차원에서 중요한 영구보존 대상을 선별하기 위해서는, 평가의 목표를 정립함과 아울러 평가에 대한 체계적 · 계획적인 접근이 필요하다고 볼 수 있다.

최근의 기록 평가에서 사회상 및 집단기억의 형성 측면을 강조하는 원인은 포스트모던이즘 및 이와 연계된 기억 담론에서 찾을 수 있다. 기록학 영역에서

---

41 전자기록 환경 하의 기능평가 논리 및 방식에 대한 상세한 설명은 김명훈, 「전자기록 환경에서의 기능평가 프로세스 분석」, 『정보관리연구』 39(4), 한국과학기술정보연구원, 2008을 참조.

42 Stephen Twigge, "The Appraisal of Electronic Records", *Manual on Appraisal(Draft): A Practical Guide for the Daily Problems of Appraising and Selecting Documents*, ICA/CAP, 2005, p. 21.

43 Philip C. Bantin, "Strategies for Managing Electronic Records: A New Archival Paradigm? An Affirmation of Our Archival Traditions?", *Archival Issues*, 1999, pp. 11~12. <http://www.indiana.edu/~libarch/ER/macpaper12.pdf>

기억 담론은 종전 모던이즘 시대를 넘어 포스트모던이즘 시대를 맞이하여 진행된 사조의 변화와 관계가 있다. 지배적 담론으로서의 역사가 그 지위를 상실하는 동안, 기억 담론이 과거를 파악하는 사조로서 부각된 데에서 비롯된 것이다. 이 과정에서 기록을 단지 역사 사료로서 간주하고 역사가의 주관적 사고에 따라 과거를 재구성하는 차원을 넘어, 기록을 통해 총체적인 사회현상으로서의 집단기억(Collective Memory)을 형성시킨다는 사고의 전환이 이루어지게 된다. 이러한 관점에서 기록에 대한 사고 역시 목적의식적으로 한 사회 및 시대의 기억을 형성하는 방편이라는 적극적 역할을 모색하기 시작하였다.[44]

포스트모던이즘 사고에서 기록은 관리되어야 할 객체 이상의 의미를 지니게 된다. 포스트모던이즘에서는 기록의 내용 이면에 있는 맥락에 중점을 두며, 또한 과거처럼 기록이 지닌 중립성 및 객관성에 의심을 품고 의식적인 산물로 파악한다. 이러한 배경에서 기록을 예전처럼 과거 사회를 있는 그대로 제시해주는 객관적 산물로 파악치 않으며, 평가 역시 중립적이거나 객관적이지 않은 목적의식적 과정으로 인식하게 된다. 또한 포스트모던이즘의 관점에서 기록학은 과거처럼 역사 연구를 뒷받침하거나 기타 문화적 활동을 지원하기 위해 기록을 관리·보존하는 역할을 넘어, 집단기억·국가적 진보·민주정치·사회적 필요의 충족에 기여하는 역할을 부여받게 된다. 이러한 포스트모던이즘과 기억 담론은 영구보존 대상의 선별 사명을 담당하는 기록보존기관의 역할을 재설정해준다. 기록은 일정 사회 환경 속에서의 행위 과정을 통해 생성된다는 점에서 단순히 행위의 사실적 증거를 담은 부산물로서의 의미를 넘어, 총체적 사회 환경 속에서 잠재적인 집단기억으로서의 의미를 지닌 대상이라 할 수 있다. 최근의 다원화된 사회에서 기록은 개인의 사회생활 속에서

---

44 기록학 영역에서의 기억 담론에 대한 보다 구체적인 분석에 대해서는 원종관, 「레코드 컨티뉴엄의 속성을 통해 본 증거와 기억의 조화에 관한 연구」, 한국외국어대학교 대학원 정보기록관리학과 석사학위논문, 2007, pp. 21~27을 참조.

남겨진 기억을 사회의 기억으로 구조화시키며 유지하는 매개물임을 염두에 둘때, 기록보존기관의 핵심적 역할은 활동의 결과물을 사후에 선별하여 보관하는 과거의 패러다임을 넘어 집단기억 형성을 위해 보존할 가치가 있는 영구보존 대상을 선별하는 것이 된다.[45]

이처럼 기록학 영역에서는 평가를 통해 인간의 행위 가운데 의미 있는 대상을 선별해 후대에 전승하는 사명을 담당해왔다. 어떠한 기록을 선별할 것인가의 방향은 개별 기록의 내용에서 내용의 근저를 형성하는 맥락으로 이전해왔으며, 최근의 포스트모던 시대를 맞아 기록을 통해 총체적인 사회현상으로서의 집단기억을 형성시킨다는 적극적 차원으로 나아가고 있다. 이러한 측면에서 본다면 기록학은 현재 생성되고 있는 수많은 기록을 통해 현재의 사회상 및 집단기억을 남기는 당대의 시대적 과업을 맡고 있는 것이다.

하지만 기록학이 담당해 온 이러한 과업에는 일정 한계를 지니며, 여기서 구술채록은 이와 같은 한계를 보완하는 대안으로 자리할 필요가 있다. 먼저 결락 기록의 보완 측면에서 구술채록이 의미를 지니게 된다. 기실 기록학의 평가는 현실적인 차선의 행위라는 점을 먼저 인정하고 넘어가야 한다. 인간의 행위와 관련된 모든 기록을 보존하는 것은 불가능하다. 따라서 평가는 통제할 수 없을 정도로 생성되는 방대한 양의 기록 중 가용자원의 범위 내에서 관리 및 보존이 가능한 대상을 선별해 남겨야 하는 딜레마를 항시 지니고 있다. 어느 시대 및 사회를 막론하고 기록을 관리 · 보존하는데 충분한 가용자원을 투입하지는 않기 때문이다. 따라서 기록학에서는 최소한의 기록으로 최대한의 사회상을 남겨야 한다는 사명을 모토로 삼지만, 평가를 통해 당대의 완벽한 사회상을 기록으로 남기기는 좀처럼 쉽지 않다.

따라서 기록보존기관 내의 소장기록군에는 일반적으로 결락 부분이 존재할

---

45 이상의 논지는 김명훈, 『전자기록 평가론』, 진리탐구, 서울, 2009, pp. 266~267에서 재인용.

수밖에 없다. 특히 내용적 가치를 기준으로 개별 기록들을 평가해 온 그동안의 평가 관행은 파편화된 사회적 단면만을 남겨왔다. 이러한 점에서 구술채록은 문자화된 기록이 남겨지지 않은 결락 부분을 보완할 수 있는 도구로 활용할 필요가 있다.[46] 소장기록군의 내용을 면밀히 분석한 후 내용상의 결락된 부분을 기록전문직의 소명 의식을 기반으로 관련자의 기억을 통해 메울 수 있게 해주기 때문이다.[47]

구술채록이 기록학 영역의 평가와 관련하여 보다 의미를 지니는 부문은 현재의 사회상 및 집단기억을 남기는 당대의 시대적 과업과 관련된다. 기실 그동안 기록학 영역에서 전개되어 온 평가 이론 및 방법론들은 주로 공공기관의 기록을 대상으로 한다는 점이다. 평가란 본디 방대한 양의 기록 처리에 직면하여 개발되었고, 또 정부는 한 국가 내 최대 규모의 조직을 형성하며 방대한 양의 기록을 생성시킨다는 점을 염두에 둘 때 어쩌면 당연한 귀결일 수도 있다. 하지만 공공기관의 기록을 대상으로 평가해 후대에 전승하는 행위는 당대의 사회상 및 집단기억의 형성 측면에서 한계를 지닐 수밖에 없다. 정부의 행위만이 당대상을 대표한다고 볼 수 없기 때문이다.

최근 국민의 적극적인 참여가 정부의 효율적 운영에 전제가 되는 거버넌스 추이 속에, 공공영역은 기관 운영 상 다양한 이해당사자들과의 상호관계가 더욱 중요해지고 국민에 대한 설명책임 의무는 더욱 증대되고 있다. 아울러 국가 내 상당수의 정치적·사회적 행위들은 국가와 시민 간의 상호작용을 통해 이루어지며, 여기서 기록은 국민과의 의사소통 및 설명책임을 위한 가장 일반적인 도구로 자리하게 된다. 이러한 상황에서 기록을 통해 당대의 사회상 및 집단기

<hr />

46 Bruce Bruemmer, "Access to Oral History: A National Agenda", *American Archivist* 54(Fall), 1991, p. 496; Donald Ritchie, Doing Oral History, New York: Twayne, 1995, p. 132.

47 William W. Moss, "Oral History", *Managing Archives and Archival Institutions*, James Hregory Bradsher ed., London: Mansell Publishing Limited, 1988, p. 153.

억을 형성시키기 위해서는 공공기록을 대상으로 한 평가만으로는 역부족이다. 정부의 활동내역을 수록한 공공기록으로는 특정 사안에 대한 단면만을 보여줄 수 있기 때문이다. 가령 정부에서 수행한 특정 정책이 있다면 여기에는 민간단체 및 학계, 시민단체 등 다양한 이해당사자의 참여가 있게 된다. 따라서 공공기록의 체계적인 이관을 담보하는 평가만으로는 이해당사자들의 참여가 배제된 정부의 정책에 관한 기록만 남게 된다. 다양한 이해당사자의 참여와 관련된 기록 역시 남겨질 때만 정부 정책에 대한 전체상이 형성될 수 있기 때문이다.[48]

바로 여기서 당대의 사회상 및 집단기억 형성을 위한 기록학적 관점에서의 구술 필요성이 도출된다. 기록학이 인간의 행위에 관한 현재의 총체상을 기록을 통해 남기는 시대적 과업을 맡고 있다면, 문자화된 기록으로는 남지 않는 사회구성원들의 다양한 삶의 모습을 말을 통해 남길 수 있게 해주기 때문이다. 이 점에서 구술은 사회의 역사를 기록화 시키는데 훌륭한 도구가 된다고 할 수 있다.[49] 구술은 정부의 통치 및 행정 행위 이면에 내재된 다양한 사회구성원들의 행위, 기록으로 남겨지지 않는 비공식적인 사회상, 공공기록이 전하지 않는 다양한 삶의 모습 등을 당대를 살아가는 자들의 기억을 통해 남겨, 공식적인 문서가 전달하지 못하는 사회상 및 집단기억의 여백을 메울 수 있게 해준다.

이와 같이 구술은 기존의 평가방식을 통해 해결치 못한 기억의 형성 차원에서 핵심적인 역할을 담당할 수 있다. 기록학의 평가는 현재의 사회 모습을 기록으로 남기는 과업으로 최소한의 기록을 통해 최대한의 사회상을 남겨야 한다는 사명을 모토로 삼지만, 당대의 완벽한 사회상을 기록으로 남긴다는 것은 불가능한 일이다. 이러한 점에서 구술은 문자화된 기록이 남겨지지 않은 결락 부분을 보완할 수 있는 유용한 도구로 활용이 가능하다. 아울러 문자화된 기

---

48 김명훈, 『전자기록 평가론』, 진리탐구, 서울, 2009, pp. 345~346.
49 Dale C. Mayer, "The New Social History: Implications for Archivists", American Archivist 48(Fall), 1985, p. 339.

록으로는 남지 않는 다양한 삶의 기억들을 말을 통해 남길 수 있게 해줌으로써 당대의 사회상 및 집단기억 형성에 의미 있는 역할을 담당해준다.

5. 구술기록 개념 정립을 위한 제언

20세기 중반 이후 녹음 및 녹화기기의 발전과 함께 기록학 영역에서도 구술이 하나의 기록화 방식으로 도입되었지만, 최근까지도 기록학 영역에서의 구술 정체성은 명확하게 정립되지 못하였다. 이에 본장에서는 기록학 영역에서 구술채록이 지닌 의미와 역할을 정립하기 위한 하나의 시도로, 기록의 맥락 및 평가 측면에 초점을 맞추어 구술의 의미와 역할을 분석해 보았다.

기록학이 '현재의 모습을 기록을 통해 남기는 과업'이라면, 기록학적 관점에서의 구술채록은 과거의 사실을 연구하기 위한 사료의 생성 의미만을 지니는 것이 아니다. 또한 기록은 인간의 행위에 대한 맥락성을 지닌 증거 및 정보로서의 의미를 지니며, 이를 토대로 현재의 당대 사회상 및 집단기억을 기록을 통해 후대에 전승하는 역할을 담당한다. 이러한 면에서 기록학 영역에서의 구술채록은 문자화된 기록으로 남지 않는 영역에 대한 기록 생성 내지 결락부분을 보완하는 의미와 함께, 기록 속의 보다 근원적인 맥락을 확보하며 당대의 사회상 및 집단기억의 형성과 관련된 의미를 지니게 된다. 즉 기록학 영역에서의 구술은 행위 및 사건 이면에 놓인, 문자화된 기록에는 작성치 못하거나 미처 남길 수 없었던 생성 당시의 보다 심층적인 맥락을 확보케 해주며, 더불어 문자화된 기록으로는 남지 않는 총체적 사회 내 다양한 삶의 기억들을 말을 통해 남길 수 있게 해줌으로써 당대의 사회상 및 집단기억 형성에 의미 있는 역할을 담당해준다.

물론 본장에서 제시한 논지로 기록학 영역에서의 구술이 지닌 의미와 역할 정립이 완성되는 것은 아니다. 기록의 심층적인 맥락 확보 및 당대 사회상 내지 집단기억 형성을 위한 도구로서의 의미는 기록학 영역에서의 구술 필요성의 일측면에 불과하며, 보다 다양한 의미와 역할에 대한 논의가 필요할 것으로 사료된다. 향후 기록학의 고유 사명에 입각한 구술의 의미 및 역할 정립에 대한 보다 활발한 논의가 이루어지길 기대하며, 여기서는 몇 가지 추후의 고려점을 제시하는 것으로 본장을 마무리하고자 한다.

우선 또 하나의 기록 유형으로서의 '말'이 지닌 속성에 대한 심도 있는 분석이 필요하다. 근대 이후 사회 구성 및 사회 조직의 다원화·복잡화와 맞물려 문자화된 기록 형식의 의사소통이 일반화 되었고, 이러한 문자화된 기록의 보존은 시간 및 장소를 초월한 정보의 공유 및 소통을 촉진시켰다.[50] 하지만 녹음 및 녹화기술의 진전은 그동안 불가능했던 말의 보존 및 공유를 가능케 해주었고, 이는 최근 들어 구술이 새로운 기록 형식으로 주목받고 있는 이유 중의 하나이다. 따라서 향후 구술이 기존의 문자화된 기록에 병행하는 기록 형식으로 자리매김하기 위해서는, 문자와는 상이한 말이 지닌 속성 및 기능상의 특징에 대한 분석이 필요할 것으로 사료된다.

기록학 관점에서의 구술상의 제문제 역시 집고 넘어가야 한다. 구술은 과거의 사실을 경험자의 말을 통해 남긴다는 점에서 문자화된 기록이 전달치 못한 사항들을 확보할 수 있지만, 구술자의 기억에만 전적으로 의존해서는 안된다. 구술은 과거 실제 사건에 대한 있는 그대로의 기록이 아닌, 구술자의 기억을 통해 여과되어 재해석된 것이기 때문이다.[51] 기록학 관점에서의 구술은 기

50 Kenneth E. Foote, "To Remember and Forget: Archives, Memory, and Culture", *American Archivist* 53(Summer), 1990, p. 379.

51 William W. Moss, "Oral History", *Managing Archives and Archival Institutions*, James Hregory Bradsher ed.,

존의 문자화된 기록을 대체하는 것이 아닌 이를 보완해주는 것이라는 견해[52]처럼, 기존의 소장기록에서 전하는 내용과 구술 내용 간의 면밀한 비교·검토가 전제될 필요가 있다. 이러한 면에서 기록학 관점에서의 구술은 현 소장기록의 결락을 단순히 보완해주거나 추가해 주는 것이 아닌, 일련의 실제 사건 내지 행위에 대한 최초의 해석을 채록하는 구술자와의 '공동 창조물'임을 명심해야 할 필요가 있다.[53]

이의 연장선상에서 구술이 지닌 주관성 및 목적성에 대한 고려 또한 필요하다. 구술은 구술자 개인의 경험 및 이를 토대로 한 기억을 근거로 이루어진다는 점에서, 주관성은 그동안 구술이 객관적 증거자료로써 냉혹한 비판을 받아 온 영역 중 하나였다. 아울러 구술은 면담자의 의도를 전제로 두고 구술자와의 대화를 통해 수행되는 작업이라는 점에서 다분히 목적의식적 산물로, 최종적으로 면담자가 얻고자 하는 방향으로 구술의 질문 및 면담이 이루어지기 쉽게 된다. 이러한 점을 고려할 때 구술자의 성향·성격·특성·해당 사건 내지 이슈에 대한 태도·구술사업의 기획 의도·목적·면담자의 성향·이력·학문적 특성 등의 제반 정보를 구술채록 결과물에 대한 중요한 맥락 내지 배경정보로 확보해야 할 필요가 있다. 아울러 기록학 관점에서의 구술은 당대의 사실내역 내지 경험, 기억을 정확한 맥락 속에 객관적으로 남기기 위한 작업임을 감안할 때, 구술상의 객관성·불편부당성·공정성 및 가치중립성을 지녀야 한다. 마치 소설이나 영화 속의 주인공시점이 아닌 관찰자시점을 지녀야 하며, 주인공 시각에서의 편향적 내용 전개가 아닌 객관적인 나레이터 입장에서의 증언 채록이 필수적이다. 바로 이것이 오랜 동안 신성한 증거의 수호자 역할을 담당해 온 기록학의 전통을 계승하며 구술의 정체성을 정립시키는 관건이기 때문이다.

London: Mansell Publishing Limited, 1988, p. 149.

52 Donald Swain, "Problems for Practitioners of Oral History", *American Archivist* 28(January), 1965, pp. 63~64.

53 Saul Benison, "Reflections on Oral History", *American Archivist* 28(January), 1965, p. 73.

김명훈

한국외국어대학교 대학원 정보 · 기록학과에서 기록학으로 박사학위를 취득하였고, 한국외국어대학교 기록학연구센터 연구부장과 한국외국어대학교 대학원 정보 · 기록학과에서 겸임교수로 활동하고 있다. 구술 관련 연구사업으로는 국가기록원 대통령기록관의 '역대 대통령 구술채록 사업', 서울시역사편찬위원회의 '서울시 역사 구술사업,' 국가기록원의 '국민생활정책 관련 구술채록사업', 한국학중앙연구원의 '현대한국구술사연구사업' 등에 참여하였다. 주요 저서로서는 『출처주의와 현대 기록관리』(한국국가기록연구원, 2003), 『전자기록관리의 이해』(한국국가기록연구원, 2004, 공저), 『전자기록 평가론』(진리탐구, 2009) 등이 있으며, 주요 연구논문으로는 「레코드 컨티뉴엄과 평가, 그리고 기록콘텐츠: 기록콘텐츠 개념 정립을 위한 시론」(『정보관리연구』41(3), 2010), 「기록학적 관점에서의 구술의 의미와 역할에 관한 연구」(『기록학연구』24, 2010), 「디지털 구술기록의 생산 및 정리 · 보존 절차에 관한 연구」(『한국기록관리학회지』10(1), 2010) 등이 있다.

3장 구술기록의 수집과 수집개발 정책[1]

1. 들어가며 – 구술기록의 의미와 가치

구술사는 주류 역사에서 소외 당해왔던 일반인들의 목소리를 담아냄으로써 역사 서술의 주체를 변화시키는 힘을 가지고 있다. 이는 오늘날 역사를 더 다양하고 생생하게 남길 수 있을 뿐 아니라 단순히 사실만을 담아내는 역사가 아닌 거대 담론에 가려져 인식되지 못했던 역사 이면의 또 다른 역사를 담아낼 수 있는 하나의 방법론으로 작용하고 있다. 포르텔리가 언급하였듯이 구술사는 우리에게 단순히 사람들이 무엇을 했는가에 대한 해답을 내려줄 뿐 아니라 그들이 무엇을 원했고, 왜 그렇게 생각했으며, 그들의 삶에 대하여 지금 그들은 어떻게 생각하고 있는가를 반영한다.[2] 구술사의 이와 같은 자세는 문헌

---

1 이 글은 조용성, 「구술기록의 수집정책에 관한 연구 – 과거사 진상규명 관련 위원회의 면담조사기록을 중심으로」, 한국외국어대학교 석사학위논문, 2009와 조용성, 「구술기록의 수집과 아카이브 정책에 관한 연구」, 『기록학연구』 제25호, 2010의 일부를 수정 보완 한 것임.

2 Truesdell, Barbara, 「The Practice of Oral History in the United States」, 『역사문화연구』 제18호, 한국외국어대학교 역사문화연구소, 2003, p. 252.

중심의 기록된 역사를 좀 더 확장시켜 소위 작은 사람들의 일상의 면면을 좀 더 세밀하게 관찰할 수 있게 하여 이면의 역사와 맥락을 총체적으로 이해하고 다양한 관점에서 해석하는데 좋은 자료를 제공할 수 있다.

또한 구술기록은 양적으로, 내용적으로 제한적인 문헌자료를 대체하여 다양한 역사를 복원하는데 중요한 증거자료로서의 역할을 수행 한다. 근현대 기록의 경우 가까운 과거의 문제를 다루고 있는 만큼 민감한 사안이 많이 존재하게 된다. 특히 과거사 청산과 관련하여 문헌자료가 남아 있지 않은 경우나 특정 집단이나 국가 간의 마찰을 이유로 문헌자료의 공개가 어려울 경우 증거성을 인정받는 구술기록의 필요성은 더욱 증대된다. 이는 구술기록이 단순 기억 복원의 차원을 넘어서 법적으로 증거적 효력을 갖는 중요 자료원으로서 의미를 갖고 있다고 볼 수 있다. 일본에서는 이러한 예로 전쟁연구 등에서 기존에 문헌자료에만 의존했을 때에는 분명하지 않았던 가해의 실상 등 역사적 진상이 밝혀지기도 했는데 그 대표적인 예로 '종군위안부'문제나 '731부대', '오카나와 사건' 등의 경우를 들 수 있다.[3] 최근 우리나라에서도 근현대사와 관련한 어두운 과거를 재조명하고 청산하고자 하는 차원에서 과거사 사건별 위원회가 생겨나 많은 활동을 하고 있으며 여기에서 다양한 구술 증언들은 진상규명의 중요 증거 기록으로 활용되고 있다.[4] 이는 민주화 시대의 한국사회에서 '기억'이라는 용어는 단지 과거지향적인 회상을 넘어서 '현재진행형'인 '진실'의 기표로 사용[5]될 수 있음을 보여주는 주요 예라 할 수 있다. 한편 구술기록은 근현

---

3 김용의, 「일본 구술사 연구의 동향과 쟁점」, 『일본어문학』 12, 일본어문학회, 2002, pp. 210~212.

4 김득중은 민간인 학살 관련 기록의 현황을 소개 하면서 문헌자료 이외에 구술 증언을 통하여 문헌기록의 생산, 관리가 빈약하고 원칙 없는 폐기가 다반사로 이루어져 왔던 우리의 기록문화에 학살사건의 존재와 상황을 강력하게 증거할 수 있다고 서술하고 있다. 노근리 사건, 문경 학살, 이리호 폭력 사건과 같은 과거의 역사적 사실들은 사건의 존재유무, 피해 상황, 가해자 확인은 문서가 아닌 증언으로부터 시작되었으며 이는 증언이 문서를 보강했던 것이 아닌 문서가 증언을 보강한 사례였다고 하면서 이러한 구술증언에 자료로서의 가치를 부여하고 있다. 김득중, 「민간인 학살 기록 현황과 수집·관리 방안」, 한국기록학회 학술심포지엄 자료집, 2005, p. 109.

5 전진성, 「기억의 정치학을 넘어 기억의 문화사로: '기억' 연구의 방법론적 진전을 위한 제언」, 『역사비평』 통권76호, 역사비평사, 2006, pp. 452~475. 또한 전진성은 이러한 상황에 처한 구술사를 포함한 기억 연구가 기억의 윤리적 가치에 좀 더 진지한 관심을 기울일 것을 요구하고 있으며, 과거 청산에 문제에 직면한 관련 연구가 이미 한계에 직

대사의 피해의 역사를 재현하는 것 뿐 아니라 기록의 무단 폐기나 망실로 인하여 문헌자료만으로는 확인할 수 없었던 주류 역사를 보완하는 측면에서도 유용하다. 최근 활발하게 진행되고 있는 국정 운영이나 정책과 관련한 대통령 구술채록 사업이나 사회 각계 명망가를 대상으로 하는 구술 채록 사업은 이와 맥락을 같이 하는 것이다. 그리고 문헌자료의 공개 및 발굴이 원활하지 않은 상황에서 구술기록은 관련 자료의 공개 및 발굴에 윤활유 역할을 한다. 뿐만 아니라 새롭게 생산된 구술기록을 바탕으로 진행된 연구 성과는 추후 계속될 관련 분야의 연구에 기폭제 역할을 수행 하고 있다.

'현재의 모습을 기록을 통해 남기는 과업'을 수행하는 기록관리 영역에서의 구술기록은 위에서 언급한 단순히 과거의 사실을 연구하기 위한 사료로서의 개념만을 포함하는 것이 아니라 문자화된 기록으로 남지 않는 영역에 대한 기록 생성 및 현재 보유중인 기록의 결락부분을 보완하는 의미와 함께 기록속의 보다 근원적인 맥락을 확보하며 당대의 사회상 및 집단 기억을 형성시키는 것과 관련된 의미를 지녀야 한다. 또한 기록관리학의 본원적 사명 중 하나인 기록의 맥락 확보와 평가의 측면에서 구술기록의 의미를 도출할 수 있다. 기록관리 영역에서의 평가는 현재의 사회 모습을 기록으로 남기는 과업으로, 최소한의 기록을 통해 최대한의 사회상을 남겨야 한다는 사명을 지니고 있는데 이러한 점에서 구술은 문자화된 기록이 남겨지지 않은 결락 부분을 보완함으로써 당대의 사회상을 총체적으로 형성시키는데 일조하는 유용한 도구로 활용이 가능하다. 기록물의 핵심적 요소 중의 하나인 맥락의 확보 측면에서도 구술은 중요한 역할을 수행한다. 구술은 기록관리의 핵심 사명인 기록의 심층적 맥락을 확보해

면한 대립적 구조의 기억의 정치학으로가 아닌 기억의 문화사로의 전환을 요구한다고 언급하고 있다. 이는 과연 누구를 위한, 무엇을 위한 기억인가 라는 기억의 본성과 의미에 관한 원론적인 질문에서 역사의 풍랑 속에서 개인이 취했던 행위의 책임을 과연 어떻게 다루어야 하는지에 대하여 생각해야할, 구술사와 기억 연구가 전환해야 할 방향으로 설정하고 있다. 그 관점은 화자가 주체로 자리매김 되는 메커니즘에 주목하기 시작하는 방향으로, 우리나라의 구술사 연구는 올바르게 진행되고 있다고 서술하고 있다.

주는 유용한 수단이기 때문이다. 구술은 행위 및 사건 이면에 놓인 문자화된 기록에는 작성치 못하거나 미처 남길 수 없었던 생성 당시의 보다 심층적인인 맥락을 생존자의 경험에 바탕을 둔 기억을 통해 확보케 해준다. 특히 최근의 전자기록 환경 하에 기록의 맥락이 더욱 복잡화된 상황에서, 기록을 둘러싼 다원적이면서도 복잡한 보다 근원적인 맥락을 확보하는 방안이 될 수 있다.[6]

이처럼 기존의 문헌자료의 보조적 수준에만 머물러 있었던 구술사 연구방법론은 최근 들어 그 증거적, 정보적 가치를 인정받게 되었다. 또한 구술기록이 갖는 다양한 가치와 기록의 부재에서 오는 특수한 상황에 따른 필요성으로 인하여 국내에서의 구술기록의 생산은 점차 활성화 되었다. 이렇듯 구술기록은 업무 수행과정에서 기존 기록물과의 유기적 연계를 공고히 하는 과정 속에서, 혹은 기관의 사명 및 활용 목적에 의하여 다양한 출처로부터 기록물간 유기적 관계 속에서 생성되는 가치를 배제한 채 수집되어지기도 한다.

이러한 구술기록의 양적 증가와 더불어 최근에는 통합적 아카이브의 구축과 체계적인 관리의 필요성이 제기되기 시작하였다. 또한 구술기록을 수집하고 있는 각 기관들은 구술기록의 수집 및 관리, 활용 전반을 효과적으로 수행할 수 있도록 도울 수 있는 기록학 이론을 접목시킨 다양한 관리 방법론에 관심을 기울이고 있다. 여기에서는 이의 연장선상에서 구술기록의 수집에 대한 정책적·방법론적 고민을 기록학적 시각에서 다루고자 하였다. 구술기록 수집 프로세스의 특수성과 구술기록이 갖는 특성은 구술기록 수집시 갖는 다양한 쟁점에 대하여 기존 기록물과는 다른 접근 방식을 요구하였다. 이러한 사항들에 주목하여 구술기록 수집시 나타날 수 있는 특징적인 점을 살펴보고, 이와 같은 특성을 반영하여 기관 차원에서 수집 개발을 도울 수 있는 다양한

---

6 김명훈, 「디지털 구술기록의 생산 및 정리·보존 절차에 관한 연구」, 『한국기록관리학회지』 제10권 제1호, 2010, pp. 9~11

정책 요소와 수집 실무시 고려해야할 사항에 대하여 살펴보고자 한다.

2. 구술기록 수집의 특성

(1) 구술기록의 수집 절차

수집은 아키비스트가 기증이나 이전, 구입 또는 대여에 의해 자료를 받아들임으로써 아카이브의 소장물을 증가 시키는 처리과정이다.[7] 공공기관에서는 민간에서 개인 및 단체가 생산, 취득한 기록 정보 중에서 국가적으로 영구히 보존할 가치가 있는 기록에 대하여 인수받아 관리하는 행위가, 수집형 기록보존소에서는 각 기관의 사명에 부합하는 다양한 출처와 유형의 매뉴스크립트를 현장조사를 통하여 입수하는 행위가 이러한 수집의 행위에 속한다. 그러나 구술기록의 경우 구술기록이 가지고 있는 그 특성에 기인하여 이미 생산되어져 있는 기록의 단순 물리적 이관만을 의미하는 것이 아닌 인간의 기억 속에 있는 정보 자료를 기록화 하는 작업을 포함하는 1차 자료의 생산이라는 의미 또한 내포하고 있다. 이와 같은 절차상의 특성은 수집 이전 단계부터 체계적인 기획과 수집 개발을 위한 아카이브 차원의 명확한 정책적 틀을 강요한다. 또한 방법론적 차이점으로 인하여 구술기록의 수집은 공공기관에서의 시스템을 통한 이관 절차나 수집형 보존소의 매뉴스크립트 수집과는 다른 프로세스적 차이점을 보이고 있다.

------

7 Anne-Marie Schwirtlich & Barbara Reed, "Chp.5 Managing the Acquisition Process", *Keeping Archives*, ASA, 2000, p. 137.

구술기록의 수집은 기관의 규모나 예산, 주제의 범위 등에 따라 특성에 맞게 다르게 설계될 수 있으나 이를 추후 자세하게 언급할 수집과 활용이라는 측면에서 간략하게 살펴보면 다음과 같다. 이는 크게 기획단계, 수집 실행 단계, 수집 후 관리 단계, 활용 단계로 나누어서 살펴 볼 수 있다.

기획단계는 전반적인 수집 주제와 범위를 설정하고 이를 분석, 평가 하여 실제 수집 모형을 설계하는 단계이다. 특히 필요한 기록을 기관과 면담자의 사전 준비를 통하여 생산하는 구술기록의 특성상 이 기획단계는 기록의 질을 결정하는 중요한 절차라고 할 수 있다. 이 단계에서는 생산 주제에 대한 각종 정보와 자료의 수집 및 분석하고 자문단 및 연구단의 검토를 거쳐 예상 구술자와 면담자를 선정하고, 질문지 및 각종 서식을 마련하는 작업 등을 포함한다. 면담의 전문성을 담보하기 위하여 관련 학문 분야에 정통하고, 일정이상의 자격 요건을 갖춘 면담자의 선정도 중요하지만 구술기록의 특성을 잘 이해하여 면담에 임하는 것이 가장 중요하기 때문에 면담 수행 이전에 면담자 사전교육 프로그램을 운용하는 것은 반드시 필요한 사항이라 할 수 있다. 이보다 앞서 기획단계에서 가장 먼저 수행되어야 하는 것은 단연 수집기관의 정책을 명확히 하는 것이다. 수집정책은 수집 기관의 본질을 정의할 뿐만 아니라 수집 대상자들로 하여금 자료 제공의 기본적인 틀을 마련해 주기 때문에 반드시 마련되어야 할 중요한 사항이다. 이는 또한 한정된 자원으로 효율적인 프로세스의 운용을 가능하게 할 뿐만 아니라 기관을 목적과 사명에서 벗어나는 무의미한 기록의 생산으로부터 보호할 수 있다. 기획단계의 마지막에서는 시범 작업을 통하여 문제점을 추출하고, 이를 보완 하는 평가 단계가 포함되어서 각 단계의 적절성을 확인하여야 한다.

기획단계를 거쳐 구술기록 생산을 위한 틀이 마련되었다면 수집 실행 단계에서는 구술자와 직접 접촉을 통하여 본격적으로 그들의 기억을 역사화하는 작업을 수행하게 된다. 여기에는 생산하고자 하는 목적에 맞게 관련 자료를 분석하여 세부 주제를 확정하고, 이에 부합하는 구술자를 선정하는 작업이 진행된다. 보통 전화나 구두로 이루어지는 구술자의 1차적 동의를 얻었다면 관계 문헌 자료 등을 바탕으로 작성한 예비 및 상세 질문지를 작성하게 되고, 이를 다시 전문가나 자문단의 검토를 거쳐 확정하게 된다. 다음으로 면담시 필요한 각종 양식과 내부 생산 규정 등을 마련하게 되는데 이러한 양식에는 구술동의서, 구술기록 공개 및 활용 동의서, 공개여부 검토 의견서, 자료 기증서 등 추후 공개 및 활용 시 기관과 구술자를 법적으로 보호해 줄 각종 서식과 구술자 신상카드, 면담자 신상카드, 구술기록 상세목록, 면담일지, 면담후기, 구술 요약문 등 구술 내용과 직간접적으로 관련하여 추후 다양한 맥락을 형성할 수 있게 해주는 구술내용 관련 서식, 녹취문 작성 규정, 영상 촬영을 포함한 생산 매뉴얼, 정리·기술·보존 등 아카이브 전반 각종 관리 지침 등이 포함된다.

한편 이 단계에서는 기관의 방침이나 예산의 규모에 따라서 영상촬영의 여부를 결정하게 된다. 최근 정보통신기술과 각종 멀티미디어 자료 생산기술의 발전은 자료 생산과 활용에 관련한 방법론적 논의를 활발하게 하였으며, 이러한 흐름은 구술사 영역에서도 영상촬영의 필요성을 야기 시킨 하나의 원인으로 작용하였다. 디지털구술영상자료는 쉽게 기록할 수 있게 하고, 오랜 시간 동안 보존이 가능하게 하며, 가공이 용이하여 이를 통한 폭넓은 자료 공유와 다양한 활용으로 이용자에게 질 높은 자료를 제공할 수 있게 한다. 또한 구술 내용 이외의 구술면담 배경맥락을 보다 생동감 있게 복합적이고 유기적으로 담아내는 것을 가능하게 하는데 이는 구술기록의 가치를 높이는 역할을 수행하여 구술영상의 생산은 최근 들어 급격히 증가하고 있다. 구술 영상의 생산시에는 음성·영상 장비의 작동 여부의 점검과 사용법을 미리 숙지하여 실제 면담 수행시 차질이 없도록 해야 한다. 여기에 전문 촬영자와의 사전 면담

방향의 조율 및 교육 프로그램을 가동하여 전문성을 확보하여 기술적인 문제로 구술자의 소중한 기억을 담지 못하는 경우를 사전에 점검하여 방지하여야 한다. 구술영상촬영에 있어서 최종기록자는 구술자도, 장비 자체도 아닌 촬영자이기 때문에 숙달되지 않은 촬영 기술은 구술자와 이용자 모두를 곤란에 빠뜨릴 수 있기 때문에 철저한 사전 준비를 통해 소중한 기록을 온전히 담아내는 것이 필요하다.

면담 후에는 생산된 구술기록의 분석 과정을 거쳐 2차 면담이나 보완 면담을 수행하게 되며 추후 공개 및 활용, 잠재적 구술자의 소개 등의 목적으로 공개 및 활용 동의서나 구술자 및 면담자 신상에 대한 정보를 받는 작업도 필요하다.

면담이 마무리되었다면 수집 후 생산된 기록을 정리, 분류하는 단계가 필요하다. 면담 직후 면담자는 수 일 내로 면담일지, 면담후기, 녹취문 등을 작성하여 추후에 있을 면담과 활용을 고려하여야 한다. 또한 생산된 녹취문을 음성 및 영상에 기록된 것과 비교하여 검독하면서 상세목록 및 요약문을 작성하고 기관에 기술요소가 있다면 1차 구술기록과 관련한 메타데이터를 상세하게 기술하여 일반 기록물 보다 접근성이 떨어지는 구술기록에 접근성을 부여하는 작업이 이루어진다. 검독이 완료된 녹취문은 구술자에게 보내져 자세한 수준으로 공개 제한 및 활용에 대한 확인 절차가 이루어져야 하며 수집과정에서 생산된 모든 산출물은 라벨링 되어 정리되고, 지속적으로 관리되어야 한다.

이렇게 정리 된 구술기록은 구술자를 통하여 공개 및 활용 여부를 재차 확인하는 절차를 거쳐 유관 기관과의 협력 및 연구자와의 협조를 도모하여 정보 제공 및 연구의 목적으로 출판 및 전시 등의 방법을 통하여 활용된다.

〈도표 Ⅲ-1〉 구술기록의 수집 절차

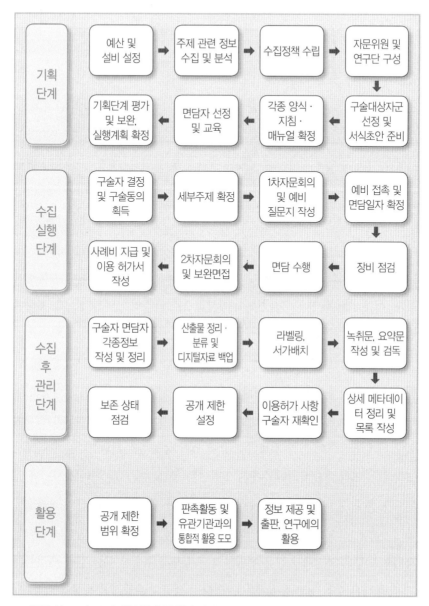

기획단계
- 예산 및 설비 설정 → 주제 관련 정보 수집 및 분석 → 수집정책 수립 → 자문위원 및 연구단 구성
- 기획단계 평가 및 보완, 실행계획 확정 ← 면담자 선정 및 교육 ← 각종 양식·지침·매뉴얼 확정 ← 구술대상자군 선정 및 서식초안 준비

수집실행단계
- 구술자 결정 및 구술동의 획득 → 세부주제 확정 → 1차자문회의 및 예비 질문지 작성 → 예비 접촉 및 면담일자 확정
- 사례비 지급 및 이용 허가서 작성 ← 2차자문회의 및 보완면접 ← 면담 수행 ← 장비 점검

수집 후 관리단계
- 구술자 면담자 각종정보 작성 및 정리 → 산출물 정리·분류 및 디지털자료 백업 → 라벨링, 서가배치 → 녹취문, 요약문 작성 및 검독
- 보존 상태 점검 ← 공개 제한 설정 ← 이용허가 사항 구술자 재확인 ← 상세 메타데이터 정리 및 목록 작성

활용단계
- 공개 제한 범위 확정 → 판촉활동 및 유관기관과의 통합적 활용 도모 → 정보 제공 및 출판, 연구에의 활용

〈출처〉 본 도표는 국사편찬위원회, 『현황과 방법, 구술·구술자료·구술사』, 국사편찬위원회, 2004; 한국구술사연구회, 『구술사 – 방법과 사례』, 선인, 2005; 서울대학교 한국교육사고 편, 『구술사 이론·방법 워크숍 자료집』, 2003를 종합하여 재구성함

(2) 구술기록 수집의 특징과 수집개발 정책의 필요성

구술기록의 수집은 일반적인 매뉴스크립트의 수집보다 더욱 세밀한 실무활동과 다양한 정책적 접근을 요구한다. 여기에는 구술기록이 갖는 일반적 특징이 작용하기 때문이다. 이러한 일반적 특징에는 첫째, 구술자의 말과 행동으로부터 서술되어 구술 환경에 민감하게 반응하는 구술성, 둘째, 구술자의 기억과 경험 자체에 의미를 부여하는 주관성 및 개인성, 셋째, 구술자와 면담자 간의 상호작용을 통한 생산 과정이라는 점, 넷째, 구술기록은 인간의 기억으로부터 발현된다는 점에서 기록 자체에 유일성과 한시성이 작용한다는 점, 다섯째, 구술기록이 텍스트화 되는 과정과 구술기록이 담아야 하는 주요 주제 범위를 고려하였을 때 그 활용에 있어 유동성과 민감성이 존재한다는 특징이 있다. 이와 같은 특징은 구술기록이 기본적으로 인간의 기억과 경험을 통하여 생산 된다는데 기인한다.

이외에 구술기록은 일반적인 기록물과는 달리 자발적 기증을 기대하기 힘들다는 점에서 생산의 수동성이 작용한다. 이는 최초 구술기록이 물리적 형태가 아닌 인간의 기억의 형태로 존재한다는 측면과 개인적, 사회적으로 민감성이 강하게 작용하여 기록 정보의 제공에 있어 능동성을 제한한다는 측면에서 그러하다. 또한 구술기록의 수집은 일반 기록물과는 다르게 이미 생산되어 있는 객체를 단순히 보존소로 입수하는 과정이 아닌 1차 자료 생산의 과정으로 볼 수 있다. 구술 면담은 구술자와 면담자의 상호관계로 이루어지는 민감한 작업으로 같은 조건에서 같은 면담자와 구술자가 수행한 구술 심층 면접이라도 매번 다른 수집 결과물이 나올 수 있다는 생산의 유동적인 특성이 있다. 이로 인하여 일반적인 기록물의 수집과는 전혀 다른 구술기록만이 가지고 있는 특성을 살린 체계적인 수집정책 및 방법으로 수집을 수행하여야 한다.

또한 수집 전후로 발생할 수 있는 여러 문제점을 고려하더라도 수집정책의 필요성은 요구된다. 우선 통합적인 구술 아카이브 구축이 아직까지는 어려운 실정임을 감안할 때 유관기관이 어느 자료를 어떤 수준까지 보유하고 있는지 모르고 있는 상황에서 적절한 기준이 존재하지 않는 수집활동은 중복 수집을 야기 시켜 한정된 자원을 낭비하는 결과를 초래할 수 있다. 이는 더 나아가 중요 구술자의 구술 거부도 야기할 수 있어 자칫 중요 구술기록의 수집을 불가능하게 할 개연성 또한 내포하고 있는데 수집정책은 이러한 현실을 극복할 수 있는 하나의 개선책이 될 수 있다. 또한 구술기록은 극히 개인적이고, 또한 사회적으로 파장을 일으킬 수 있는 민감한 사항을 다루고 있는 것이 많이 있는 만큼 공개 제한과 관련하여 다양한 문제에 부딪힐 수 있는데 일반적인 수집정책 보다 좀 더 세세한 공개 정책이 요구된다고 볼 수 있다.

이처럼 구술기록 수집의 시급성 및 민감성에 주목하여 그 특성을 잘 반영하는 한편 수집시 발생할 수 있는 다양한 쟁점을 해소하고 효과적인 수집을 도울 수 있으며, 나아가 구술기록의 관리 프로세스 전반에 직·간접적으로 관여하고 있는 명확한 수집정책의 수립은 필요한 사항이라고 할 수 있다.

3. 아카이브의 수집개발 정책

수집의 일차적인 목적은 기관의 소장물을 개발하여 기존 소장물과의 유기적인 컬렉션을 구성하고 이를 바탕으로 이용자들에게 기록이 지닌 다양한 가치를 제공하는데 있다. 이러한 수집 행위는 한정된 자원을 바탕으로 이루어지는 것이기 때문에 무엇을 수집해야 할 것인가, 어떻게 수집할 것인가, 어떻게 활용할 것인가에 대한 논의는 결국 수집 행위를 하는 모든 기관이 직면한 현실적인 문제라고 할 수 있다. 수집정책은 특정 보존소가 수집범위를 결정하고 수집해야 할 자료의 주제와 형식을 구체화하기 위해 준비한 서면 진술이다.[8] 이는 기록물이 처한 상황 및 환경에 주목하여 분석이 선행된 것으로 이렇게 현실적으로 당면한 문제점들에 대해 어느 정도 해소점을 줄 수 있는 가능성을 가지고 있다. 기관 차원에서 수집의 범위와 방법을 규정하는 것은 외부적으로 수집시 발생할 수 있는 법적, 윤리적문제로부터 기관을 보호할 수 있는 방어 수단이 될 수 있으며, 내부적으로는 수집 활동시 발생할 수 있는 다양한 혼란을 줄이는 구체적인 지침으로 활용될 수 있다.

좀 더 구체적으로 수집정책은 첫째, 기관의 정체성과 특성을 밝히는 데 가장 유용한 수단으로 활용될 수 있다. 조직의 사명, 수집 대상, 이용 가능한 대상 등 다양한 점을 명시해 놓음으로써 기관에 대한 가장 기초적인 정보 및 기관의 사회적 역할 등을 쉽게 전달하는 최초의 홍보 역할을 수행 할 수 있다. 또한 수집정책에 기반한 출판물을 미래의 기증자에게 발송하는 등의 홍보행위는 다른 사람들과 공유되어 아카이브와 수집의 우선순위에 대한 정보를 알리는데 큰 역할을 수행할 수 있다.

둘째, 기관의 평가, 선별 결정에 기준을 제시해 준다. 기관의 소장물에 대한 체계적인 질서를 제공하며 불필요한 소장물에 대하여 과감한 처분 결정을 내리는데 지침이 되거나 윤리적으로 정당화 하는데 근거가 될 수 있다. 또한 수집 담당자로 하여금 기관의 수집 목표와 범위를 명확하게 인식시켜 일관성 있는 수집 활동을 도울 수 있다. 이런 일관성 있고 체계적인 수집은 기관의 제한된 자원을 보다 효율적으로 사용할 수 있게 하는 틀을 제공한다.

셋째, 수집정책은 잠재적 수집 집단을 구축하는 데 도움을 준다. 자신이 소

---

8 오항녕 역, 「누가 과거를 지배하는가?」, 『기록학의 평가론』, 진리탐구, 서울, 2005, p. 233.

장하고 있는 자료들, 혹은 자신이 기억하고 있는 역사적 사실이 어떠한 가치를 지니고 있는지 모르는 잠재적 기증자에게 아카이브가 어떤 종류의 자료를 수집하고자 하는지, 그러한 자료들을 필요로 하는 기관에 어떠한 방법으로 접근을 하여야 하는지 밝힘으로써 잠재적 기증자로 하여금 능동적으로 기록의 수집에 적극 협조 할 수 있도록 유도할 수 있다.

넷째, 수집정책은 또한 다른 유관기관과 연계하여 활용함으로써 이미 수집되어 있는 기록을 다시 수집하려고 하는 불필요한 노력이나 타 기관과의 소모적인 경쟁을 피할 수 있다. 이는 기관의 예산 문제와 직결되어 남는 재원을 다른 컬렉션 개발에 적극 활용할 수 있도록 도움을 준다.

구술기록의 수집에 있어서도 수집정책의 이러한 일반적인 이점들은 적용될 수 있다. 또한 구술기록이 갖고 있는 일반적인 특징을 고려하여 공개범위의 세부 설정, 수집 범위나 우선순위의 명확화, 라포(rapport)[9] 형성에 관한 사항, 면담자 교육 프로그램 등 일반 기록물의 수집정책 보다 세세한 규정이 요구되는 부분을 정책 요소에 포함시켜 수집 개발을 위한 틀로 이용한다면 구술기록의 수집을 보다 경제적이고 효율적으로 수행할 수 있는 하나의 기준으로 작용할 수 있다. 구술기록 수집정책의 수립은 이렇게 수집 및 활용에 민감성이 존재하는 구술기록의 수집 개발을 촉진시키기 위함이다. 또한 구술기록과 같이 불특정 장소에 다수로 산재해 있는 기록물에 대하여 무엇을, 왜, 어떠한 절차로 수집해야 하는지에 대한 지적인 틀을 제공할 수 있다. 구술기록에서의 수집은 새롭게 생산되는 의미를 내포하고 있는 만큼 생산 이후에 생산 목적에

---

9 라포는 문화인류학, 민속학, 사회학, 구술사 등에서 구술면담 시 구술자와 면담자 사이에 형성해야 하는 신뢰감이나 친밀감 등을 지칭하는 용어이다. 현재 각 학문의 영역에서 별도의 번역 없이 '라포'라는 용어를 그대로 사용하고 있다. 권미현, 「강제동원 구술자료의 관리와 활용」, 『기록학연구』제16호, 한국기록학회, 2007, p. 314. 윤택림과 함한희는 라포는 감정이입, 상호 신뢰, 이해, 공감대, 우정으로 해석되지만 측정될 수 없는 인간관계의 한 면에 대한 개념을 말하기 때문에 정의를 내리기는 쉽지 않다고 언급 하였다. 윤택림·함한희, 『새로운 역사쓰기를 위한 구술사 연구방법론』, 아르케, 서울, 2006, pp. 80~82.

따른 수집 적합성의 여부나 기획된 부분에 대한 내용의 충실성의 반영 여부를 판단하는 평가 절차가 이루어지는데 수집정책은 이러한 절차의 하나의 평가 기준으로도 활용될 수 있다.

이처럼 해당 기관은 이러한 수집정책을 통하여 기관에 필요한 기록을 입수하고, 조직적으로 컬렉션을 구성하여 관리할 수 있기 때문에 수집정책의 수립은 선별 및 평가의 최초의 단계라고 할 수 있다. 또한 수집정책은 단순 수집해야할 것만을 제시하는 것이 아니라 수집해야 할 때 고려해야 할 것에 대한 전반적인 윤곽을 그리는 데에도 유용하다. 이러한 면에서 수집정책은 단순 기록물의 입수를 위한 내부 규정의 의미를 넘어서 기관의 수집 및 관리 활동 전반에 대한 평가 수단이라고 볼 수 있다.

이러한 수집정책은 기관의 사명과 역할, 자원, 수집과 관련한 내외적 환경 등을 전반적으로 고려하여 현실적으로 작성되어야 한다. 이에 햄(F. Gerald Ham)은 고려해야 할 구체적인 사항으로 보존소 자원의 이용 가능성, 정보의 이용 가능성, 참고자료의 이용 가능성, 유사 관련 기록물의 수집 여부, 현 소장물에 대한 분석 등을 제시하였다.

수집정책은 수집될 기록의 유형이나 잠재성, 가치, 활용성 등을 충분하게 고려하여 수립되어야 한다. 따라서 현실적이고 유용한 수집정책을 수립할 시에는 선행되어야 할 분석 틀이 존재 하는데 이는 크게 기관 내부 분석과 기관 외적 요소 분석으로 나눌 수 있다. 내부 분석에는 기관의 소장 컬렉션 분석, 기관의 기능 분석 등이 수행된다[10]. 소장 컬렉션 분석은 소장물의 주제적, 양적인 특징을 평가하는 것이 포함된다. 여기에는 주제, 지리적 · 시간적 범위, 기록의 양이나 유형 같은 소장물에 대한 목록작업과 같은 조사기술(survey

---

10 F. Gerald Ham, 강경무 · 김상민 역, 『아카이브와 매뉴스크립트의 선별과 평가』, 진리탐구, 서울, 2002, pp. 41~42.

techniques)과 특정 수집영역에서 수집 가능성에 대한 평가를 돕는 소장물의 장단점을 파악하는 질적 평가가 수행된다. 이렇게 컬렉션 분석을 통하여 수집 정책을 수립함으로써 조직은 수집 초점과 우선순위를 보다 체계적으로 결정할 수 있는 개념적인 틀을 만들 수 있게 된다. 기관기능분석은 기관 수준에서 무엇을 했느냐에 대한 조사로 기관의 성격과 광범위한 활동에 대한 이해를 필요로 한다. 조직의 역사나 사명, 업무 등의 분석을 통하여 얻어진 정보는 기관 활동의 폭을 명확히 하는데 유용하여 수집정책을 공식화하고 기록물을 선별하는데 필요한 배경 정보를 제공한다.

국내의 구술기록 수집이 기존 소장 기록물과의 유기적 연계성을 배제한 채 주제별 컬렉션 수집 위주로 이루어지고 있다는 점을 감안하면 기관 소장물의 분석 방법은 현실적으로 유용하지 않다. 다만 조직의 역사나 사명, 업무 등 기관 기능 분석을 통하여 얻어진 정보는 기관 활동의 폭을 명확히 하며 수집정책을 공식화하고 기록물을 선별하는데 필요한 배경 정보를 제공할 수 있다는 점에서 유용하다.

기관 내부 소장물이나 기능을 분석하는 것 이외에 기관 외부적으로 수집 대상이나 소장 환경을 분석하는 것도 수집정책 수립시 고려해야 할 사항이다. 수집대상 분석은 현장조사와 자문, 문헌분석 등 외부자료의 분석을 통해 잠재적 수집 대상에 대한 정보를 얻고, 어떤 것을 수집할지에 대하여 확인하는 작업이다. 이는 수집해야 할 기록물의 범위와 영역을 정하는데 유용하게 활용된다. 소장 환경의 분석은 자체 기록관의 환경적 특성과 외부 기관간의 관계를 분석하는 것이다. 여기에는 기록의 수용 능력, 인력, 예산, 설비 등 물리적 여건과 더불어 정보의 이용가능성, 접근성 등도 검토 대상에 포함된다. 또한 타 기관의 해당 기록물의 소장여부, 정책, 잠재적 수집 대상의 범위 등까지 고려하여 실제 수집정책 적용시 실현 가능성을 높이게 해 주는 역할을 한다.

기관 외부적으로 수집 대상을 분석하는 방법은 앞서 언급한 구술기록 수집 기획 단계 중 '주제관련 정보 수집 및 분석'에 해당하는 것으로 현장조사와 자문, 문헌분석 등 외부자료의 분석을 통해 잠재적 수집 대상에 대한 정보를 얻고, 어떤 것을 수집할지에 대하여 확인하여 수집해야 할 기록물의 범위와 영역을 정하는데 유용하게 활용된다. 또한 외부 기관간의 관계 분석을 통하여 타 기관의 소장물 보유 수준, 수집정책, 잠재적 수집 대상의 범위 등을 고려하는 것은 실제 수집정책 운용 시 그 실현 가능성을 높게 해 준다. 수집정책은 이처럼 기관 내외부의 분석이 선행된 가운데 기관의 사명을 중심으로 비교적 구체적으로 작성되는 것이 일반적이다.

4. 구술기록 수집의 아카이브 정책적 접근

성문화된 수집정책은 기관, 수집실무자, 이용자, 잠재적 기증자 모두에게 특정 기록물에 대한 접근성과 이를 통한 활용에 효율성을 가져다 줄 수 있다. 그러나 현재 소규모 단체 및 기관 차원에서 진행되고 있는 구술기록의 수집에 있어서 내부 지침이나 매뉴얼 수준의 규정문은 존재하지만 공개적으로 구술기록 생산과 직간접적으로 관련한 주체들에게 제공할 수 있는 개방적인 정책의 마련은 이루지 않고 있다. 다시 말해 이러한 정책은 공개되어 타기관이나 이용자, 잠재적 구술자가 공유할 수 있어야 함에도 불구하고 기관 내부의 실무자에게만 제공되거나 공개되지 않는 업무 지침의 형태로 남아 있는 경우가 많아 외부인들이 쉽게 접근할 수 없는 성격을 지니고 있다. 이는 명확한 수집정책이 마련되어 있지 않은 실정에서 기관에서 수집하고 있는 기록물이나 이에 대한 관련 정보의 대부분은 법 조항이나 좀처럼 공개되지 않는 매뉴얼, 업무 관련 자료집 등에서 각각 따로 확인해야 한다는 것을 의미한다. 이와 같은 기관의 상황은 Marshall의 견해와 같이 대부분의 기관이 수집정책 및 지침이 내부적인 의사결정의 도구로만 이용될 뿐 기관의 잠재적인 기증자와 이용자를 위해서는 이용되고 있지 않다는 것을 반영한다.[11] 따라서 기관이 어떤 기록물을 수집하고 활용하는지에 대한 정보를 외부에 제공하는 데에는 다소 제한적이다. 수집정책은 법률 보다 탄력적이고 융통성있게 운용되어야 하며, 상세하게 작성되어야 하는 수집 업무 지침이나 매뉴얼 보다는 상대적으로 일반적이어야 한다. 또한 이는 외부로 되도록 많이 유포되어 소장기록물의 개발을 위하여 적극 활용되어야 한다.

수집과 활용 전반을 개괄하는 아카이브 정책에는 다양한 요소들이 고려될 수 있지만, 우선적으로 그간 기록학 영역에서 매뉴스크립트를 중심으로 논의된 효과적인 수집을 도울 수 있는 다양한 정책적 요소[12]를 살펴볼 필요가 있다. 구술기록과 매뉴스크립트가 입수하여 관리하고 있는 대상 기록물은 상이할 수 있지만 이들 논의에서 대상으로 설정하고 있는 다양한 기관과 구술 아카이브 사이에는 수집형 보존소라는 기관적 유사성으로 인해 수집정책에 대한 논의에 대하여 공유할 수 있는 부분이 상당 부분 존재한다고 볼 수 있기 때문이다. 여기에 이미 앞서 언급하였지만 구술기록이 갖는 한시성 및 유일성, 구술자와 면담자 간에 교감을 전제로 하여 공동작업으로 생산된다는 점, 기억을 통

---

11 Marshall, Jennifer A. "Toward Common Contents: An Analysis of Online College and University Collecting Policy", *American Archivist* 65 Fall-Winter, 2002, p. 242

12 기록학 영역에서는 그간 수집형 매뉴스크립트 보존소의 효율적인 컬렉션 개발을 위한 수집정책에 관한 논의가 활발하였는데 그 대표적인 연구로는 Faye Phillips(1984), Anne-Marie Schwirtlich와 Barbara Reed(2000), Gerald. Ham(1984), William J. Maher(1992), C. kitching과 Ivan hart(1995)의 연구가 있다. 이들 논의를 바탕으로 도출할 수 있는 수집정책 필수 요소로는 기관이나 수집 목적에 대한 사명문, 수집범위 (주제, 지리적, 시간적, 기능적 범위 및 기록물의 유형), 수집 우선순위 및 제한 사항, 유관 기관과의 협력 관계, 처분 정책 등이 있으며 선택적 요소로는 기록물 이용자 유형, 입수 정책, 개정 및 수정을 위한 평가 절차, 기관의 수집 책임자 및 부서에 대한 정보 등의 요소가 있다. 이에 대한 자세한 사항은 조용성, 「구술기록의 수집정책에 관한연구 – 과거사 진상규명 관련 위원회의 면담조사기록을 중심으로」, 한국외국어대학교 석사학위논문, 2009, pp. 30~37. 참조.

한 기록물의 생산, 공개와 활용에 있어서의 민감성 등 구술기록과 수집이 갖는 특수성 주목하여 기존의 기록물과는 다르게 세부적인 요소와 몇몇 특징적인 방법론을 도출할 수 있다. 다음에서는 이들을 사명 및 수집 목적의 명확화, 수집 제반에 대한 사항, 수집기록물 유지 및 활용에 대한 정의, 수집개발을 위한 지침으로 크게 범주화하여 보았다.

〈도표 III-2〉 구술기록의 수집정책 구성요소

수집정책 분야	매뉴스크립트 수집 정책 구성요소	구술기록 수집정책 요소
사명 및 수집 목적의 명확화	기관이나 수집목적에 대한 사명문	
수집 제반에 대한 사항	수집범위의 설정 수집 우선순위의 설정 입수 정책의 마련 유관기관과의 협력 체계 구축	
수집기록물 유지 및 활용에 대한 정의	처분 정책의 명시	공개 및 이용 조건의 세분화
수집개발을 위한 지침	수집정책 평가 체제의 체계화	라포 형성 방안 마련 수집교육 프로그램의 마련

위에서 제시한 구술기록 수집정책 요소는 실제 수집 실무 이전에 최초로 규정해야할 사항이자 아카이브 차원에서 수집과 활용을 효율적으로 작동하게 하기 위한 최소 요건이라고 할 수 있다. 이러한 요소들을 중심으로 구술 수집 전반에 대한 고려 사항을 덧붙이고자 한다.

(1) 기관의 사명 및 수집 목적 진술

사명문은 기록관리 조직 및 그것을 운영하는 기관의 역할에 대하여 개관한다. 즉, 조직의 업무는 목적의 성명서 또는 사명문에 규정되어 있어야 하며 역으로 사명에 따른 수집 활동은 그 기관의 역할을 이해하는데 도움이 되어야 한다.[13] Wilsted와 Nolten은 사명문은 이 기록관은 어떤 기관이며 무엇을 하는 기관인가를 설명하는 문서라고 정의하면서 이와 같은 사명문은 기록관의 한계를 정하고 모든 계획을 진행시킬 수 있는 기초를 마련한다고 하였다. 또한 보통 길이가 짧은 편으로 1문단을 넘지 않으며 활동의 모든 측면을 포괄하기 위해서 일반적일 수밖에 없다고 정의하고 있다. 또한 이런 사명문은 아래와 같은 질문에 대한 해답을 포함하고 있어야 한다.[14]

- 이 기록관은 왜 존재하는가?
- 어떤 집단, 활동, 그리고 경험을 도큐멘테이션 하는가?
- 어떤 기록을 수집하는가?
- 어떤 집단과 주제를 대상으로 하는가?
- 모기관은 어디인가?

즉, 사명문에는 조직이 어떤 비전을 갖고 기록을 수집하며, 이러한 기록물을 수집하고 관리하여 궁극적으로 기관이 달성하고자 하는 핵심 가치와 조직 내외의 목적, 신념에 대한 내용을 담고 있어야 한다. 이러한 사명 선언문은 조직의 사명이나 목적이 조직의 환경과 조화로운지의 여부의 평가, 직원의 동기부여, 목표달성 정도를 측정 하는데도 유용하게 활용될 수 있다.[15]

사명문 자체는 명확하고 간결해야 하며 기관의 규정, 목표와 과제를 설정

13 Faye Phillips, "Developing Collecting Policies for Manuscript Collections", *American Archivist* 47-1, 1984, p. 39.
14 Thomas Wilsted · William Nolten, 이소연 역, 『기록관 경영』, 진리탐구, 서울, 2004, pp. 59~62.
15 서혜란 역, 『기록관리의 전략계획』, 진리탐구, 서울, 2004, pp. 41~42.

하는 완전한 정책입안에 의하여 더 상세하게 뒷받침되어야 한다. 이 사명문은 운영주체나 최고 경영자 및 책임자 등에 의하여 결정 공표되어야 하며 아키비스트는 사명을 작성할 시에 자문에 참여해야 한다. 또한 그것이 내외부적인 환경에 맞게 적절한지에 대한 여부가 정기적으로 검토되어 실제 수집 및 관리, 활용 업무와 다르게 작동되는 위험요소를 사전에 막아야 한다. 또한 사명문을 단순히 기관이 수행하고 있는 업무에의 필요성에 국한하여 제한적으로 작성하는 것 보다 구술기록의 수집을 통한 기관의 사회적 역할 및 기여의 정도를 정책 내에서 상세하게 녹여내야 하는 것이 필요하다. 이는 잠재적 구술자에게 효과적으로 작용할 수 있다.

현재 우리나라에서 구술기록을 수집하고 있는 기관이 아카이브의 형태를 띠고 있는 곳이 거의 없으며 많은 기관이 프로젝트 성으로 운영되고 있는 경우를 감안 하였을 때 프로젝트의 존속기간, 수집 전반의 사항 등 프로그램의 제한적 상황을 사명문에 포함 시키는 것은 내부 업무자, 이용자, 잠재적 기증자 등 다양한 이해관계를 가지고 있는 사람들이 수집 기관의 상황을 잘 파악할 수 있도록 하는 차원에서도 필요한 사항이다. 사명문에 포함될 수 있는 범위나 내용은 각 기관의 성격이나 상황에 맞게 다양하게 설계될 수 있다.

(2) 수집 제반에 대한 정책

① 수집 범위의 설정

수집할 기록물에 대한 범위를 규정하고 세부적으로 우선순위를 설정하는 것은 수집정책의 핵심이라고 볼 수 있다. 이는 기관이 어떤 기록물에 관심이 있는지 잠재적 기증자에게 인지시켜주며, 이 기록물의 효과적인 수집을 위하여 어떠한 방식으로 접근할지에 대한 기관 내부의 자체 평가 수단을 제공하고 유관 기관과의 협력을 위한 기본적인 정보의 제공자 역할을 수행한다.

수집정책 상에서의 수집 범위는 주제, 출처, 기능 및 활동, 물리적 유형 등에 의하여 다양한 방식으로 정의 될 수 있다.[16] 하지만 구술기록의 경우 하나의 사건에 대한 집합적 기억을 모으고 이에 대한 총체적 재구성을 목적으로 하는데 주력한다면 각 사건의 주제별로 범위를 설정하는 것이 효율적이다. 또한 이러한 수집 범위는 기관에서 현존하는 문헌기록과의 연계성, 내부의 필요성 등을 면밀히 검토하여 주제 범위와 함께 도큐멘테이션 초점을 명확히 규정하는 차원에서 지리적 범주 및 시간적 범주로 하위분야를 설정하여 보다 세분화되어질 수 있다. 주제 영역은 다듬어서 좁은 범위로 한정하는 것이 일반적이며, 주제 관련 시기는 비교적 폭넓게 형성된다. 또한 이러한 내용은 수집물의 넓고 깊은 범위를 다루는데 초점을 맞추어야 한다.[17] 수집 범위가 넓어질 수록기관의 업무는 커지고 다른 기관의 수집 이해와 충돌할 가능성은 커지게 된다.[18] 이는 기관에서의 한정된 자원을 불필요한 곳에 써야 한다는 것을 의미한다. 따라서 기관의 사명에 맞는 적절한 수집 범위를 설정하고 이행하여 기관의 소중한 재원이 불필요하게 낭비되는 경우를 방지하여야 한다.

한편, 구술기록의 경우 범위를 어떻게 설정을 하고 면담에 임하느냐에 따라서 내용과 성격이 달라질 수 있다. 극단적인 예로 한국전쟁을 경험한 저명한 예술가를 구술자로 설정하고 인터뷰를 준비한다고 가정 하였을 때에 면담자가 구술자를 한국전쟁 당시 특정 사건에 대한 경험자로 한정하여 인터뷰를 진행 하

---

16 F. Gerald Ham, 강경무·김상민 역, 『아카이브와 매뉴스크립트의 선별과 평가』, 진리탐구, 서울, 2002, pp. 45~46.

17 Joseph R. Anderson, "Managing Change and Chance : Collecting Policies in Social History Archives", *American Archivist* 48, 1985, pp. 298~299; Faye Phillips, "Developing Collecting Policies for Manuscript Collections", *American Archivist* 47-1, 1984, pp. 36~37.

18 Anne-Marie Schwirtlich & Barbara Reed, "Chp.5 Managing the Acquisition Process", *Keeping Archives*, ASA, 2000, p. 140.

였을 경우 구술자가 우리나라 예술사에 기여한 사실은 전쟁경험 보다 차선으로 고려되어 면담이 진행 될 수 있다는 점이다. 이처럼 수집범위 및 면담 초점의 설정은 구술의 내용과 수집 목적을 바꿔 놓을 수 있을 정도로 중요한 사항이다.

여기에 더하여 특정 사실에 대한 증언 성격의 진술 청취만 이루어질 것인가, 아니면 구술자 생애 전반을 파악하고자 하는 생애사 채록도 같이 이루어질 것인가 하는 사항도 정책상에서 언급하는 것은 기관에서 수집하고 있는 구술기록 내용의 범위를 가늠할 수 있게 하는 척도가 될 수 있다. 만약 구술자로부터 단순 구술기록만이 아닌 관련된 다양한 자료들도 획득하고자 한다면 이 역시 수집 범위를 물리적으로 구분하여 정책문 속에 포함 시키는 것이 필요하다.

구술기록 수집에 있어서 이러한 범위 설정은 내부적으로 수집하고자 하는 범위의 기준을 명확히 하여 기관이 필요한 기록에 대한 이해를 높이고, 수집 활동 수준을 명확히 할 수 있으며 외부적으로는 불필요한 기록의 입수로부터 거절할 수 있는 기준을 제공할 수 있다. 또한 여기에는 기관이 그 동안 수집한 구술기록 소장물의 현황 및 장단점을 파악하여 간략하게 언급해 주는 것도 필요할 수 있다. 이는 이용자 및 잠재적 구술자에게는 기관 소장물의 범위를 구체적으로 파악하게 하는데 유효하며 유관기관에게는 그들의 수집정책 수립시 참고할 수 있어 이에 대한 조율 및 수집 경쟁을 피하는데 효율적으로 작용할 수 있다.

② 수집 우선순위의 설정

수집 우선순위의 설정은 기관의 사명에 부합하는 주제 및 기능 수행에 필요한 핵심 기록물의 가치를 선정하는 행위이다. 일반적으로 수집을 통제하는 우선순위는 기록물의 가치와 잠재적 이용자들의 요구 등에 기반하여 설정되어 평가과정의 한 부분으로 이해될 수 있으며[19] 앞서 언급한 수집 범위를 체계

----

19 Richard M. Kesner, "Archival Collection Development : Building a Successful Acquisitions Program", *A Modern*

화하고 구체화 시키는 과정이라고 볼 수 있다. 구술기록의 경우 여기에서 더 나아가 구술자의 연령 및 건강 상태 등이 연관되어 수집의 한시성이라는 측면을 고려해야 한다. 이는 수집대상기록 자체와 기록의 소장자가 모두 구술자 한 사람이라는 점에서 이해하여야 한다. 이는 구술기록이 다른 기록물의 수집과는 다른 특징 중 하나라고 볼 수 있다. 따라서 기존 보존소의 수집정책의 경우 일반적으로 기관의 컬렉션을 분석하고 이에 장단점을 파악하는가 하면, 이용자의 예상되는 요구에 적절하게 대응할 수 있는 기록물을 분석하여 이에 부족한 부분을 메워 가는 방향으로 진행되었다면, 구술기록의 수집의 경우 이와 함께 다양한 외부적 요소들을 함께 고려해야 한다.

- 기관의 사명이나 기능을 수행하는데 있어 관련 사건의 중요도
- 기관 소장물과의 연계성, 중요 주제와의 관련 여부
- 구술자의 연령 및 건강 상태, 최근 동향, 구술면담 진행 가능 여부
- 주제 관련 문헌의 존재 및 수량
- 구술자와 관련 주제와 관계의 밀접성(관련 주제에 대한 경험자, 목격자, 전언자 등, 다른 차원에서는 관련 주제에 대한 사회적 지위나 인지도)
- 연구 및 업무 등 그 수집과 활용의 시급성이 요구되는 정도
- 유관 기관의 관련 주제 및 초점과 유사한 구술기록의 수집 및 존재 여부

일반적으로 시기가 오래 지난 사건일수록 기록물의 보존률이나 잔존률이 현저히 떨어지고 이러한 점의 보완 차원에서 구술이 이루어지는 것이 보통이다. 따라서 이를 명확하게 구술해 줄 구술자의 연령 역시 고령임을 신중하고

Archives Reader; Basic Reading on Archival Theory and Practice, National Archives and Records Service U. S. General Services Administration Washington, D. C. 1984, pp. 117~118.

중요하게 고려해야 하며 성별, 건강정도, 발화능력 정도 등도 구술자 선정에 필요한 요소로 작용한다. 이러한 사항의 전반적인 검토 후에 기관 내부 차원에서 일정 협의를 거쳐 잠정적인 수집 우선순위를 정할 수가 있다. 이러한 수집 범위 및 우선순위의 설정은 기획단계에서 실제 구술자 수의 2배수를 선정하는 예비 면담자 선정의 기본 틀이 되며 이에 따라 촬영 방식이나 면담 시간도 조정하는 것도 고려될 수 있다.

③ 입수 정책

구술기록의 수집은 구술자의 경험과 기억을 기증 받는 과정이라고 보는 것이 일반적이며, 여기에는 추후 기관 차원에서 사례비를 제공하는 방식을 취하게 되는데 이러한 보상 규정을 정책상에 명확하게 제시하는 것은 필요하다.

또한 단순 구술기록뿐만 아니라 구술자가 소장하고 있는 다양한 소장물 역시 구술기록과 유기적인 컬렉션을 이루며 좋은 자료로서 가치를 지니고 있고, 다양하게 활용될 수 있다. 수집정책에는 이러한 소장물의 입수 방법까지 포괄적으로 제시하는 것이 필요하며, 입수 방법의 일반적인 형태는 구입, 기증, 기탁 등의 방법이 있다.

기증은 소장물과 함께 모든 법적 권리를 수집기관에 넘겨주는 형태이다. 이는 기록 보존소가 소장물을 늘리는데 가장 일반적으로 쓰이는 방법이며, 기관의 불필요한 지출을 막는데 효율적이다. 구술기록의 경우 법적인 권리가 보존소 차원으로 모두 넘어 왔다 하더라도 윤리적인 측면에서 기록의 활용시 구술자와의 지속적인 라포 형성 속에 이를 항시 협의하는 것도 필요하다.

기탁은 소유권은 원 소장자가 가지고 있고, 관리의 측면을 기관에 위임하는 방법으로 위탁 보존의 개념과 혼용하여 쓰인다. 구술기록의 경우 이러한 기탁의 형태는 쓰이지 않고 구술자로부터 발생한 다양한 자료를 수집하는 데 쓰일 수 있다. 이때에는 기탁 기간을 명확하게 명시해야 하며 그 기간에는 기탁자가 임의로 기록물을 회수할 수 없게 하는 사항을 법적으로 분명히 하여 기증자의 변덕으로 부터 기관을 보호할 수 있어야 한다. 또한 기간 중 기록물의 활용을 위하여 공개 범위 설정을 명확하게 하여 기록물 관리의 궁극적인 목표인 활용에 차질이 없도록 해야 한다.

구입의 방법은 수집의 일반적인 방법은 아니다. 이는 기관의 예산과 밀접하게 관련이 있기 때문으로 위와 같은 방법으로 수집물을 획득할 수 없을 시에 대안으로 활용된다. 구입을 통한 입수시에는 기관 운영진 차원에서의 협의를 통하여 가격 형성이 이루어져야 하며, 자료의 진본성 문제, 추후 활용을 위한 저작권까지의 양도 문제, 구매하기로 한 기록이 어떠한 조건하에 놓여 있다면 이에 대한 각종 약정서의 작성 등을 면밀히 고려해야 한다.

이러한 소장물의 수집시에는 생산한 구술기록과의 유기적 연관성의 여부, 기관 내부의 관련 소장물과의 연계성, 역사적·문화적·사회적 가치 등을 고려한 영구적 보존 가치의 함유 여부, 기관의 소장 능력의 고려, 추후 활용 여부 등을 면밀히 검토하여 소장물이 기증자나 기증 받는 기관 등 기록이 어느 곳에 있을 때 더 가치를 가질 것인지에 대한 경제적, 윤리적 가치 판단에 대한 부분도 필요하다. 이러한 수집 유형에 따른 경제적 보상에 관한 정책도 기관 차원에서 마련하는 것도 고려해 봄직 하다.

여기에 최근 한국학중앙연구원에서 진행하고 있는 '현대한국구술자료관사업'의 자료화 지원은 국내외 크고 작은 단체에서 연구의 목적으로 생산된 다양한 구술기록을 내부 심사 기준을 중심으로 평가하고, 협약을 통해 구술기록 자료화에 예산을 지원한다는 점에서 의미가 있다. 이 사업은 원본 자료와 활용권을 넘겨받아 운영한다는 점에서 기탁과 구입의 혼합된 형태를 취하고 있다. 이는 사장되어 있었던 구술기록의 발굴, 그리고 통합적인 관리와 활용이

라는 측면에서 의미가 있으며, 입수 정책의 또 다른 양상을 보여주는 예라고 할 수 있다.[20]

④ 유관기관과의 협력 체제 구축

수집기관이 유사 주제 범위를 가지고 수집을 진행하는 유관기관과의 지속적인 교류가 이루어져야 하는 가장 큰 이유는 수집 경쟁을 막아 중복 수집을 피하고, 수집 수행시 발생할 수 있는 다양한 문제점들에 대하여 함께 고민하여 긴밀한 협조 속에서 해결책을 마련하는데 있다. 현실적으로 각 기관은 합법적으로 경쟁의 여지가 있지만 기록학적 관점에서 수집 활동은 경쟁적이기보다는 상호 보완적 개념이 절대적으로 필요하다. 따라서 수집정책에도 이러한 사항을 명시하여 서로 유사한 수집 범위를 가지고 있는 기관들끼리 협력을 도모하여야 한다.

일반적인 기록물의 수집시에는 컬렉션의 유기성을 구성하기 위한 타 기관으로부터의 복본 입수에 대한 정책, 희귀 기록에 대한 수집 경쟁을 줄이기 위한 협력 체제의 구축이라는 개념이 작용한다. 그러나 구술기록의 수집은 곧 생산이라는 특징이 작용한다는 점을 감안 하였을 때 이러한 생산을 협력 방안을 통하여 어떻게 효율적이게 진행 할 수 있는가에 대한 고민이 우선시 되어야 한다. 이러한 점에 선행되어야 할 점은 목록 공개이다. 공개 제한 정책으로 인하여 구술자의 이름까지 세세하게 공개할 수 없다면 소장 구술 면담에 대한 대략적인 맥락 정보 등을 공개하여 어떤 구술기록을 어느 정도 선에서 수집하였는지에 대한 최소한의 정보의 제공은 필요한 부분이다. 이를 바탕으로 타 기관은 우리 기관과의 협력 방안에 대한 계획이나 혹은 자체 수집 계획을 효

---

20 이에 대한 자세한 사항은 김원 · 김선정 · 윤충로, 「한국학중앙연구원 구술자료 현황과 현대한국구술 아카이브 구축 전망」, 제1회 전국기록인대회 발표자료집, 2009. 참조.

율적으로 수립할 수 있다. 또한 구술자가 허락하는 선에서 관련된 잠재적 구술자에 대한 리드(lead)의 개발을 효과적으로 진행 할 수 있다.

또한 구술기록의 수집의 경우 장비 및 면담 전문가가 필요하다고 보았을 때 다른 기관의 우수한 장비나 인터뷰 전문가 등 물리적인 협조를 받아 수집을 진행 할 수 있다. 또한 보존 시설이 잘 갖추어져 있는 지역적 접근성이 있는 기관에 위탁 보존의 방법을 모색하는 것 역시 상호 협력의 한 방법이라고 볼 수 있다.

직접적인 협력 체제 구축 이외에도 유관기관과의 정기적인 교류 및 네트워크 구축, 수집에 있어서의 정책적 공유 등의 방법을 통하여 협력을 도모할 수 있다. 유사기관의 수집범위나 유형은 우리기관에 유용한 정보가 될 수 있으며 유관기관이 왜 그 기록의 수집을 중단하였는지 등의 정보는 후에 비슷한 주제와 관련하여 수집 전략을 세우는 데에도 큰 도움으로 작용할 수 있다. 또한 정보의 이용자적 측면에서도 유관기관에 대한 소개를 쉽게 접할 수 있어 자료의 소재를 용이하게 파악할 수 있다는 장점이 있다.

유관 분야의 허브 구축이라는 측면에서 관련 기관과의 관계 및 협력 관계를 명확히 해 놓는 것은 통합적 구술 아카이브의 설립을 위한 첫 걸음이 될 수 있으며, 이 밖에 학술적 연계나 전시 프로그램의 협력적 운용은 아카이브의 사명을 외부에 알려 수집 개발을 꾀하는데 기여할 수 있다.

(3) 수집물 유지 및 활용에 대한 정의

① 공개 및 이용조건의 세분화

구술기록은 내용상 민감한 사항이 많이 존재하기 때문에 구술자는 이러한 상황에 민감하게 반응하여 자칫 중요 사안에 대한 구술 거부의 의사를 드러낼 수 있다. 구술채록 가능의 여부와 활용에 대한 부분은 전적으로 구술자에게 달려있고, 구술자에 의하여 결정된다는 점을 면담자는 구술자에게 명확히 하여야 하며, 이러한 사항은 정책문에 반영함으로써 구술자로 하여금 신뢰감을 갖게 할 수 있다. 또한 구술자의 의도를 충분히 반영하여 기록이 적절하게 활용되도록 정책적으로 유도 하여야 한다.

미국 구술사 협회에서 제시하고 있는 구술사 수행 원칙과 기준에는 구술사 수행 주체가 구술자에게 이행해야할 책임에 대하여 언급하고 있는데 이중 공개 및 활용과 관련한 사항을 살펴보면 다음과 같다.[21]

- 일반적인 구술사에 대한 목적과 절차, 구술자가 참여한 특정 구술 프로젝트의 예상된 활용과 목표 등은 구술자에게 고지되어져야 한다.
- 구술기록이 전자적 형태로 변환 될 가능성을 포함하여 기록의 모든 형태에 대한 편집, 접근 제한, 저작권, 이용 우선권, 저작 사용료, 예상되는 처분 및 활용 등 구술사 프로세스 내의 모든 상호권리에 대한 사항이 구술자에게 통지되어져야 한다.
- 면담자는 법률적 증서에 의하여 구술기록이 승인되도록 구술자에게 통지 하여야 하며, 구술자가 활용을 위한 승인을 할 때 까지 구술기록은 비밀로 유지 되어야 한다.
- 구술 인터뷰는 구술자의 사전 동의에 부합하여 생산되어져야 하며 이러한 동의 사항은 기록으로 문서화 되어야 한다.
- 면담자는 구술자의 관점과 프로젝트의 목표 사이의 균형을 유지하여

----

21 미국 구술사 협회의 구술사 관련 윤리의 원칙과 기준에 대한 전문은 아래의 사이트 참조.http://www.oralhistory. org/network/mw/index.php/Evaluation_Guide#Principles_and_Standards_%20of_the_Oral_History_Association 검색일자 [2011.02.05]

면담을 수행하여야 하며, 사회적·문화적 경험들의 다양성과 인종, 성, 계급, 민족성, 나이, 종교, 그리고 성적 성향 등의 영향에 민감하게 반응하여야 한다. 또한 면담자는 구술자들이 그들의 관심을 반영하는 이슈들을 그들의 스타일과 언어로 다루도록 장려하여야 한다.

• 면담자는 구술자의 의도와 다르게 활용될 수 있는 가능성으로 부터 구술자를 보호하여야 하며 그들의 면담이 활용될 수 있는 각종 방식들에 민감하게 반응하여야 한다. 면담자는 특정 주제에 대한 구술을 꺼려하는 구술자의 권리를 존중하여야 한다. 또한 구술에 대한 일체의 접근을 제한하거나, 익명으로의 공개하는 방법을 선택하더라도 구술자의 권리를 존중하여야 한다. 면담자는 이러한 모든 선택사항을 모든 구술자들에게 명확히 설명하여야 한다.

• 새로운 기술의 급속한 발전을 고려하여 면담자는 구술자에게 구술 면담의 다양한 잠재적 활용 범위에 대하여 고지하여야 한다.

이렇듯 구술기록에 대한 모든 권리는 일차적으로 구술자 본인에게 있으며 원칙적으로 구술자의 동의 없이는 구술자로부터 발생한 어떠한 기록도 활용될 수 없다. 또한 면담자는 이러한 사항을 윤리적으로 구술자에게 충분히 이해할 수 있도록 설명하여 구술자의 의도와는 다르게 활용되는 상황을 미연에 방지하고, 구술자의 의견을 적극 반영하여 이용 조건을 마련하는 것이 필요하다. 또한 현실적으로 공개시 사회적으로 민감한 문제를 일으킬 수 있는 사안에 대하여 면담자 상대적으로 구술자보다 많은 지식을 갖고 있는 경우, 구술자에게 공개 되었을 때에 발생할 수 있는 문제점에 대하여 지속적으로 고지를 한 뒤 구술자가 이에 동의하였을 때에만 공개를 결정을 하여야 한다.

구술기록의 수집의 경우 일반적으로 면담 전에는 면담의 주체, 취지 등을 밝히고 구술동의를 받으며, 면담 후에는 이렇게 채록된 구술기록에 대한 활용 및 공개 동의를 구하고 공신력 있는 증서 형태의 서류를 작성하게 된다. 공개 부분에 있어서는 전체 공개, 특정 내용이 포함된 구술 부분만을 제외한 부분공개, 비공개 등의 설정이 현실적이다. 부분공개의 경우 특정 사실에 대한 구술이나, 관계된 인물의 실명, 지역 등 사생활이나 명예 훼손과 관련된 사항 등을 부분적으로 제한하여 공개하는 것이 일반적이다. 이 때 면담자는 구술자의 동의를 얻어 사실에 대한 맥락을 최대한 살리고 구술자의 입장을 고려하는 선에서 부분 공개에 대한 구술자의 의견을 반영하는 방법이 있을 수 있다. 또한 일정 시간 동안만 공개하지 않는 것을 원칙으로 하는 조건부 공개 동의를 받을 수도 있다. 여기에는 특정 기간을 구술자가 직접 설정하거나, 구술자 사후의 공개방식이 고려 될 수 있다. 이러한 점은 구술기록이 구술자의 기억으로부터 나온다는 특징이 강하게 작용한다. 특정 내용만을 제외 한 부분 공개의 경우 내용의 범위를 명확하게 설정하여 구술자에게 재차 확인을 받는 작업이 필요하며, 사후 공개의 경우 구술의 내용이 구술자 본인 뿐 만 아니라 구술자와 관련된 사람에게 미치는 영향력을 고려하여 구술자 사후에도 대리인을 통한 공개 권리의 승계 여부도 고려하여야 한다. 또한 가공을 통하여 출판물이나 영상물 등으로 활용될 경우 이 역시 구술자의 2차 동의가 전제된 가운데 수행되어 추후 발생할 수 있는 법적, 윤리적 책임으로부터 기관 및 구술자를 보호 하여야 한다.

　　수집정책은 수집물 개발을 효과적으로 하기 위한 정책적 방향을 제시하는 데 있지만 활용정책의 일환으로 기관 자체에서 별도로 이용자를 설정하여 활용을 제한하는 방법이 있다. Phillips는 이러한 컬렉션을 제공 받는 이용자 유형을 크게 관련 분야의 전문가 및 학자들, 학생, 일반대중으로 구분하여 필요하다면 기관 차원에서의 이용에 관한 인증이 필요하다고 제시하고 있다.[22]

22 Faye Phillips, "Developing Collecting Policies for Manuscript Collections", *American Archivist* 47-1, 1984, pp.

또한 구술기록은 영상 매체로 제공될 수 있는 그 특성상 웹 상에서의 서비스가 점차 보편화되고 있다는 점을 감안하여야 한다. 이 때 이용자의 관련 분야의 전문성 여부 확인, 활용 시 법률적 효력이 있는 '구술기록이용윤리준수동의서(가제)'의 작성, 구술기록을 활용하여 생산된 가공물 등의 납본 의무, 구술기록을 통한 가공물의 평가 등 기관 내부에서 자체적 이용자 인증 조항 등을 마련할 수 있다. 공개가 민감한 사항의 경우 특별 회원 공개 등의 방법을 웹 상에 적용 시켜 활용을 도모 할 수 있는 방법도 모색해 봄직하다. 물론 이와 같은 시도에도 구술자의 공개 동의는 모든 절차에 앞서 선행되어야 한다.

이처럼 공개 및 활용에 대한 사항을 구술자가 판단하고 면담자의 조언을 통하여 직접 설정할 수 있게 함으로써 면담 전 구술 거부 및 면담 후 공개 및 활용 동의에 대한 구술자의 민감한 부분을 어느 정도 해소 할 수 있는 방안을 마련 할 수 있다. 그러나 무엇보다도 가장 중요하고 선행되어야 할 점은 구술자 자신이 자신을 역사의 주체로 인식하고 스스로 이러한 작업에 적극성을 보이도록 인식의 전환을 꾀하게끔 유도하는 것이며 이는 진정성을 갖춘 면담자의 몫일 것이다.

② 처분 정책

기록학 영역의 처분 행위는 일반적으로 기관의 사명에 부합하지 않아서 더 이상 보존의 필요성을 느끼지 못하는 경우나 부득이 하게 수집된 기록물 중에서 기관에서 원하지 않는 자료를 어떻게 처리해야 하는지에 대한 규정이다. 이러한 처분 행위에는 많은 위험성이 존재하고, 그 기준에 대한 다양한 쟁점이 있지만, 처분 행위는 결국 폐기를 위한 처분이 아닌, 보다 가치 있는 기록을 효율적으로 보존하기 위한 방법의 하나로 이해 할 수 있다. 이는 한정된 자

40~41.

원 속에서 기록 관리를 진행하여야 하는 현실적인 문제와도 직결된다. 여기에는 처분의 목적, 기준, 방법 등에 대한 내용이 포함될 수 있다.

구술기록 수집 기관에서 구술기록은 일반적으로 영구보존 되어야 할 기록으로 간주된다. 이처럼 구술기록의 폐기가 이루어 지지 않고 있는 몇몇 이유는 우선 구술기록의 수집이 적기를 놓친 경우가 많아서 선 수집 후 관리에 대한 인식이 강하게 작용하기 때문이다. 대한민국 근현대사를 겪었던 구술자들이 대부분 고령자임을 감안한다면 우선 활발한 수집이 선행된 후에 추후 적절한 절차를 거쳐 평가를 진행하자는 인식이 지배적이다. 다음으로는 구술기록만의 관리를 위한 통합적 핵심 아카이브가 부재한 상황 속에서 처분에 대한 전반적인 기준이 모호하기 때문이며, 상대적으로 다른 기록물보다 보존시설 및 수용능력에 대한 보존량이 포화 상태에 다다르지 않았다는 점도 그 이유 중에 하나이다. 마지막으로 구술기록의 가치평가에 대한 인식 때문이다. 구술기록의 평가에 있어서 규정된 절차를 적절히 이행하여 기관의 사명에 맞는 구술을 생산하였는가 하는 프로세스 절차 수행의 적절성에 대한 평가나 그 결과 생산된 구술의 질에 관한 사항, 또한 그것을 담고 있는 물리적 매체의 상태 평가는 가능하다. 하지만 누구의 기억이 더 우월한가 하는 구술내용의 가치 평가는 그 판단기준을 책정하기에 모호하며, 개개의 구술자를 역사쓰기의 주체로 보고자 하는 구술사의 본래의 목적을 감안하였을 때 이러한 논의는 그 방향성마저 잃어버리게 된다. 결국 이러한 이유들로 인하여 우리나라 구술기록의 가치 평가문제는 현재 잠시 유보된 것처럼 보여 지며, 이는 후대의 평가에 부칠 문제로 이해되는 것이 대부분이다.

이렇듯 일반적으로 구술기록의 경우 폐기는 거의 이루어지지 않고 있으나 중소규모의 프로젝트성 수집의 경우 적은 확률이지만 일정 사업이 끝나는 경우나 혹은 예산, 업무의 과중 등의 이유로 적절하게 활용되지 못하고 기관에 그냥 방치되어 있는 경우가 발생할 수 있다. 적은 확률로 발생하는 경우이기는 하지만 기관은 예상치 못한 상황에 대비하여 이러한 처분 사항에 대한 규정을 성문화 하여야 한다.

이러한 처분 방식에는 폐기, 기증자에게 반환, 유관 기관에의 양도, 매각 등의 방법이 있다. 기록이 매각, 양도, 폐기, 반환되기 전에는 원래의 기증 조건을 면밀히 심사하여 합법적으로 이루어져야 하며, 기증자의 동의를 반드시 얻어야 한다. 더 나은 보존 환경이 제공되거나 활용이 활발하게 이루어지고 있는 유관기관으로의 양도 등의 방법을 통하여 처분하는 방법도 고려해 봄 직하다. 이러한 자료는 녹취록의 작성, 매체 변환, 다양한 콘텐츠로의 활용 등을 통하여 그 가치를 극대화 시킬 수 있다. 또한 구술기록의 수집과 함께 수집된 구술자의 기증품 역시 구술의 결과로 생산된 1차 구술기록이라고 보았을 때 이런 역사적 박물 등은 그 유기적 연관성이나 활용의 효율성 등을 고려하였을 때 기존의 기관이 이를 처리할 능력을 상실하였거나, 혹은 이러한 기록이 보존되었을 때 더 좋은 효과를 볼 수 있다고 판단되었을 때에는 더 나은 환경으로 이전할 수 있는 정책적 틀을 마련하여 그 가능성을 열어두는 것도 필요하다.

자칫 중요 기록을 영구적으로 잃을 수 있는 기관의 입장에서는 처분절차에 있어서 전문성과 합법성을 보장하기 위하여 위원회나 기관장 등의 승인을 얻어서 신중하게 수행하여야 한다. 기관 차원에서 처분 정책이 확정 되었다면 보다 더 좋은 환경으로의 이전을 꾀하기 위하여 일정 기간을 정하여 이관 받을 기관의 상황을 공개적으로 평가하는 작업도 필요할 것이다. 또한 시리즈 수준으로 다른 곳으로 양도 되었을 때에는 이관 받은 곳과 시행 한 곳 모두 이러한 처분 경과 상황을 명시하여 잠재적 이용자를 배려하고 활용에 불편이 없도록 해야 한다.

(4) 수집 개발을 위한 지침

① 수집 교육 프로그램

구술기록은 면담자와 구술자의 상호관계 속에서 진행되는 작업이기 때문에 면담자의 준비 상태나 진정성 등에 의하여 구술의 질이 달라질 수 있다. 따라서 일반 기록물의 수집과는 다르게 수집 개발을 위한 요건에는 기존의 기록관과는 다소 차이점을 보일 수 있다. 가장 큰 차이점은 면담자의 자질 및 라포 형성에 관한 사항으로 이는 구술기록의 본질적인 특징으로부터 비롯된다.

구술기록의 수집의 경우 일반적인 기록물의 수집과는 달리 채록 전문가가 필요하며, 특정 구술 채록 분야의 학문적 전문 지식을 갖추고 있는 것은 물론 구술사 방법론을 잘 이해하고 있는 면담자가 요구된다. 구술기록의 경우 생산자 및 출처는 원칙적으로는 구술자이지만 생산 단계 이후에 구술자가 생산된 기록을 직접 관리하지 않는다고 보았을 때 생산 기록의 일차적인 정리 차원에서 구술기록에 대한 이해가 가장 높은 사람은 면담자이다. 또한 구술기록은 기본적으로 파일이나 영상 혹은 음성 등 전자적 형태를 담아낼 수 있는 매체로 생산되기 때문에 그 내용이나 맥락을 일차적으로 물리적 형태만을 보고 파악하기 어렵다. 그렇기 때문에 면담 직후에 해야 하는 정리 단계에서는 이를 가장 잘 이해하고 있는 면담자가 수행하는 것이 가장 효율적이고 합리적인 방법이다. 따라서 이러한 면담과정에서 생산되는 다양한 서식 및 이후 생산될 녹취문, 요약문, 상세목록 등의 작성, 또한 공개 및 활용을 위한 각종 공식 서류 등 관련 서류 작성에서부터 구체적인 기술(description)에 대한 사항, 보존 및 관리에 대한 전반적인 사항에 이르기까지, 일반적인 수집 실무자보다 다양한 교육 프로그램을 숙지한 자질을 갖춘 면담자가 요구된다. 이에 생산된 구술기록을 일차적으로 정리해야 할 때에 필요한 기록학적 기본 지식이나 절차를 자체 생산 매뉴얼이나 정기적인 교육을 통하여 실시하는 것이 필요하다. 이러한 교육 프로그램에는 구술사에 대한 이론적 · 방법론적 이해, 구술 채록에 대한 전략과 기술, 수집된 구술기록의 기록학적 관점에서의 관리 방법 실무 등이 포함될 수 있다. 또한 생산과 활용에 민감한 구술기록을 다루는데 갖추어야 할 윤리적 소양을 배양할 수 있게 하는 프로그램을 지속적으로 운영하는 것도 필요하다. 또한 이러한 교육과정을 일반인들과 공유하여 개개인을 역사쓰기의 주체로 인식하게 하는 방안을 마련하는 것은 기관이 갖고 있는 사명 중 사회적 기능을 수행하는데 유용하며, 구술사 방법론과 관련 아카이브에 대한 사회적 공감대를 형성하고 그 이해의 폭을 넓히는데 기여할 수 있다.

② 라포 형성 방안 마련

구술기록 생산시 가장 중요하게 고려되어야 하는 점은 구술자가 편안한 가운데에서 자신의 경험 및 기억을 발화하게 만드는 면담자의 역할이다. 이는 구술기록의 생산은 면담자와 구술자간의 상호과정을 통하여 생산된다는 점에 기인한다. 이렇듯 면담자는 구술자로 하여금 편안함을 느낄 수 있고 신뢰감을 줄 수 있는 라포를 형성하여 양질의 구술기록을 생산하도록 유도하여야 한다. 이는 구술기록의 수집이 일반적인 기록물의 수집과정과 갖는 가장 큰 특징 중에 하나이다. 그러나 대부분의 구술 채록에서 보여 지듯이 이러한 라포의 형성은 면담이 본격적으로 수행되기 며칠 전에 형성하고자 노력하는 것이 대부분이다. 이는 구술자의 범위가 불특정 다수인 경우가 대부분이고, 모든 사람이 잠재적 구술자가 될 수 있다는 점에서 이해하여야 한다.

문화인류학이나 사회학영역의 구술기록의 수집에 있어서 라포의 형성은 일반적으로 조사 지역에 연구자가 직접 들어가 지역민들과 직접 호흡하고, 참여관찰을 진행하면서 자연스럽게 형성하는 것이 일반적이다. 하지만 일반적으로 구술기록의 수집에서는 일정 기간 동안에 짜여진 기획 의도에 의하여 수집하는 경우가 많기 때문에 이러한 방법을 활용하는 것은 쉽지 않다. 그렇기 때문에 이러한 제한된 상황 속에서 구술자와의 신뢰감을 형성하는 방법은 주로 면담전 사전 접촉을 통하여 구술 채록에 대한 목적을 구술자에게 이해시키는 것으로 대체되고 있는 것이 현실이다.

기관 차원에서 이러한 라포 형성이 갖는 난점의 해답은 기관의 다양한 홍보 전략을 통하여 기관의 사명을 알리는 것에서 부터 찾을 수 있다. 사회적인 공감대 형성과 각종 협력 체제의 구축을 위하여 다양한 전시 활동과 출판, 뉴스레터 및 소식지의 발간, 관련 단체와의 간담회, 다양한 학술 행사를 통한 정기적인 학문적 공유 등 일련의 활동은 라포 형성에 십분 기여 할 수 있다. 이는 라포의 형성이 꼭 직접적 구술자를 대상으로 하지 않는다 하더라도 기관의 수집 취지를 사회적으로 명확하게 이해시켜 대중적 관심을 불러일으키는 방법으로 또는 잠재적 구술자와 친밀감을 갖고 있는 관계인을 통하여서도 축적되어 형성될 수 있기 때문이다.

이러한 집단적 라포 형성의 장점은 기관의 활동에 대하여 경계하는 사람들에게 매우 효과적인 방법이 될 수 있다는 점이다. 또한 다양한 행사와 홍보활동은 구술자와 직접 접촉하여 기관의 사명과 수집할 구술기록의 범위 등을 널리 알릴 수 있으며, 잠재적 구술자의 리드를 개발하고 각종 정보를 확보할 수 있다.

라포의 형성은 지속적으로 이루어져야 더욱 효과를 발휘할 수 있다. 구술 면담 후 구술자에게 기관에서 발행하는 소식지나 뉴스레터 등의 송부, 각종 행사에의 초대 등을 통하여 기증된 구술기록이 어떻게 활용되고 있으며 역사적으로 어떠한 가치가 있음을 지속적으로 보여 주고, 관심을 갖는 행위는 구술자에로 하여금 기관의 활동에 대하여 신뢰하고 라포를 지속적으로 형성할 수 있게 하는데 효율적이다. 또한 이러한 지속적인 관심은 잠재적 구술자를 소개 받는데 유용할 수 있다.

지금까지 언급한 전시 프로그램 및 출판물 간행, 또한 사회 교육 프로그램, 강의, 워크숍, 아웃리치(outreach) 프로그램 등 일련의 수집에 의하여 지원되고 홍보의 수단으로 활용되는 프로그램들은 타 기관의 프로그램과 중복 될 수 있는 소지가 있기 때문에 수집정책에 명시 되어야 한다.[23]

③ 수집정책의 평가 체제 구축

구술기록의 수집에 있어서 수집 및 수집정책 평가 체제의 구조화는 수집 업무를 통제하는 기능을 수행한다. 기관은 기관의 목적과 정책 간의 불균형을 초기에 탐지할 수 있는 평가 및 검토 절차를 가동시켜야 하며 이러한 정책과 절차는 수집의 사명이 적절히 충족되고 있는지 직원, 경영진 및 후원자 등에 의하여 지속적으로 평가되어야 한다.[24] 이는 기관 내외부에서 발생하는 다양한 변화 양상에 탄력적으로 반응하여 수집 기관과 관련된 많은 이해 당사자들의 요구를 반영하는 수단으로 작용한다. 이러한 평가 행위는 기관의 사명 및 목적, 앞으로 수행하여야 할 업무의 재설정과 기존 정책에 대한 반성하는 작업이 수반된다. 이러한 정책의 평가 과정에서 아래와 같은 모든 요소가 일반적으로 적용될 수는 없겠지만 Kesner는 다음과 같은 사항이 고려되어야 한다고 제시하고 있다.[25]

- 획득된 컬렉션들은 수집 주제 및 초점을 정확히 반영하고 있는가?
- 수집 초점은 이용 지지자들을 위하여 중요 도큐멘테이션을 포괄하는가?

---

23 Faye Phillips, "Developing Collecting Policies for Manuscript Collections", *American Archivist* 47-1, 1984, p. 40.

24 Faye Phillips, "Developing Collecting Policies for Manuscript Collections", *American Archivist* 47-1, 1984, p. 42.

25 Richard M. Kesner, "Archival Collection Development : Building a Successful Acquisitions Program", *A Modern Archives Reader; Basic Reading on Archival Theory and Practice*, National Archives and Records Service U. S. General Services Administration Washington, D. C. 1984, p. 123.

- 아카이브는 불필요하게 다른 기관의 수고를 되풀이 하고 있지 않은가?
- 수집 활동들이 보존소 수용 능력과 균형을 이루며 유지되어지고 있는가?
- 아카이브 업무자들은 아카이브 프로그램을 기증자에게 정직하게 설명하고, 보유물에 대한 아카이브의 권리를 적절하게 문서화 해 오고 있는가?
- 이러한 수집개발 활동은 연구 등에의 이용을 위하여 공개로 이어지고 있는가?

Maher는 이러한 평가 체제가 기관 보유물의 범위 정도나 기관의 성장 수준에 따라 보통 5~10년 정도 수준에서 업데이트 되어져야 한다고 제시 하고 있다. 하지만 이전보다 상대적으로 더 빨라진 시대적 요구와 기록 관리의 풍토를 신속히 반영하여야 하는 점, 구술기록의 경우 수집활동 기간의 유동성 등을 고려하였을 때 프로젝트성 수집이 끝나는 수준에서 평가 및 개선점을 모색하는 시간을 갖는 것이 타당할 것으로 보여진다.

구술기록의 평가 과정에서는 아래의 〈그림 Ⅲ-1〉과 같이 기관의 고위층으로 구성된 위원회, 수집 담당 실무자 및 아키비스트 등으로 구성된 실무진, 구술 전문가와 관련 연구단체의 전문가 등으로 구성된 자문위원단과의 실무적 논의와 방법론적 적절성을 중심으로 진행되어야 하며, 정기적인 운영 기간이 제시되어져야 한다. 운영진 급으로 구성된 기관의 위원회는 결정된 정책에 대한 공신력과 효력을 담보할 수 있으며 아키비스트와 수집 실무자는 기록관의 수집 실태 및 현황, 그리고 수집 활동시 발생하였던 다양한 쟁점들에 대한 실무적 경험을 제공하는 한편, 관련전문가들로 구성된 자문단은 여기에 이론적, 방법론적 구조를 더하고, 유관 기관과의 협력을 도모할 수 있는 조언자적 역할을 수행한다. 여기에서는 수집 시 발생했던 문제점을 파악하고, 기관의 수집 업무 진행 상황 등을 점검하여 어느 수준에서의 수집 개발이 더 필요하고 불필요 한지에 대한 실무적 상황을 정책에 반영하는 것이 필요하다. 이를 바탕으로 우선순위 및 수집 범위의 재확정, 타 기관과의 협력의 수준 등 수집 제반에 걸친 다양한 문제점 들이 논의되고 반영되어야 한다.

〈그림 Ⅲ-1〉 구술기록 수집정책 평가 구조도

기관 위원회
정책의 재확정 및
공신력의 부여

수집 범위 및 우선순위 재확정
수집 수행 시 문제점 개선 방향 모색
타 기관과의 협력 및 홍보 방향 모색
구술기록 수집의 방법론적 타당성 검토

Archivist / 수집실무자
수집업무 현황 및
수집 수행시 쟁점 파악

자문단
(구술전문가+민간연구단체)
방법론 및
이론적 접근

한편 수집정책에는 기관의 책임자나 수집 실무 담당자와 쉽게 접촉할 수 있는 정보 역시 명시되어야 한다. 기관의 수집 담당자나 기록관 아키비스트의 정보를 친절하게 명시하는 것은 이용자들에게 기록 활용을 위한 접근성을 용이하게 할 수 있으며 잠재적 기증자들에게는 그들이 소장하고 있는 가치 있는 기록물의 기증을 위하여 어떻게 접근해야 하는지에 대한 유용한 정보가 될 수 있다. 따라서 이러한 기관의 기본적인 정보는 이용자와 잠재적 기증자로 나누어서 명시해야 하며, 현실적으로 세부적으로 모든 담당자와 직접적 접촉이 불가능하다고 보았을 때 개정된 사항이 수시로 반영된 대표번호와 담당자의 이름을 제시하는 것이 일반적이다.

4. 나오며

구술기록이 갖는 기억의 부정확성, 진술의 주관성, 개인적 경험의 대표성 함유 여부에 대한 논쟁 등은 구술사의 등장 이래 꾸준히 문제제기가 된 부분이다. 하지만 구술사 방법론이 안고 있는 이러한 쟁점들은 점차 구술기록이 갖고 있는 가치에 주목하면서, 또한 역사와 사회를 보다 총체적으로 이해하고자 하는 노력이 결실을 맺으면서 상당 부분 해소되어 발전하고 있다. 특히 기록의 절대적 부족으로 근현대 시기 역사의 총체적 재구성에 어려움을 겪고 있는 우리나라의 경우 그 특수한 상황으로 인하여 이러한 구술기록의 수집은 기록의 발굴, 새로운 역사 쓰기, 기록 이면의 다양한 맥락의 보존이라는 차원에서 더욱 활발해 지고 있으며 그 증거적 가치까지 인정받는 단계에 와 있다. 이러한 관심의 증대 속에서 구술기록을 둘러싼 다양한 연구와 고민들은 현재도 계속되고 있으며 그 분야는 이제 체계적인 관리 방법론에 까지 이르고 있다. 기록의 체계적 관리와 이를 실현하는 아카이브는 구술기록의 다양한 가치를 안전하고 적확한 방법으로 우리 곁에 머무르게 하는 것을 가능하게 하였다. 또한 그 가치를 후대에 전승하여 당대의 사회상을 이해하는데 필요한 근거를 제시하는 역할을 수행하고 있다.

기록학적 관리 전반에 있어서 일반적인 기록물과는 다른 구술기록의 특성과 생산의 특수성은 다양한 방법론적 고민을 만들어 내었다. 구술기록의 수집을 효율적으로 도울 수 있는 아카이브 정책 수립에 대한 이 글은 이러한 고민의 연장선상에서 그 특성과 일반적인 기록물과 수집 절차상의 차이점을 고려하여 수집정책 요소와 고려해야할 이슈에 대하여 제언하였다. 이는 크게 기관의 사명 및 수집 목적 진술 부분, 수집 제반에 대한 정책 부분, 수집물 유지 및 활용에 대한 정의 부분, 수집 개발을 위한 지침 부분 등으로 구분하여 살펴 볼 수 있다.

하지만 국내외 구술기록 수집기관에 구술기록의 수집정책이 전무하거나 혹은 간헐적으로만 제시되고 있는 상황 속에서 제시된 정책 요소들의 효율성에 대한 현실적인 논의는 계속 진행되어져야 할 부분이다. 또한 구술사 연구방법론 전반을 기록학적 관점에서 포괄 할 수 있는 다양한 연구와 이 글에서 다룬 수집 정책의 요소 개발에 대한 심도 있는 고민은 계속되어져야 할 것으로 보여 진다.

소위 체제 속 작은 사람들의 목소리를 밖으로 끌어내고, 이를 통하여 다양한 역사 쓰기를 하기 위한 최선의 대안인 구술사 방법론은 국내에서 초기에 주류를 이루고 있던 일반 민중들의 이야기에만 관심을 기울였던 것에서 발전하여 그 적용 대상에 많은 변화가 일어났다. 정치, 경제, 사회 문화, 예술의 분야에 이르기 까지 사회 각계의 명망가들을 대상으로 한 구술채록이 진행 중이며 최근에는 당대 최고의 명망가인 대통령을 대상으로 한 구술채록이 진행되었다. 앞으로도 이러한 구술기록의 수집과 이를 바탕으로 한 사회의 재구성 작업은 계속 될 것으로 보여 진다. 이러한 상황 속에서 구술기록과 관련한 다양한 논의들은 생산이전 단계에서부터 체계적인 관리와 활용을 염두한 기록학적 고민이 전제된 가운데 전개되어야 보다 체계적이고 총체적인 구술 아카이브 구축이라는 시대적 요구에 부응할 수 있을 것으로 보여 진다.

조용성

한국외국어대학교 사학과 및 대학원 정보 · 기록학과를 졸업하고, 현재 한국외국어대학교 역사기록관에서 기록연구사로 활동하고 있다. 구술 관련 사업으로는 국가기록원 대통령기록관의 '역대 대통령 구술채록 사업', 국가기록원의 '국민생활정책 관련 구술채록사업', 한국학중앙연구원의 '현대한국구술사연구사업' 등에 참여하였다. 주요 논문으로는 「구술기록의 수집정책에 관한 연구 – 과거사 진상규명 관련 위원회의 면담조사기록을 중심으로」(한국외국어대학교 대학원 정보 · 기록관리학과 석사학위논문, 2009), 「구술기록의 수집과 아카이브 정책에 관한 연구」(『기록학연구』 25, 2010)이가 있다.

4장 구술기록의 생산 프로세스

1. 구술기록 생산 및 관리 · 보존 프로세스 수립의 중요성

　최근 기록관리 영역에서 구술은 기록화를 위한 하나의 방식으로 새롭게 주목받고 있다. 그간 기록관리 영역에서는 과학기술의 저발전 및 실증주의의 영향 속에 주로 문자화된 기록을 관리 대상으로 삼아왔지만, 녹음 기술의 발전 및 보편화 그리고 포스트모던이즘의 영향 속에 구술은 또 하나의 새로운 기록 유형으로 인식되고 있다. 그동안 '글'을 통해 인간의 행위에 관한 증거를 남겨왔다면, 이제 과학기술의 발전에 힘입어 '말'을 통해서도 신뢰할 수 있는 행위의 증거를 남겨 전승할 수 있는 기회를 지니게 되었다. 특히 구술에서의 동영상 녹화기술 활용은 구술자의 감정이나 표정, 느낌 등 문자로는 확보하기 어려운 부분까지도 전달케 함으로써 기록으로서의 구술이 지닌 가치를 제고시켜주고 있다.[1]

1　Thomas Carleton, "Videotaped Oral Histories: Problems and Prospects", *American Archivist* 47(Summer), pp.

구술은 과거의 특정 사안 및 행위에 대한 내역을 생존자의 증언을 통해 기록화 시키는 작업이라는 점에서, 문자화된 기록으로 남겨지지 않은 영역을 남기고 연구하기 위한 방법론으로 다양한 학문 영역에서 활발하게 수행되어 왔다. 현재 국내 기록관리 영역에서도 주로 '결락기록의 보완'이라는 명목 하에 다양한 기관에서 구술채록 사업을 수행 중에 있으며, 앞으로 더욱 활발하게 수행될 것으로 예견된다. 하지만 기록관리 영역에서는 구술을 위한 제반 기반이 취약한 상태이다. 아직 기록관리 영역에서는 기록으로서의 구술이 지닌 의미 및 역할에 관한 체계적인 논의는 이루어진바 없으며, 기록관리법에서도 구술은 시청각기록 중의 하나로만 인식되고 있는 상태이다. 아울러 구술기록의 생산에서부터 관리·보존에 이르는 일관된 프로세스는 부재한 상태이며, 이는 결국 제각각의 구술기록 생산으로 인해 향후의 공동 활용기반을 가로막는 요인이 되고 있다.

구술은 기록이 부재한 영역을 생존자의 기억을 통해 기록화 시키는 작업이라는 점에서, 신뢰할 수 있는 구술기록의 생성 및 관리·보존이 핵심적 사안이다. 또한 구술은 구술자와 면담자, 촬영자 등 다자간의 협업을 통해 수행되는 작업이라는 점에서, 체계적인 프로세스의 정립은 필수적 사안이라 할 수 있다. 특히 최근 디지털 기술의 발전으로 구술기록은 대부분 디지털 형태로 생성됨을 감안할 때, 생산부터 관리·보존에 이르는 세밀한 프로세스는 신뢰할 수 있는 디지털 구술기록의 채록 및 전승을 위한 가장 기본적인 인프라라 할 수 있다.

현재 우리나라의 기록관리 영역에서도 구술채록을 활발하게 수행하고 있지만, 구술기록의 생산부터 관리 및 보존에 이르는 일관된 프로세스를 구축한 곳은 드물다. 구술기록의 생성과 관련된 채록 절차는 기존의 구술사 분야에

230-232.

서 수행해 온 절차를 준용해 각기 나름대로의 방식대로 수행하고 있으며, 채록 후 구술기록의 관리 및 보존은 체계적인 절차에 따라 이루어지지 않고 있다. 이로 인해 구술 과정을 통해 생성된 동영상 및 음성 결과물은 기관마다 제각각이며, 구술기록의 중요한 메타데이터로 활용될 제반 구술 서식들 역시 내용 및 작성방식이 표준화되지 않아 향후 구술기록의 공동 활용기반을 저해하고 있다. 이러한 점에서 구술기록의 생산부터 관리 및 보존에 이르는 체계화된 프로세스 구축은 현실적으로 절실히 요청되는 상황이다. 이에 본장과 다음 장에서는 기록관리 영역에서의 구술 방법론 정립을 위한 일환으로, 구술기록의 생산 및 관리 · 보존 프로세스를 고찰하고자 한다.

구술은 그 특성상 공공기록처럼 대규모로 생산되어 관리되는 것이 아닌, 결락기록의 보완 차원에서 소규모로 수행되어 자체적으로 관리 · 보존하는 경우가 일반적이다. 이에 대규모의 구술기록을 관리 · 보존하는 기록관리시스템을 상정한 프로세스가 아닌, 중소규모의 기관에 적용 가능한 프로세스 도출을 목적으로 하였다. 아울러 구술기록의 생산부터 자체적인 관리 · 보존을 위한 프로세스 도출에 주안점을 두었음을 밝힌다.

2. 구술기록 생산 프로세스 설계

구술기록의 생산 프로세스는 구술자와의 면담을 통해 구술자의 기억을 말로 채록해 해당 사건 및 경험에 대한 신뢰할 수 있는 증거를 생성시키는 절차이다. 구술은 구술자와 면담자의 교감 속에 상호간의 대화를 통해 이루어지는 작업이라는 점에서, 생산 프로세스는 매우 세밀하면서도 체계적인 프로세스를 구축해야 한다. 이러한 생산 프로세스는 구술채록 필요영역을 파악하는 기획연구 단계와, 실제 구술채록을 수행하는 구술채록 단계로 양분할 수 있다. 그리고 이러한 두 단계는 다시 실제 구술채록 전 소장기록물 분석 및 연구를 통해 구술이 필요한 세부 주제 및 질문사항을 도출하는 기획연구 단계, 구술에 필요한 디지털 기기 및 구술일정을 확정짓는 구술채록 준비 단계, 그리고 실제 구술자와의 실제 구술채록이 수행되는 구술채록 단계 및 구술완료 단계란 네 개의 단계로 구분할 수 있다.[2]

〈그림 Ⅳ-1〉 구술기록 생산 프로세스도

2 본 구술채록 프로세스 표준은 실제 구술채록 경험을 주축으로, 미국, 영국, 호주, 뉴질랜드, 캐나다 등의 구술사협회 및 각종 구술사 전문연구기관의 구술채록 프로세스와 함께, 국내의 한국학중앙연구원 현대한국 구술자료관, 국사편찬위원회, 국가기록원 대통령기록관, 민주화운동기념사업회, 아르코예술정보관 등의 구술채록 지침, 그리고 각종 구술 관련 연구성과들을 참조하며 수립하였음을 밝힌다.

1. 기획연구 단계

앞의 〈그림 Ⅳ 〉은 구술기록 생산과 관련된 상세 프로세스를 도식화 한 것이다. 구술기록 생산의 첫 번째 단계인 기획연구 단계는 모두 12개의 세부 프로세스로 구성되는데, 각 프로세스에 대한 개요는 다음의 도표와 같이 정리할 수 있다.

〈도표 Ⅳ-1〉 기획연구 단계 프로세스 개요

단계	연번	프로세스명	정의	산출물
연구 및 기획	1	수집정책 수립	전체 구술채록 사업의 근간이 되는 수집정책 수립	수집정책문
	2	문헌자료 조사	구술채록 대주제 관련 각종 문헌자료 조사	
	3	연구 수행	구술채록 대주제 연구 수행	
	4	예비주제 선정	예비 상세주제 및 구술채록 세부 영역 파악	
	5	전체 구술 영역 로드맵 수립	구술채록 세부주제 및 관련 사건, 활동, 인물 도식화	구술영역 로드맵
	6	세부주제 확정	구술채록 세부주제 확정 및 우선순위 책정	세부주제 목록
	7	예상 구술자 선정	세부주제 관련 예상 구술자 2~3배수 선정	예비구술자 목록
	8	자문위원회 자문	세부 주제 및 예상 구술자 타당성 검토	회의록
	9	최종 구술자/면담자 확정	최종 구술자 및 면담자 확정	
	10	구술자 연구/정보 수집	구술자에 대한 각종 정보 수집 및 연구 수행	구술자 관련 참고자료 목록
	11	예비질문영역 도출	해당 구술자별 전체 질문 개요 작성	예비질문지
	12	질문지 작성	상세 면담 질문지 완성	상세질문지

수집정책 수립

먼저 수집정책 수립 절차는 체계적이고 일관성 있는 구술기록 생산이 수행될 수 있도록 모든 구술채록의 근간이 되는 수집정책을 수립하는 것이다. 구술기록의 수집정책에는 다음의 항목들이 포함되어야 한다.

- 구술채록 업무 근거
- 구술채록 목적
- 구술채록 수집 범위
- 구술채록 우선순위
- 구술기록 관리 방법
- 구술기록 이용 범위 등

문헌자료 조사

기록물 및 문헌조사 절차는 구술채록이 필요한 부분을 파악하기 위해 사전적으로 소장기록물의 내용을 분석하고 관련 사건 및 인물에 대한 문헌자료를 조사하는 것이다. 여기서는 소장기록물 내용 분석과 함께 구술채록 사업의 대주제와 관련된 단행본·연구논문·회고록·자서전·언론기사 및 기타 자료들을 조사하여 참고문헌 목록을 작성하게 된다. 이러한 참고문헌 목록은 기본 대주제 내에서의 구술채록의 방향, 구술채록 전체 계획 수립, 세부주제 도출, 구술대상자 선정을 위한 기초자료 목록으로 활용된다.

연구 수행

상기 조사된 소장기록물 내역 및 참고문헌 목록을 기반으로 해당 대주제에 관한 전체적인 기반 연구를 수행하는 절차이다. 여기서는 해당 대주제의 연구

동향, 기존의 연구성과 내용을 전반적으로 파악한 후 구술채록이 필요한 세부영역들을 파악하게 되며, 구술채록이 필요한 예비주제가 선정되게 된다.

예비주제 선정

예비주제 선정은 기반 연구를 통해 분석된 결과를 기반으로 구술채록 상의 예비적인 상세 주제를 도출하는 절차이다. 예비주제는 기존의 연구성과에서 미진한 부분이나 보완되어야 할 영역, 관련 기록이 결락되었거나 부족한 영역, 기타 구술채록이 필요하다고 판단되는 영역을 선정토록 해야 한다.

전체 구술영역 로드맵 수립

예비주제가 선정되면 전체 구술영역 로드맵을 수립하여 관련 연표 및 인물, 핵심 사건 및 활동을 파악한 다음, 기본 대주제를 기반으로 선정된 예비주제를 전체적으로 도식화시키며, 아울러 선정된 예비주제별로 관련 인물을 목록화 시킬 필요가 있다. 이를 기반으로 구술채록을 위한 세부주제를 확정짓게 된다.

세부주제 확정

전체 구술영역 로드맵 및 관련 정보를 기반으로, 구술채록을 위한 세부주제 선정하게 된다. 세부주제는 구술채록의 필요성 및 시급성, 실제 구술채록의 가능성 등의 관점에서 기 선정된 예비주제들 가운데 우선순위를 책정해 선정토록 한다.

예상구술자 선정

구술채록이 필요한 세부주제가 확정이 되면 최종 선정된 세부주제와 관련된 인물군을 파악하게 된다. 해당 인물의 자서전, 회고록 및 세부주제 상의 중요도 등을 감안해 실제 필요 인원의 2~3배수를 예비적으로 선정할 필요가 있다.

자문위원회 자문

세부주제에 관한 전문 연구자 및 해당 주제를 직접적으로 경험했거나 관련이 있는 자 등을 중심으로 자문위원회를 구성토록 한다. 자문위원회가 구성이 되면 자문위원회의 심의를 통해 세부주제의 타당성 및 적절성을 점검하며, 아울러 예상구술자 리스트 가운데 해당 세부주제의 구술채록에 적합한 인물을 선정하게 된다.

최종 구술자/면담자 확정

예상구술자 대상군의 선정 및 자문위원회의 자문을 통해 세부주제별 최종 구술자를 확정하는 절차이다. 구술자는 해당 세부주제와의 관련성, 중요도, 역할 등을 기준으로 우선순위 책정을 통해 선정하며, 아울러 선정된 구술자의 연령 및 건강상태 등을 감안해 실제 구술채록상의 우선순위를 부여하게 된다.

선정된 구술자에게는 구술채록의 의의 및 중요성, 기타 구술채록과 관련된 제반 사항을 설명한 후 잠정적인 구술 동의를 획득토록 한다. 구술자 섭외 시 구술자에게 다음과 같은 사항들을 전달토록 해야 한다.

- 인사말 및 연락자 소개
- 금번 구술사업의 취지 및 목적 설명
- 구술자의 구술채록이 반드시 필요한 이유
- 구술자의 구술이 국가적 역사사료로서의 중요성
- 구술자의 편한 일자와 장소, 시간 등

구술자와의 접촉 과정에 관한 내역은 구술자별로 문서화시킬 필요가 있다. 최종 구술자가 확정되면, 세부주제 및 구술자 관련 전문성, 구술자와의 라포 (Rapport) 형성 여부, 구술채록의 경험 정도, 구술채록 방식 등을 고려하여 적합한 면담자를 선정토록 한다.

구술자 연구/정보 수집

이 절차는 구술자의 이력 및 세부주제와 관련된 활동 내역에 대해 조사하는 단계이다. 구술자의 회고록 내지 자서전, 관련 연구성과, 언론기사 등 구술자와 관련된 각종 정보를 수집한 후 분석한다.

예비질문 영역 도출

최종 확정된 구술자에 대해서는 관련 정보들을 취합·분석한 후 구술자에 대한 전체적인 질문 개요를 수립하게 되는데, 질문 개요와 더불어 다음의 정보들 역시 문서화시킬 필요가 있다.

- 상세 이력
- 가족관계, 출신지역 및 거주지역, 주요 활동지역 정보
- 학문적 정치적 지향성
- 구술자 관련 참고문헌 목록
- 구술자의 기 구술채록 내역
- 구술자 관련 언론기사 등 기타 정보

질문지 작성

기획연구 단계의 마지막 절차는 실제 구술채록에 사용될 상세질문지를 작

성하는 것이다. 질문지 작성은 구술자의 생애와 관련된 연대기적 순서를 기본으로 하며, 질문의 초반부는 구술자와의 라포 형성 및 면담 분위기 조성을 위해 구술자의 생애사 위주로 질문을 편성할 필요가 있다. 아울러 구술자가 심리적으로 부담감을 느낄 수 있는 질문은, 질문 내역에 대한 구술자의 방어 및 면담 거부를 유발할 수 있으므로 가급적 초반에 배치하지 않도록 한다. 그리고 질문은 일반적인 사항에서 세부적인 사항으로 거시적 질문에서 미시적 질문으로, 기존의 문헌자료에 상세히 언급되지 않거나 새로운 관점을 보여줄 수 있는 내용으로 편성하며, 예정된 구술채록 시간 역시 감안하여 정해진 시간 내에 구술자에 대한 핵심적 질문을 수행할 수 있도록 편성할 필요가 있다.

2. 구술채록 단계

구술채록 단계는 앞선 기획연구 단계에서의 준비사항을 기반으로 실제 구술을 채록하는 단계이다. 구술채록 단계는 구술채록 과정의 진행순서에 따라 다시 구술채록 준비단계, 구술실행 단계, 구술완료 단계로 나눌 수 있는데, 각 단계에 포함된 세부 프로세스에 대한 개요는 다음의 도표와 같이 정리할 수 있다.

<h1>〈도표 Ⅳ-2〉 구술채록 단계 프로세스 개요</h1>

단계	연번	프로세스명	정의	산출물
구술채록 준비	1	전체계획 수립	최종 선정된 구술채록 세부주제 및 구술자 명단을 토대로 전체적 수행계획 수립	구술채록 수행계획서
	2	서식/장비 준비	구술채록에 필요한 각종 서식 및 장비 준비	
	3	각종 지침 수립	구술채록에 필요한 각종 지침 수립	채록프로세스/ 면담·녹취문 작성·관리 지침
	4	구술자 연락/ 구술일정 확정	구술자와의 연락을 통한 구술 일자, 시간, 장소 확정	구술채록 일정표
	5	면담팀 구성 및 교육	면담팀 구성 및 구술채록 실무 교육 실시	
	6	면담일정 최종 확인	실제 면담 전 면담일정 최종 확인	
	7	장비 최종점검	구술채록 각종 장비 최종 점검	
	8	사전리허설 실시	구술채록 상황의 가상 사전리허설 수행	
	9	구술자/면담자 신상카드 작성	구술자/면담자 신상카드	
구술실행	10	구술자 방문	각종 필요 서식 및 장비를 지참하고 약속된 일자 및 시간에 방문	
	11	장비 설치	구술채록 장비 설치 및 작동 확인	
	12	사전 면담	면담 분위기 조성을 위한 사전 면담 실시	
	13	기본정보 녹화/녹음	구술채록 개시를 알리는 기본 정보 녹화/녹음	
	14	면담 실시	실제 구술채록을 위한 면담 실시	
	15	이용동의서획 득/차후일정 확인	구술자의 이용동의서 작성 및 차후 구술일정, 시간, 장소 협의	구술동의서
	16	면담일지/면담 후기 작성	면담 종료 직후 면담일지 및 면담후기 작성	면담일지/후기
구술완료	17	녹취문 작성/ 검독	녹취문 작성지침을 토대로 녹취문 작성/검독	녹취문
	18	이용동의서 최종확인	구술자의 녹취문 검토 후 이용동의서 재확인	구술자료 이용 및 공개허가서
	19	사례비 지급	구술 사례비 지급	사례비 영수증

(1) 구술채록 준비단계

구술채록 준비단계는 실제 구술자와의 면담을 수행하기 전 구술채록에 필요한 제반 사항을 준비하는 단계로, 성공적인 구술기록 생산의 전제가 되는 단계이다. 구술은 구술자 및 면담자·촬영자·면담보조자 등의 협업으로 이루어지는 작업이며 더불어 각종 디지털 장비를 활용해야 한다는 점에서 세밀한 사전 준비가 요구된다.

전체계획 수립

전체계획 수립은 최종적으로 선정된 구술채록 세부주제 및 구술자 명단을 토대로, 구술채록 사업에 관한 전체적 수행계획을 수립하는 절차이다. 구술채록 기간, 예산, 인력 및 구술자의 특성을 감안하여, 체계적이면서도 효율적인 구술채록이 수행될 수 있도록 계획서를 작성해야 한다. 구술채록 전체계획서에 포함될 수 있는 항목은 다음과 같다.

- 구술채록 주제명
- 구술채록의 목적 및 의의
- 구술채록 대상자 목록(이름, 생년월일, 연락처, 약력 등)
- 구술채록 면담자 목록(이름, 생년월일, 연락처, 약력 등)
- 구체적 진행 일정
- 예비질문지 및 상세질문지
- 구술채록 기대 효과 등

서식/장비 준비

구술채록 계획이 수립되면, 다음으로는 효율적인 구술채록을 수행하기 위해 필요한 각종 서식을 준비하게 된다. 각종 구술 서식[3]은 일관성 있는 구술채록 수행을 위한 기본 도구이자, 향후 구술기록의 메타데이터로도 활용되게 된다. 각종 서식과 함께 구술채록 전 녹음(카세트, MD, MP3 등) 및 촬영 장비(캠코더, 카메라, 배터리, 테이프, 삼각대) 역시 점검해야 하는데, 실제 구술채록 시 문제가 발생치 않도록 철저히 준비토록 하며 각종 장비 조작에 대한 교육을 사전적으로 실시해야 한다. 아울러 구술채록 장비는 디지털 구술기록의 장기보존을 고려하며 선정토록 한다.[4] 구술채록에 필요한 각종 소모품들은 항시 여분을 준비해야 하며, 장기 출장이 필요한 구술채록 작업일 경우 노트북이나 외장 하드디스트를 준비하여 구술채록 결과물을 저장할 수 있도록 해야 한다.

각종 지침수립

체계적인 구술채록을 위해서는 구술채록에 필요한 각종 지침 내지 가이드라인 역시 자체적으로 수립할 필요가 있는데, 구술채록 상의 유의사항 및 준수사항을 수록한 것들이다. 이러한 지침 및 가이드라인은 실제 구술채록 전 면담팀 전체에게 철저히 숙지시켜 원활한 구술 수행을 담보토록 해야 하며, 실제 구술채록의 수행 시 마다 부족한 부분을 체크하여 보완토록 해야 한다. 구술채록에 필요한 지침 및 매뉴얼은 다음과 같다.

---

3 구술채록에 필요한 서식으로는 구술자 신상카드, 면담자 신상카드, 면담일지, 면담후기, 상세목록, 구술동의서, 구술자료 공개 및 이용동의서 등이 있다. 이에 대한 서식샘플 사례로는 한국구술사연구회 편, 『구술사: 방법과 사례』, 선인, 서울, 2005의 부록을 참조.

4 디지털 기술의 급속한 발전속도로 인해 디지털 구술기록의 생산에 가장 부합하는 디지털 기기를 제시할 수는 없으며, 현재의 기술력 수준에서 디지털 구술기록의 장기보존 및 디지털 아카이빙을 고려하며 구술채록 기기를 선정해야 한다. 2010년 현재의 기술수준에서 디지털 구술기록의 장기보존 및 디지털 아카이빙을 고려한 구술채록 장비 설명에 대해서는 정영록, 『구술기록의 디지털아카이빙에 관한 연구: 디지털 구술기록의 생산·관리 및 보존전략을 중심으로』, 한국외국어대학교 대학원 정보기록관리학과 석사학위논문, 2010을 참조.

- 구술채록 프로세스 매뉴얼
- 구술면담 매뉴얼
- 구술녹취문 작성 지침 등

구술자 연락 및 구술일정 확정

이러한 제반 준비사항이 충족되면, 다음으로는 구술자와의 연락을 통해 첫 번째 구술 일자 및 시간·장소를 최종적으로 확정하게 된다. 구술일정은 가급적 구술자의 편의 및 일정에 맞추도록 하지만, 식사 직후나 야간 시간 등 대화에 물리적으로 집중하기 어려운 시간은 가급적 피해야 한다. 구술자 연락 시 구술채록 사업에 대한 상세한 정보 및 구술 질문의 전체적 개요를 서면이나 구두로 전달하고, 몇 차례 구술채록 수행이 필요한지를 구술자에게 공지해 주어야 한다. 그리고 구술채록 일정이 확정되면 구술자에게 면담 수행자(면담자를 비롯한 참석자), 면담 진행시간 등을 포함한 정보를 구술자에게 공지해 주어야 한다. 아울러 구술 장소는 다수의 자가 출입하는 소란스러운 곳을 절대적으로 피하고, 구술자가 정서적으로 안정된 상태를 유지할 수 있는 자택이나 개인용 사무실 내지 기타 장소를 선택하면 된다.

면담팀 구성 및 교육

면담팀 구성 및 교육 절차는 협업으로 수행되는 구술의 특성을 반영한 귀결이다. 기본적으로 구술 면담팀은 면담자 1인, 면담보조자 1인 및 장비 담당자 1인으로 구성된다. 면담자는 구술자와의 면담을 총괄적으로 진행하고 면담보조자는 면담자를 지원함과 아울러 면담내용에 대한 메모를 토대로 면담일지 및 면담후기를 작성하게 되며, 장비 담당자는 디지털 동영상 촬영 및 각종 녹음장치를 설치하고 운용하게 된다. 본격적인 구술 채록에 앞서 면담팀을 대상으로 구술 채록 작업의 의미와 취지를 설명하여 효과적인 구술 작업이 이루어질 수 있도록 해야 한다. 면담팀이 구성되면 최소 2회 이상의 구술채록 교육을 실시하여 실제 구술채록 시 일말의 실수도 발생치 않도록 해야 하며, 아울러 면담 시 유의사항, 구술 서식 작성방식 등과 같은 매뉴얼을 제공하여 빠진 부분 없는 일관된 구술기록을 얻을 수 있도록 해야 한다.

면담일정 최종 확인

면담팀 교육이 종료된 후에는 실제 구술채록에 나가기 전 면담일정을 최종적으로 확인할 필요가 있다. 면담 일정이 확정되었다 하더라도 면담 3일 전에 구술채록 일자 및 시간·장소를 재차 확인하도록 하며, 구술자가 사전에 예비질문지를 요청하였을 경우 실제 면담이 이루어지기 3일 전에 예비질문지를 전달하도록 한다.

장비 최종 점검

아울러 구술채록 1일전 디지털 캠코더, 보이스레코더, 테이프녹음기 등 구술채록 장비를 직접 가동해보고, 기기상의 오류가 없이 정상적으로 작동되는지를 최종적으로 확인해야 한다. 또한 구술채록 장비의 가동에 필요한 전원선이나 배터리, 테이프, 하드디스크 등 역시 최종적으로 확인해야 한다.

사전 리허설 실시

구술채록에 필요한 제반 준비가 완료되면 실제 구술채록 상황에 대한 가상의 사전 리허설을 실시해, 구술채록 장비의 설치, 면담자의 질문, 구술채록 장비의 가동 및 촬영·녹음, 면담 보조자의 역할 수행 등을 실시하고 실제 수행 시 나타나게 되는 제반 문제점들을 체크하여 보완토록 한다.

구술자/면담자 신상카드 작성

원활한 면담 진행을 위해 구술자와 면담자의 신상카드를 사전에 작성하여 준비토록 한다. 작성한 신상카드는 면담 시 반드시 지참하고 면담 후 구술자가 검토해 수정 및 보완사항을 점검받도록 한다.

(2) 구술실행 단계

구술실행 단계는 구술자를 방문해 면담을 통해 구술자의 증언을 채록하는 단계이다. 이는 구술자와 면담자 간의 친밀감 및 신뢰감을 기반으로 양질의 구술채록 결과물을 산출해내는 구술채록 상의 가장 중요한 단계라 할 수 있다.

구술자 방문

이상과 같은 구술채록 준비가 완료되면, 본격적으로 실제 구술채록을 수행하게 된다. 구술자와 사전에 약속한 일자에 면담팀은 녹음(카세트, MD, MP3 등) 및 촬영장비(디지털 캠코더, 카메라, 배터리, 테이프, 삼각대), 서류 양식(구술이용동의서, 구술자 신상카드, 면담자 신상카드, 면담일지, 면담후기), 메모도구 등을 지참하고 반드시 약속한 시간에 맞춰 30분전에 방문해 구술채록 장비 설치 및 면담 준비에 필요한 최대한의 시간을 확보토록 해야 한다. 구술자와의 약속시간 불이행은 면담자나 구술채록 사업에 대해 불성실한 이미지를 심어주어 양질의 구술채록 결과물 산출에 악영향을 끼칠 수 있음을 유의해야 한다.

장비 설치

구술자를 방문하여 인사를 나눈 후에는 구술채록에 필요한 장비를 설치해야 하는데, 장비 설치 전에는 구술자에게 촬영 및 녹음에 대한 동의를 반드시 구해야 한다. 이미 이전에 동의한 사안일 지라도 양해 없이 설치를 시작할 경우 구술자는 불쾌감을 느낄 수 있기 때문이다. 녹화기나 녹음기 등 모든 장비는 반드시 한 치의 실수도 없이 설치하여 구술채록의 전 과정을 담을 수 있어야 하며, 본격적인 면담이 시작되기 전 촬영카메라를 이용하여 구술자·면담자 및 주위환경을 촬영해 두는 것도 향후 구술기록의 활용에 유용한 정보를 제공해 줄 수 있다.

사전면담

사전면담 절차에서는 면담자가 구술이 시작되기 전 조속히 구술자와 친화감을 형성하여 편안한 대화 분위기를 조성하도록 해야 하는데, 구술의 목적과 절차 및 앞으로 어떻게 진행할 것인지에 대해 또는 날씨나 최근 사회적 이슈 등에 대해 환담 형식의 이야기를 나눔으로써 구술자와의 인간적인 공감대를 형성하는 것이 필요하다. 이 때 구술자와 관련된 언론기사 내지 관련 물품, 지도 등의 소품을 활용하는 것도 라포 형성에 유용하게 활용될 수 있다.

기본정보 녹화/녹음

사전 면담이 어느 정도 완료되면, 면담자는 기본정보를 선언함으로써 공식적인 구술채록의 시작을 알리게 된다. 기본정보의 선언은 해당 주제에 관한 구술의 개시를 의미하는 것으로, 면담자가 선언한 아래와 같은 기본정보는 향후 구술기록의 기본 메타데이터로 활용되게 된다.

- 구술채록 담당기관명
- 구술채록 사업명

- 구술자명(전현직 직위)
- 면담자명(전현직 직위)
- 구술 회차
- 구술 일시
- 구술 장소 등

면담 수행

기본정보 선언 후 구술자와의 면담은 구술자의 생애사를 중심으로 연대기 순으로 진행하는 것이 일반적이다. 종종 특정 사안 및 이슈에 초점을 맞추어 면담이 진행되기도 하지만, 생애사를 중심으로 한 구술은 면담자와의 라포 형성 및 구술기록의 맥락 확보 차원에서도 유리한 측면을 지니게 된다. 면담자는 구술자가 자신의 경험을 능동적으로 말할 수 있도록 열린 형태의 질문을 지향해야 하며, 특정 사실에 대한 뚜렷한 쟁점과 그에 따른 질문 전략 및 적절한 질문 구사법을 모색해야 한다.

녹화 및 녹음이 되고 있다 하더라도 면담자는 구술자의 이야기를 메모해야 한다. 메모는 사실 확인에 도움이 되고, 구술자에게 신뢰를 심어주며 면담자의 생각을 정리하는데 도움을 주기 때문이다. 특히 구술자의 이야기 속에 등장하는 인물명, 단체명, 지명 등 고유명사는, 녹취문의 작성 및 검독 과정에서 불분명하게 들리거나 파악이 어려운 경우를 대비해 빠짐없이 메모하도록 해야 한다. 아울러 면담자의 가설이나 개인적 관심 내지 의문점을 풀기 위한 질문을 지양하고, 구술자 스스로 의미가 있고 중요한 경험이라고 해석한 부분에 대해 충분히 이야기할 수 있도록 해야 한다. 면담이 종료된 후에도 중요한 이야기가 오가는 경우에 대비해 녹화기 및 녹음기는 구술자가 완전히 퇴장하기 전까지 켜두는 것이 바람직하다.

이용동의서 획득/차후 일정 확인

실제 구술채록이 완료된 후에는 구술자에게 감사의 인사와 함께, 차후 구술
내용의 활용을 위해 구술이용동의서를 작성해 줄 것을 요청한다. 만일 여러 회
차에 걸친 구술채록일 경우에는 모든 구술채록이 종료된 후 녹취문을 발송하여
최종적으로 구술자의 확인을 받은 후 요청하면 된다. 아울러 구술이 종료된 후
에는 다음 면담 일자 및 시간, 장소를 구술자와 협의하여 확정하도록 한다.

면담일지/면담후기 작성

당회 구술채록을 마친 후에는 면담 내용의 개요 및 구술채록 시 녹화·녹
음되지 않은 상황적 배경, 기타 면담시의 특이사항을 면담일지 및 면담후기에
작성한다. 면담자는 매 구술채록이 종료될 때마다 면담 후 내지 최소 1일 이내
에 면담일지와 면담후기를 작성토록 한다.

(3) 구술 완료단계

녹취문 작성/검독

구술채록이 종결된 후에는 녹화·녹음된 구술내용을 텍스트 형식의 녹취
문으로 작성하게 되는데, 녹취문은 가능한 한 실제 구술자의 구술내용을 직접
들은 면담자 및 면담보조원이 수행하는 것이 바람직하다. 녹취문을 작성할 때
에는 전체 내용을 여러 번 들어 숙지한 후 반복해 들으면서 공백을 채워나가
는 식으로 작성하며, 녹음된 내용은 하나도 빠짐없이 구술녹취 매뉴얼을 토대
로 있는 그대로 생생하게 기록해야 한다. 작성 완료된 녹취문 파일은 비공개
부분을 체크하기 위해 한 개 더 만들어 두는 것이 바람직하다. 아울러 초벌 녹

취문을 작성하면 최소 2회 이상의 검독작업을 거쳐야 하는데, 초벌 녹취문을 면담자가 아닌 다른 사람이 작성했다면 검독작업은 면담자의 의무사항이 된다. 검독작업은 다음과 같은 방식으로 수행된다.

- 지문을 통해 구술자의 구술 상황이나 언어화되지 않는 기호들(몸짓, 표정, 분위기, 침묵 등)을 기록
- 구술내용의 맥락을 파악하는데 도움이 될 지명이나 주변인물, 사건 등에 대한 부가 설명도 각주를 통해 표시
- 구술 완료 이후, 검독작업 과정에서 구술자의 교정 요청 및 이의 제기 사항은 원문은 그대로 유지하여 녹취문을 작성하되 각주에서 그 사유, 이의 제기 일시, 장소 등을 명기하여 교정
- 내용에서 오해가 야기될 우려가 있어 모호하여 면담자로서 적극적인 개입이 요청되는 경우에는 각주로 처리. 사실과 명백히 배치되는 왜곡된 증언이라 판단되는 경우, 그 근거를 밝혀 각주로 처리. 구술이 기존의 인식이나 연구 성과와 크게 다르거나 새로운 사실이 발견되어 상호 비교를 통해 그 차이점을 명백히 할 필요가 있을 경우, 각주로 처리

이용동의서 최종 확인

구술 녹취 및 검독이 끝나면 구술자에게 최종 녹취문을 비롯한 구술채록 결과물을 전달하면서 구술 이용동의서를 재확인하도록 한다. 구술 이용동의서에 서명을 받지 못하면 자료를 공개할 수 없으며, 구술자가 서명을 주저하는 경우 이 면담자료는 역사적으로 매우 의미 있는 것이며 연구와 교육의 목적으로 사용될 것임을 강조해야 한다. 더불어 구술자에게 공개제한(구술자의 사망 후 또는 현 정권이 끝나고 난 뒤 공개)을 설정할 수 있음을 알려주어야 하며, 그럼에

도 불구하고 구술자가 서명을 하지 않을 시에는 이를 반드시 지켜야 한다.

사례비 지급

사례비는 구술사업 수행예산에 미리 책정한 대로 지급하며(현금 대신 선물
도 가능), 사례비의 전달과 함께 최종적인 감사의 인사를 드리며 구술채록을
마치도록 한다.

이상과 같은 프로세스를 통해 수행되는 구술채록은 기록을 생산하는 행위
라 할 수 있다. 일부 논자들은 기록전문직의 기록 생산 관여를 엄격히 반대한
젠킨슨의 이론을 토대로 기록관리 영역에서의 구술채록을 반대하기도 하지
만, 구술기록은 실제 일어나지 않았던 것을 새로이 만드는 것이 아닌 문자로
남지 않은 생존자의 기억을 기록화 시키는 작업이다. 이러한 면에서 구술기록
생산은 상기와 같은 상세 프로세스를 기반으로 체계적으로 이루어져야 하며,
최대한 객관성 및 불편부당성 · 중립성을 견지하며 수행되도록 해야 한다.

3. 구술 면담절차 및 방식

구술기록 생산 프로세스에서 가장 중요한 부분 중 하나는 실제 구술채록 과
정상의 면담 절차라 할 수 있다. 구술은 구술자가 직접 경험한 사실 내역을 구
술자의 기억을 통해 채록하는 과정이라는 점에서, 또한 구술은 구술자와 면담
자 간의 대화를 통해 이루어진다는 점에서, 구술 면담절차는 구술기록 생산
프로세스상의 핵심적인 영역이다.

구술은 구술자와 면담자 간의 친밀감 및 신뢰감 속에서 수행되며 면담자의 준비 정도에 따라 구술 내용의 품질이 좌우된다는 점에서, 구술 면담은 사전적으로 세밀한 준비과정을 거쳐 진행될 필요가 있다. 이를 위해 본 절에서는 구술 면담절차 및 방식을 국내외 사례를 참조하여 제시하고자 한다.[5]

1. 사전면담

사전면담의 목적

사전면담은 공식적인 면담의 시작 전 전화 내지 방문을 통해 사전적으로 면담을 수행하는 것이다. 사전면담의 목표는 구술채록의 세부 방향과 함께 구술자가 앞으로 이야기할 내용의 전체적인 윤곽을 설정하기 위한 것이다. 사전면담 과정에서 수집한 정보들은 기 출판된 자료들에서 얻을 수 없는 해당 주제 및 인물, 사건에 정보를 획득케 함과 아울러, 공식면담 시 필요한 구체적 질문지를 만드는데 일조하게 된다.

사전면담 질문지 작성

사전면담을 위해서는 간단한 질문지를 작성할 수도 있는데, 이 경우 구술자의 인적사항 및 주요 활동시점의 기본적 연표가 빠짐없이 수집되도록 질문지를 작성해야 한다. 사전면담 시 수집된 정보는 구술자의 개인정보 이용 승낙

5 본 절은 구술 면담에 관한 상세 지침을 제공하는 미국 홀로코스트기념관의 구술 인터뷰 가이드라인을 기본 골격으로 하고, 기타 국내외 벤치마킹 사례 및 실제 구술채록 경험을 토대로 작성한 것이다. 국내외 벤치마킹 사례에 참고한 가이드라인 내지 지침은 다음과 같다. Holocaust Memorial Museum, *Oral History Interview Guidelines*, Washington, DC: Holocaust Memorial Museum, 2007; Marjorie Hunt, *The Smithsonian Folklife and Oral History Interviewing Guide*, New York: Smithsonian Institution Center for Folkife and Cultural Heritage, 2003; Jayne K. Guberman ed., *In Our Own Voices: A Guide to Conducting Life History Interviews with American Jewish Women*, Brookline: Jewish Women's Archive, 2005; 한국구술사연구회, 『구술사: 방법과 사례』, 선인, 서울, 2005; 국사편찬위원회, 『2008 구술자료수집사업 오리엔테이션 자료집』, 국사편찬위원회, 2008 등.

을 얻은 후, 구술채록 업무를 담당하는 팀원들에게 제공하도록 한다.

사전면담 수행 및 평가

사전면담을 통해 면담자는 해당 구술자는 물론 해당 주제 및 사건에 대한 각종 정보와 아울러 향후 구술채록의 전체적인 윤곽 확보할 수 있게 된다. 사전면담은 실제 면담을 위한 기초 정보를 수집하기 위한 것이며, 깊이 있게 기록되는 면담이 아니라는 것을 구술자에게 분명히 언급해야 한다. 사전면담은 너무 간결하지도 너무 장황하지도 않게, 균형을 맞추는 것이 중요하다. 즉 특정 방향의 편향성 없이, 구술자에 대한 전반적인 정보를 획득하는 것이 관건이라는 말이다. 사전면담은 공식 면담 진행보다 몇 주일 전에 수행해야 하는데, 시간 간격을 얼마 두지 않고 공식 면담을 진행할 경우 "지난 주에 내가 말했듯이"와 같은 표현들이 지속적으로 나타날 수 있기 때문이다.

면담자는 사전 면담을 통해 구술자의 표현력과 기억이 명확한지, 일관성 있게 말할 수 있는 능력이 있는지, 경험을 반영하고 배경을 설명할 수 있는 능력이 있는지를 파악해야 한다. 아울러 이를 기반으로 실제 구술채록 시의 전략 및 유의점 등을 수립해야 한다.

사전면담 내용요약

면담자는 사전면담 바로 직후 사전 면담 내용을 면담일지와 면담후기 서식을 이용하여 요약해 두는 것이 바람직하다. 그리고 공식적인 구술로서의 가치는 낮지만, 사전면담 시 간단한 녹음장치를 사용해 구술자와의 대화를 녹음해 활용하는 것도 유용할 수 있다.

2. 면담 준비

면담자 접촉

면담자는 구술자가 구술채록에 응할 의지가 있는지를 파악한 후 구술 프로젝트의 취지 및 정보를 설명하도록 한다. 구술자 섭외 시에는 다음과 같은 방식으로 수행하도록 한다.

- 인사말 및 연락자 소개
- 구술사업의 취지 및 목적 설명
- 구술자의 구술채록이 반드시 필요한 이유 설명
- 구술자의 경험이 국가적 역사사료로서의 중요성 설명
- 구술자의 편한 일자와 장소, 시간에 맞추어 면담일자 확정

아울러 구술자에게 마지막 면담까지의 예상되는 기간, 면담 종료 후 어떻게 구술채록 결과물이 이용되는지, 면담 장소는 어디인지, 누가 면담을 수행하는지 등 역시 설명하도록 한다. 그리고 구술자에게 금번 구술 프로젝트의 의의 및 가치를 재차 강조하고, 구술에 대한 거부감을 느끼게 하는 표현은 가급적 삼가도록 한다.

면담 계획

이전의 유관 구술채록 경험이 부재한 경우에는 준비기간에 많은 시간을 할애해야 함은 당연하다. 면담자는 면담 예정일까지 구술채록 관련 각종 지침 및 가이드라인을 충분히 검토한 후 면담에 임해야 한다. 면담시에는 면담 장소에 참석하는 인원을 가능한 최소화하는 것이 좋은데, 기본적으로 면담자 1인, 촬

영자 1인 및 면담보조자 1인으로 구성하게 된다. 면담시 구술자의 가족 구성원 참여는 구술자를 편안하게 이끄는 장점이 있는 반면, 면담자나 구술자를 산만하게 하거나 이야기의 흐름을 방해할 수 있는 단점 역시 지니고 있다. 따라서 구술자 가족 구성원 참여 여부는 상황에 맞게 결정해야 하며, 구술자가 가족 구성원이 참여하는 것을 강하게 원하는 경우 구술자의 의견을 따르는 편이 좋다.

3. 연구 수행

연구 수행의 기본 전제

성공적 면담 수행을 위해서는 반드시 해당 주제에 관한 전문가여야 하는 것은 아니다. 하지만 기본적인 역사적 사실에 대한 지식과 이해를 가지고 있어야 하며, 구술자의 생애 및 경력 분야와 관련된 특정 사건 및 상황에 대한 지식을 갖추어야 한다. 또한 아무리 경험이 많은 면담자라 하더라도 구술자와 관련된 역사적 자료들을 읽고, 그러한 정보에 기반을 둔 특정 질문을 만드는 데에는 세심한 준비가 필요하다.

연구 시간

면담을 준비하는데 있어 최소 3시간 이상은 구술자와 관련된 연구자료들을 모으는데 투입하고, 4시간 이상은 연구자료들을 읽고 각각의 면담 질문을 만드는데 투입해야 한다. 구술자에 관한 연구 시에는 가능한 많은 정보를 습득하도록 노력해야 하며, 가장 관련성이 높은 자료를 선택해 복사해 두는 것이 좋다. 단 복사량은 100페이지를 넘기지 않는 것이 좋은데, 왜냐하면 구술자에 대한 연구 목적은 특정 주제에 관한 모든 기사나 책을 제본하는 것이 아니라,

특정 구술자에게 가장 적절한 정보를 수집하는데 있기 때문이다. 지나치게 방대한 양의 자료의 수집은 해당 구술 주제를 산만하게 할 뿐만 아니라, 질문의 구체성 및 전체적 구조를 흐트릴 수가 있다.

사전면담 내용 검토

우선 사전면담의 내용을 검토하면서, 공식 면담에서 보다 구체적으로 파악하기를 원하는 인물, 장소, 사건, 기관 등을 기록해 둘 필요가 있다.

구술자 및 관련자 정보

- 만약 구술자 또는 구술자의 직계 가족이 유명인이거나 특별한 직위를 가지고 있었을 경우, 기존에 출판된 도서나 기타 매체들에서 구술자에 관한 특정 정보를 찾아낼 수 있음

구술자가 언급한 인물에 관한 정보

- 위와 마찬가지로 해당 인물이 유명인일 경우, 기존에 출간된 각종 자료들의 이용이 가능

장소

- 구술자의 출생지역 및 성장지역, 그리고 활동지역에 대해 연구

사건/조직

- 구술자가 경험한 사건뿐만 아니라 구술자가 소속된 조직에 대해 연구
- 사건과 조직에 대해 충분히 연구하고 세부사항을 익혀 구술자와 면담하게 될 내용의 시나리오를 가늠할 수 있어야 함
- 기록으로 남겨져 있지 않더라도 구술자가 경험했을 가능성이 있는 사건을 찾아내는 것은 중요
- 특정 장소에서 일어난 특정 사건에 대해 충분히 파악하고 있다면 보다 심도 있는 면담을 수행할 수 있음. 이러한 지식은 구술자가 사전 면담 시 언급했던 것을 잊어버렸을 경우 특히 중요

연구 방식

구술자 및 해당 주제와 관련하여 기 출간된 도서, 연구논문 등을 리스트화 한 후 이들 문헌자료들을 연구한다. 또한 구술자 및 해당 주제와 관련된 신문 및 잡기 기사, 방송 인터뷰 자료와 함께, 인터넷 등의 도구들을 통해서도 관련 정보들을 조사할 필요가 있다. 구술자가 태어나 자란 곳과 주로 활동한 지역 의 지도를 확보하는 것도 바람직한데, 일반적으로 지도는 구술자의 경험을 시각 화 하는데 가장 좋은 정보원이 될 수 있기 때문이다. 연구 수행 시 종종 구술 자의 경험에 대한 추가적인 설명이 필요한 경우가 발생하게 되는데, 연구 수 행에 반드시 필요하다고 판단되는 경우에는 구술자에게 직접 전화를 걸어 설 명을 듣고 이를 명확히 해결하는 것이 좋다.

4. 질문 준비

질문 구성

사전면담 내용과 연구 결과물을 바탕으로 질문지를 작성하게 되는데, 구술 자로부터 얻고자 하는 정보들이 빠짐없이 수록되도록 작성해야 한다. 질문지는 구술 주제와 구술자의 특징을 감안하여 적절히 구성하도록 하며, 구술자의 생 애 및 해당 주제와 관련하여 연대기순으로 작성토록 한다. 질문지상의 중요한 질문 항목에는 눈에 확연히 띄도록 표기를 해두는 것이 좋다. 보통 면담 시 면 담자가 질문 리스트를 자주 쳐다보는 것은 면담 분위기를 훼손할 뿐만 아니라, 구술자의 말을 경청하는데 장애를 줄 수 있기 때문이다. 따라서 면담자는 질문 지의 내용을 사전에 충분히 숙지하도록 하며, 실제 면담시에는 질문지를 옆에 치워두고 가끔씩 중요한 부분이 누락되지는 않았는지를 확인토록 해야 한다.

질문지 사용

면담시 면담자는 질문지에 있는 질문 사항들을 순서대로 똑같이 물으려고 해서는 안된다. 예상질문지를 받은 구술자는 질문을 예상하고 그것에 대한 대답을 할 것이며, 그럴 경우 면담자가 질문하는 의미가 없어질 우려가 크기 때문이다. 질문지가 있다고 할지라도 질문지에 의존하기 보다는 가장 중요한 질문을 염두에 두고 질문해야 하며, 면담 전 준비를 철저히 해서 구술자의 삶 전체를 통찰할 수 있을 정도의 지식을 가지고 있다면 면담하는 동안 새로운 질문이 생각날 수도 있다.

면담은 구술자가 대화를 주도하게 두고 면담자는 그것에 따라가는 것이 좋다. 모든 면담은 "네", "아니오"처럼 한 단어로 간단하게 대답할 수 있는 질문은 절대적으로 피해야 하며, 또한 질문은 어렵거나 장황해서도 안된다. 세부사항을 이끌어 내기 위해 면담 동안 이용할 수 있는 가장 좋은 방안은 "그것에 대해 좀 더 이야기해 주세요"를 부탁하는 것이라 할 수 있다.

5. 면담 수행

면담장소 도착

면담 장소에 도착하기 전에 구술채록을 위한 세부 준비사항은 모두 완료된 상태여야 한다. 면담 장소에는 장비의 설치 및 기타 구술채록 준비에 필요한 시간을 충분히 확보할 수 있도록 약속 시간 20~30분전에 도착하는 것이 바람직하다. 그리고 실제 구술채록에 들어가기 전 구술자의 근황, 취미, 건강상태, 현재의 주요 이슈 등에 대해 가볍게 환담을 나눔으로써, 구술자와의 '라포'를 형성하는 것이 중요하다. 아울러 구술채록의 진행순서, 구술채록 시 유의사항이나 기타 사항들을 구술자에게 전달하는 것 역시 필요하다.

면담 개시

구술채록의 시작 시 면담자는 아래의 사항들을 공표함으로써 구술 시작을 알려야 하며, 이는 녹화 및 녹음되어야 한다. 면담자 시작 멘트의 예시는 다음과 같다.

- "본 면담은 ○○○○○○이 지원하는 ○○○○○○사업의 일환으로, ○○○○○○에서 실시하는 면담입니다"
- "지금부터 ○○○의 ○회차 구술채록을 시작하겠습니다"
- "일자는 ○○○○년 ○월 ○일이며, 시간은 ○시입니다"
- "금번 구술자는 ○○○(직함)이며, 면담자는 ○○○(직함)입니다"

면담 시 질문방식

면담자는 구술자의 개인적인 질문(고향, 가족관계, 유년시절 추억 등)부터 시작하며 구술자와의 대화 교감을 형성하도록 해야 한다. 처음부터 면담자가 구술자로부터 확보하고자 하는 세부 내용을 질문하면, 면담이 경직되거나 형식화되기 쉽다. 면담자는 구술자와의 라포 형성 및 면담의 분위기 조성을 위해 관련 사진이나 기록, 기사 등 구술자의 회고 및 대화를 도울 다양한 자료들을 준비할 필요가 있다.

질문은 가급적 간단하면서도 명료하게 하며, 한번에 한 가지씩 하도록 한다. 면담시 면담자 자신의 의견을 면담에 개입시켜서는 안되며, 구술자의 답변을 유도해서도 안된다. 아울러 면담자는 표정이나 감탄사, 수긍하는 태도 등을 통해 구술자가 편안히 이야기할 수 있는 분위기를 조성해야 한다. 구술자의 기억이 면담자가 알고 있는 사실과 일치하지 않는 경우에는, 구술자의 이야기가 끝난 후 반복 질문을 하여 확인토록 한다.

개방형 질문과 구체적 질문

면담자는 "당신의 어린시절 생활에 대해 말씀해 주세요"와 같은 개방형 질문을 주로 사용하면서, 세부 사항을 확인할 때에는 "아버님의 직업은 무엇이었나요?"와 같은 구체적인 질문을 병행하는 것이 좋다. 구체적 질문이나 난해한 질문으로 면담을 시작하는 것은 면담의 방향을 너무 지나치게 면담자가 이끌어가게 하기 때문에 지양되어야 한다. 개방적 질문은 구술자가 자신들이 직접 이야기를 풀어나가도록 함으로써 면담 흐름을 면담자가 아닌 구술자가 이끌어나가게 해주는 강점을 지니고 있다.

전환용 질문의 활용

면담자는 어떠한 경우든 구술자 이야기의 흐름을 방해해서는 안된다. 하지만 구술자가 이야기 도중 갑자기 이야기 흐름에 변화를 줄 경우에는, 전환용 질문을 통해 대화의 원래 흐름을 유지시킬 필요가 있다 예를 들어 구술자가 어린시절의 이야기를 하다가 갑자기 재직기간의 활동을 이야기한다면, 면담자는 잠시 이야기를 멈추고 몇 가지 다른 질문을 하여 자연스럽게 어린시절로 되돌아오도록 하는 것이 그것이다.

면담자의 태도

면담자는 질문할 때를 제외하고는 가급적 말을 최소화하는 것이 바람직하며, 구술자의 이야기를 주의 깊고 배려심 있게 경청하는 태도를 지녀야 한다. 면담자가 구술자에게 바라는 대답을 무리하게 유도하거나 취조식의 불쾌한 질문은 삼가야 하며, 면담자는 구술자와의 라포를 형성하며 구술자가 최대한 편안하게 이야기할 수 있도록 분위기를 이끌어야 한다. 구술자가 특정 날짜나 장소를 기억해내지 못할 경우 면담자는 그 정보에 대한 실마리를 제공하여 구술자를 도울 필요가 있다.

연대순 면담

면담자는 구술자에게 듣기를 희망하는 이야기만을 직접적으로 질문하기 보다는, 구술자의 유년시절 및 고향 이야기 등 구술자의 생애와 관련된 질문을 시작단계에 포함시킴으로써 구술자에게 편안한 분위기를 조성해 주어야한다. 이러한 측면에서 면담은 구술자의 생애 및 이력과 관련하여 연대기순으로 진행되는 것이 바람직하며, 아울러 일반적 질문에서 구체적 질문으로 나아가는 전략을 택해야 한다.

휴 식

최근에 사용되는 구술채록 장비 관계상 일반적으로 50분~1시간 단위로 테이프 교체 시간을 가지게 된다. 오디오 및 비디오 테이프를 바꿀 때에는 면담자가 구술자에게 양해를 구하고 잠시 휴식하도록 한다. 오디오 및 비디오 테이프 교체시간은 오디오 및 비디오 기기를 담당하는 면담보조원이 면담자에게 메모나 기타 무언의 신호로서 전달하도록 한다. 휴식 시 면담자는 질문지를 점검하거나 구술자와 가벼운 대화를 나누면서, 면담의 흐름이 끊기지 않도록 할 필요가 있다.

면담시간 할당

면담자는 질문지의 항목과 구술자의 이야기 시간을 수시로 체크하여 질문의 배합을 조절해야 한다. 고령의 구술자인 경우 건강상의 이유로 장시간 면담이 불가능한 경우가 일반적인 관계상, 구술채록 1회차 당 평균 2시간 내외에서 면담을 진행하도록 한다. 하나의 질문에 대해 구술자가 불필요하게 많은 시간을 할애하여 이야기한다면, 면담자는 조심스럽게 화제를 전환시켜 다른 질문으로 유도할 필요도 있다.

면담 종결

당 회차의 질문이 종료되면 면담자는 "이상으로 ○○○의 ○회차 구술채록을 마치겠습니다"라는 멘트와 함께, 구술자에게 감사의 인사를 드리는 것으로 면담을 마무리하도록 한다. 면담 종결 후 면담 동안 발언된 모호한 이름 및 장소의 명칭을 확인하는데 몇 분 정도의 시간을 사용할 수도 있다. 그리고 면담자는 구술자가 개인적으로 소장하고 있는 관련 기록이나 박물의 기증을 권면하는 것도 바람직하다.

김명훈

한국외국어대학교 대학원 정보·기록학과에서 기록학으로 박사학위를 취득하였고, 한국외국어대학교 기록학연구센터 연구부장과 한국외국어대학교 대학원 정보·기록학과에서 겸임교수로 활동하고 있다. 구술 관련 연구사업으로는 국가기록원 대통령기록관의 '역대 대통령 구술채록 사업', 서울시역사편찬위원회의 '서울시 역사 구술사업', 국가기록원의 '국민생활정책 관련 구술채록사업', 한국학중앙연구원의 '현대한국구술사연구사업' 등에 참여하였다. 주요 저서로서는 『출처주의와 현대 기록관리』(한국국가기록연구원, 2003), 『전자기록관리의 이해』(한국국가기록연구원, 2004, 공저), 『전자기록 평가론』(진리탐구, 2009) 등이 있으며, 주요 연구논문으로는 「레코드 컨티뉴엄과 평가, 그리고 기록콘텐츠: 기록콘텐츠 개념 정립을 위한 시론」(『정보관리연구』41(3), 2010), 「기록학적 관점에서의 구술의 의미와 역할에 관한 연구」(『기록학연구』24, 2010), 「디지털 구술기록의 생산 및 정리·보존 절차에 관한 연구」(『한국기록관리학회지』10(1), 2010) 등이 있다.

5장 디지털 구술기록의 관리 · 보존 프로세스

1. 디지털 구술기록의 특성과 관리 · 보존상의 주안점

최근 녹음 및 녹화 장비의 발달 및 보편화와과 함께 구술채록은 대부분 디지털 기기를 사용하여 수행되고 있다. 구술에서의 디지털 기술 활용은 구술의 가치 및 보편적 이용 기반을 확대시켜주고 있다.[1] 이로 인해 예전 아날로그 녹음테이프와 메모장을 가지고 구술을 수행하는 방식을 벗어나, 방송용 디지털 HD카메라와 보이스레코더 등과 같은 디지털 기기를 사용하여 보다 생동감 있는 구술기록 생성이 가능해졌다. 이러한 디지털 구술채록 기기를 사용하여 구술을 수행할 경우에는 관리 · 보존을 위한 체계화된 프로세스 정립이 요구되며, 아울러 이러한 프로세스는 디지털 구술기록의 특성을 고려하며 수립될 필요가 있다.

---

1 Michael Frisch, "Oral History and Hard Times: A Review Essay", *The Oral History Reader*, Robert Perks, Alistair Thomson eds, London & New York: Routledge, 1998, pp. 29-37.

디지털 방식의 구술기록은 아날로그 방식에 비해 신호왜곡이 적어 보다 선명한 영상과 음성을 제공해주며, 상대적으로 저렴한 비용으로 대량의 구술기록 관리를 가능케 해준다.[2] 또한 탐색 기술을 적용해 원하는 위치와 내용을 손쉽게 검색할 수 있고, 반복 재생을 통한 구술 내용의 면밀한 검토를 가능케 해준다. 특히 디지털 구술기록은 컴퓨터 기술을 기반으로 한 웹서비스 및 콘텐츠 제작 등 다양한 활용성 창출을 용이하게 해주는 강점을 지니고 있다. 하지만 이러한 점에도 불구하고 디지털 구술기록은 디지털 기록의 특성과 연동된 관리·보존상의 여러 딜레마들이 존재하며, 따라서 디지털 구술기록의 관리·보존 프로세스 구축을 위해서는 다음과 같은 점들을 고려해야 한다.

디지털 구술기록이 지닌 관리·보존상의 딜레마로는 먼저 정보 변화의 용이성을 들 수 있다. 기본적으로 디지털 구술기록은 디지털 기기를 통해 생성되며, 이로 인해 추후 내용의 수정·변조·복제가 용이한 특성을 지닌다. 구술은 생존자의 기억을 통해 과거의 사실 및 경험을 기록으로 남기는 행위라는 점을 감안할 때, 디지털 구술기록이 지닌 수정·변조·복제 등 정보 변화의 용이성은 구술기록의 진본성 확보에 딜레마로 작용하게 된다. 이러한 점을 감안할 때 디지털 구술기록은 생성 시부터 진본성 및 무결성을 확보함과 아울러 이를 관리 및 보존단계에 걸쳐 지속적으로 유지시킬 수 있는 방안 마련이 필수적으로 요구된다.

다음은 디지털 구술기록이 지닌 기술 의존성과 관련된다. 디지털 구술기록은 생산은 물론 관리·보존이 모두 디지털 카메라, 디지털 녹음기 및 컴퓨터를 통해서만 수행된다. 따라서 만일 디지털 기술의 진보와 보조를 맞추지 못하고 사양화된 기기를 선정해 생성시킨다면, 이후의 관리·보존은 물론 이용

---

2 정영록, 「구술기록의 디지털아카이빙에 관한 연구: 디지털 구술기록의 생산·관리 및 보존전략을 중심으로」, 한국외국어대학교 대학원 정보기록관리학과 석사학위논문, 2010, p. 27.

가능성을 담보하지 못할 위험이 크다. 이와 더불어 디지털 구술기록의 생성 시에는 특정 회사 소유의 사유 표준보다는 범용성·호환성을 지닌 파일 및 저장포맷을 사용할 필요가 있으며, 추후의 이용가능성 확보를 위해서는 디지털 기술의 변화와 맞물려 마이그레이션 및 에뮬레이션과 같은 보존조치가 필수적으로 필요하다. 따라서 디지털 구술기록의 관리·보존 프로세스 구축 시에는 범용성·호환성을 지닌 공개표준 포맷으로의 변환 절차가 포함되어야 하며, 아울러 쉽게 소실되거나 삭제되는 디지털 기록의 휘발성을 감안해 중복 사본을 생성시키는 절차 역시 마련되어야 한다.

디지털 구술기록 생성 및 관리·보존상의 특성 역시 프로세스 수립에 신중히 고려되어야 할 부분이다. 일반적으로 구술은 단독으로 기록을 생산하는 과정이 아닌, 구술자·면담자·촬영자·면담지원자 등 다자간의 공동 협업을 통해 생산된다. 특히 디지털 방식으로 수행되는 구술채록은 세심한 구술채록 준비과정, 실제 구술채록 촬영 및 녹음, 채록 후 디지털 결과물 관리·보존상의 전문성에 기반을 둔 명확한 역할분담이 필수적이다. 따라서 디지털 구술기록의 생성부터 관리·보존에 이르는 프로세스 수립 시, 기획-생성-관리-보존상의 세밀한 절차 및 명확한 역할 분담이 설정되어야 한다.

마지막으로 디지털 구술기록 관리·보존상의 하이브리드적 성격 역시 프로세스 수립에 고려될 필요가 있다. 최근의 디지털 시대에도 구술기록의 중요 부분은 디지털 동영상 및 음성 파일 형식으로 생성되지만, 녹취문 및 상세목록, 기타 구술과 관련된 각종 서식은 예전처럼 문자화된 종이기록으로 생성된다. 여기서 유념해야 할 것은 디지털 형식의 동영상 및 음성 파일과 종이기록으로 생성되는 각종 구술 서식은 하나의 단위로 관리·보존되어야 한다는 점이다. 구술기록은 단일 구술자의 기억을 토대로 생성되는 산물이라는 점에서 단일 구술자는 구술기록 분류 및 통제 상의 가장 기초적 단위가 되며, 더불어 이들 기록들은 단일 구술자를 정점으로 한 상호연계성 속에 관리·보존되어야 할 필요가 있다. 이러한 점을 감안할 때 디지털 구술기록의 관리·보존 프로세스 수립 시에는 디지털 기록과 종이기록 양자를 상호연계성 속에 통제할 수 있는 절차가 마련되어야 한다.

2. 디지털 구술기록의 관리·보존 프로세스 설계

디지털 구술기록의 관리·보존 절차는 앞선 구술기록 생산 프로세스를 통해 생성된 구술 결과물들을 취합해 정리하는 절차부터 시작된다. 최근의 녹화 및 녹음 기술력을 감안할 때 구술채록을 통해 일반적으로 생성되는 결과물은 디지털 동영상테이프와 동영상파일, 디지털 음성파일, 디지털 이미지 및 각종 텍스트 기반 서식이다. 디지털 매체와 종이 매체가 혼합된 하이브리드적 성격의 구술기록을 관리·보존하기 위해서는, 디지털 형식으로 생성된 구술기록의 변환 및 저장과 함께 디지털 결과물과 종이 결과물을 하나의 기록 단위로 통제하는 것이 핵심 관건이 된다. 이러한 특성을 감안하여 본장에서 수립한 디지털 구술기록 관리·보존 프로세스는 다음의 그림과 같이 도식화 할 수 있다.[3]

----

3 본 구술 관리·보존 프로세스는 구술채록 사업을 수행하는 모든 기관에 적용 가능한 지침이 되도록 하는 것을 목표로 하였다. 구술채록 사업의 특성을 감안할 때 모든 기관에 일률적으로 적용할 수 있는 표준 수립은 불가능하며, 따라서 각 기관의 고유 사정 및 특성에 맞게 일부 변형해 활용할 필요가 있다. 특히 최근의 디지털 환경에서 대부분의 구술채록 결과물은 디지털 파일 형식으로 생산되는 것을 감안해, 본 프로세스는 디지털 구술채록 결과물의 진본성 및 무결성, 신뢰성, 이용가능성을 원천적으로 확보할 수 있는 체계적인 관리와 더불어, 장기보존을 위한 디지털 아카이빙 방안을 고려하며 수립하였다.

〈그림 Ⅴ-1〉 구술기록관리 · 보존 프로세스도

구술 관리보존 단계					

정리

서식/자료

Ⅲ-1
서식/자료 취합
정리 담당자
▼
Ⅲ-2
임시 라벨링
정리 담당자
▼
Ⅲ-3
검수
정리 담당자
▼
Ⅲ-4
편철
정리 담당자
▼
Ⅲ-5
표제 부여
정리 담당자

디지털 동영상

Ⅲ-6
동영상 취합
정리 담당자
▼
Ⅲ-7
임시 라벨링
기획/수집 담당자
▼
Ⅲ-8
임시 저장
정리 담당자
▼
Ⅲ-9
표제 부여
정리 담당자
▼
Ⅲ-10
파일명 부여
정리 담당자

디지털 음성/사진

Ⅲ-11
음성/사진 취합
정리 담당자
▼
Ⅲ-12
임시 라벨링
정리 담당자
▼
Ⅲ-13
임시 저장
정리 담당자
▼
Ⅲ-14
파일명 부여
정리 담당자

관리 및 보존

Ⅳ-1
상세 목록작성/검증
보존 담당자
▼
Ⅳ-2
검색어 도출
보존 담당자
▼
Ⅳ-3
분류
보존 담당자
▼
Ⅳ-4
라벨링
보존 담당자
▼
Ⅳ-5
매체 변환
보존 담당자
▼
Ⅳ-6
박싱
보존 담당자

Ⅳ-7
서가 배치
보존 담당자
▼
Ⅳ-8
기술
보존 담당자
▼
Ⅳ-9
저장
보존 담당자
▼
Ⅳ-10
사본제작
보존 담당자
▼
Ⅳ-11
보존상태 점검
보존 담당자
▼
Ⅳ-12
보안 및 접근통제
보존 담당자

Ⅳ-13
구술자료 해제
활용 담당자
▼
Ⅳ-14
공개 제한 범위 확정
활용 담당자
▼
Ⅳ-15
열람 및 활용 서비스
활용 담당자

1. 정리 단계

위의 〈그림 Ⅴ-1〉은 디지털 구술기록의 관리 및 보존과 관련된 상세 프로세스를 도식화 한 것이다. 디지털 구술기록의 관리·보존 프로세스는 정리단계와 관리·보존단계로 구성되어 있다. 구술채록을 통해 생산된 디지털 구술기록을 취합해 본격적인 관리·보존에 앞서 예비적으로 정리하는 정리 단계는 모두 14개의 세부 프로세스로 구성되는데, 각 프로세스에 대한 개요는 다음의 도표와 같다.

〈도표 Ⅴ-1〉 정리 단계 프로세스 개요

단계	연번	프로세스명	정의	산출물
정리	1	서식/자료 취합	구술채록 관련 각종 자료 및 서식 취합	각종 자료 및 서식, 기증기록
	2	임시 라벨링	정식 표제의 생성 전까지 활용될 임시 표제 부여	
	3	검 수	구술채록 준비 및 수행 과정에서 작성된 각종 서식의 내용을 점검	
	4	편 철	구술자별 서식 및 자료를 하나의 단위로 편철	구술자별 서식및자료철
	5	표제 부여	정식 표제 부여	서식및자료철 표제
	6	동영상 취합	HD 디지털캠코더로 촬영된 동영상 자료를 단일의 관리책임 및 보존장소에 취합	HD 디지털테이프 HD 디지털파일
	7	임시 라벨링	정식 표제의 생성 전까지 활용될 임시 표제 부여	
	8	임시 저장	매 회차 구술채록 산출물 파일을 임시 저장장치에 백업	백업사본
	9	표제 부여	HD 디지털테이프에 정식 표제 부여	HD 디지털테이프 표제
	10	파일명 부여	HD 디지털파일에 정식 표제 부여	HD 디지털파일명
	11	음성/사진 취합	디지털 음성 및 사진파일을 단일 관리책임 및 보존장소에 취합	디지털 녹음파일 디지털 사진
	12	임시 라벨링	정식 표제의 생성 전까지 활용될 임시 표제 부여	
	13	임시 저장	매 회차 구술채록 산출물 파일을 임시 저장장치에 백업	백업사본
	14	파일명 부여	디지털 음성 및 사진파일에 정식 표제 부여	디지털 녹음파일/ 디지털 사진 표제

서식/자료 취합

먼저 정리단계는 구술채록을 통해 산출된 디지털 동영상 및 음성파일, 사진과 각종 구술 서식을 취합하여 하나의 기록 단위로 편제시키는 절차들로 이루어져 있다. 이를 위해 정리단계는 다시 구술채록 산출물 유형에 따라 각기 다른 세 부분의 절차들이 수행된다. 먼저 서식/자료 취합은 기록물 및 문헌자료의 조사·분석, 구술채록의 준비, 질문지의 작성, 그리고 구술채록 수행과정에서 생성된 각종 자료 및 구술채록 관련 서식을 취합하는 절차이다. 여기서 취합되어야 할 구술채록 관련 각종 서식들은 다음과 같다.

- 구술동의서
- 구술자 신상카드
- 면담자 신상카드
- 면담일지
- 면담후기
- 구술자료 이용 및 공개허가서
- 사례비 영수증

아울러 텍스트 형식으로 된 다음의 구술채록 결과물 역시 취합되어야 한다.

- 구술 녹취문
- 구술 녹취자료 개요서
- 예비 질문지
- 상세 질문지

기타 구술채록과 관련된 다음의 각종 자료들 역시 취합되어야 한다.

- 구술자 관련 참고자료 목록
- 질문지와 관련된 각종 참고자료

• 기타 자료

이러한 각종 서식 및 자료들은 디지털 동영상 및 음성 결과물과 통합되어 관리될 수 있도록 구술자별로 하나의 관리단위로 삼아야 한다.

임시 라벨링

임시 라벨링 절차는 표제부여 규칙에 따른 정식 표제가 생성되어 라벨로 출력되기 전까지, 구술자별 각종 서식 및 자료를 묶은 임시파일에 임시 표제를 부여해 식별토록 하는 절차이다. 임시 라벨링은 관리자가 임시적으로 식별할 수 있는 수준으로 '연도–사업명–구술자명' 등을 조합하여 작성하며, 아울러 최종 분류체계 및 분류기호가 확정되기 전까지 임시 관리번호를 부여해 식별토록 한다. 이러한 임시 표제 및 임시 관리번호는 디지털 동영상테이프 및 파일, 디지털 음성파일, 디지털 사진과 연계되게 함으로써 하나의 단위로 관리될 수 있도록 해야 한다.

검수

라벨링 작업이 수행되기 전 구술채록 준비 및 수행 과정에서 작성된 각종 서식의 내용을 검수 절차에서 점검할 필요가 있다. 검수 절차에서는 구술채록 과정에서 보다 상세히 파악된 구술자 관련 정보들을 구술자 신상카드에 보충하고, 면담일지 및 면담후기 등의 내용 중 불완전한 부분이 있을 경우에도 보충토록 한다. 그리고 각종 서식 상의 항목 결락부분이나 오탈자, 기타 보충 사항 등을 최종적으로 점검할 필요가 있다.

편철

검수까지 완료된 구술자별 서식 및 자료는 하나의 단위로 통합할 필요가 있는데, 이는 편철 절차에서 이루어진다. 편철은 하나의 물리적인 관리단위이자 개별 구술자를 정점으로 한 각종 서식 및 자료 간의 논리적 연계관계를 형성시키는 작업으로, 가급적 구술의 준비과정부터 최종 완료에 이르는 원질서에 따라 물리적으로 편철토록 해야 한다. 각종 서식 및 자료가 종이 출력물일 경우에는 중성용지로 된 보관파일이나 중성지 봉투에 담는 것으로 편철하며, 훈글이나 워드프로세스 파일, 기타 전자적 형태로 생성된 경우에는 장기보존을 위해 출력하여 보존하는 것이 바람직하다.

표제 부여

편철까지 완료되면 마지막으로 표제를 부여하게 된다. 표제는 해당 객체의 식별을 위한 가장 기본적인 작업으로, 구술채록 결과물의 경우에는 다음의 원칙을 반영하며 인위적으로 부여해야 할 필요가 있다.

- 고유성: 타 구술채록 결과물의 표제와 중복되어서는 안됨
- 식별성: 해당 구술채록 결과물에 대한 검색 및 파악이 가능해야 함
- 대표성: 해당 구술채록 결과물의 전체적인 내용이 표제에 표현될 수 있어야 함
- 간명성: 표제가 너무 길어서는 안되며, 위의 대표성을 고려하며 간단명료하게 작성되어야 함

각종 서식 및 자료의 경우에는 편철된 철 단위의 표제와, 철 안에 포함된 개별 건인 각종 서식 및 자료들에 대한 표제가 부여되어야 하는데, 철 단위의 표

제는 기본적으로 다음과 같은 요소들의 조합으로 생성시킬 수 있다.

- 연도–사업명–주제명–구술자명

그리고 건 단위 표제는 다음과 같은 요소들의 조합으로 생성시킬 수 있다.

- 구술자명–(회차)–서식명
- 구술자명–자료명

물론 구체적인 표제의 작성은 기관마다 또한 구술사업의 성격마다 각기 상이하게 나타날 수 있음으로, 각 기관의 특성에 맞게 개발될 필요가 있다.

동영상 취합

디지털 동영상 취합 절차는 매 회차 구술채록을 마치면 HD 디지털카메라로 촬영된 동영상 자료를 단일의 관리책임 및 보존장소에 취합하는 것을 말한다. 최근의 기술 환경에서는 HD급 방송용 디지털카메라를 화질이나 장기보존 측면에서 일반적으로 사용하고 있는데, 이 경우 취합되어야 할 동영상은 HD 디지털테이프와 HD 디지털파일이 된다.

임시 라벨링

매 회차 구술채록 후 디지털 동영상이 취합되면 임시 라벨링 절차를 수행하게 되는데, 이는 디지털테이프와 디지털파일 양자가 각기 상이한 방식으로 이루어지게 된다. HD 디지털테이프는 테이프 케이스와 테이프 자체에 임시 라벨링을 부착하게 되는데, 표제부여 규칙에 따른 정식 표제가 생성되어 라벨로 출력되기 전까지, 임시 라벨링은 관리자가 식별할 수 있는 수준으로 아래의 요소들을 조합하여 작성하면 된다.

- 연도–사업명
- 구술자명–회차–테이프 연번
- 촬영일자 / 시작시간–종료시간

HD 디지털캠코더로 촬영된 동영상 자료 중 HD 디지털파일은 디지털캠코더가 자동적으로 부여한 파일명 대신, 아래와 같은 관리자의 추후 식별이 가능한 수준에서 임시 파일명을 부여하면 된다.

- 연도–구술자명–회차

아울러 최종 분류체계 및 분류기호가 확정되기 전까지 임시 관리번호를 부여해 식별토록 하며, 이러한 임시 표제 및 임시 관리번호는 서식 및 자료철, 음성파일, 사진과 연계하게 함으로써 하나의 단위로 관리될 수 있도록 해야 한다.

임시 저장

임시저장 절차는 매 회차 구술채록을 마치게 되면 반드시 보존장소에 도착하여 바로 HD 디지털카메라로 촬영된 동영상 자료를 저장장치에 저장시키는 절차이다. HD 디지털카메라로 촬영된 동영상 자료 중 HD 디지털테이프는 원본으로 삼아 적정 보존환경에서 저장해야 하며, HD 디지털파일은 진본성(Authenticity)을 지닌 원본으로 삼아 서버나 외장하드와 같은 대용량 저장장치에 저장토록 해야 한다. 디지털 매체의 특성상 저장상의 안전성을 확보하기 위해 2개 이상의 저장장치에 저장시킬 필요가 있으며, 특히 방송용 카메라의 경우 카메라에 부착된 녹화 하드디스크의 오류를 최소화하기 위해 외부 저장장치에 저장한 후 녹화 하드디스크에 저장된 파일은 삭제토록 해야 한다.

디지털 동영상 표제 부여

디지털 동영상의 표제부여 원칙은 앞선 서식 및 자료의 표제부여와 기본적으로 동일하지만, 실제 표제 작성방식에는 약간의 차이가 있다. 즉 HD 디지털 테이프의 표제는 서식 및 자료철과 동일하게 작성하는 것이 바람직하나, 테이프 자체에는 각 회차당 최소 2개 이상이 생성되기 때문에 회차 및 연번을 추가하여 다음과 같이 작성토록 한다.

- 연도-사업명-주제명-구술자명-회차-테이프 연번

그리고 HD 디지털테이프의 케이스에는 상기의 표제 외에, 다음과 같은 요소들을 추가적으로 기입하는 것이 향후의 이용상 편리하다.

- 구술일자, 구술장소, 구술 시작~종료시간

물론 구체적인 표제의 작성은 기관마다 또한 구술사업의 성격마다 각기 상이하게 나타날 수 있음으로, 디지털 동영상 표제부여 규칙 역시 각 기관의 특성에 맞게 개발될 필요가 있다.

파일명 부여

디지털 동영상에는 파일명 부여 절차가 새롭게 추가되는데, 이 역시 디지털 테이프와 동일하게 작성하는 것을 원칙으로 하지만, **HD** 디지털파일은 각 회차당 하나의 단위로 생성되기 때문에 아래와 같이 작성토록 한다.

- 연도-사업명-주제명-구술자명-회차

음성/사진 취합

디지털 음성파일 및 사진 정리 절차는 앞선 서식·자료 및 디지털동영상 절차와 동일하게 관련 파일의 취합 절차부터 시작하게 된다. 매 회차 구술채록을 마치면, 보이스레코더로 녹음된 디지털파일을 단일 관리책임 및 보존장소에 취합하며, 아울러 구술채록 과정 중 디지털카메라로 촬영된 이미지파일 역시 단일 관리책임 및 보존장소에 취합토록 한다.

임시 라벨링

보이스레코더로 녹음된 디지털파일은 보이스레코더가 자동적으로 부여한 파일명 대신, 아래와 같은 관리자의 추후 식별이 가능한 수준에서 임시 파일명을 부여토록 한다.

- 연도-구술자명-회차

디지털카메라로 촬영된 이미지파일 역시 카메라가 자동적으로 부여한 파일명 대신, 아래와 같은 관리자의 추후 식별이 가능한 수준에서 임시 파일명을 부여한다.

- 연도-구술자명-회차-사진 연번

또한 이미지파일은 하나의 신설 폴더에 수록한 후, 이미지 파일의 임시 폴더명을 아래와 같이 부여한다.

- 연도-구술자명-회차

이러한 임시 표제는 서식 및 자료철, HD 디지털테이프, HD 디지털파일과 연계되게 함으로써 하나의 단위로 관리될 수 있도록 해야 한다.

임시 저장

매 회차 구술채록을 마치게 되면 반드시 보존장소에 도착하여 바로 보이스레코더 및 디지털카메라로 촬영된 디지털파일들을 임시 저장하도록 한다. 보이스레코더로 녹음된 디지털파일은 진본성(Authenticity)을 지닌 원본으로 삼으며, 서버나 외장하드와 같은 저장장치에 저장토록 한다. 디지털사진 역시 서버나 외장하드와 같은 저장장치에 저장토록 하며, 저장상의 안전성을 확보하기 위해 2개 이상의 저장장치에 저장시키는 것이 바람직하다.

파일명 부여

보이스레코더로 녹음된 디지털파일의 명칭은 서식 및 자료철과 동일하게 작성하는 것이 바람직하나, 녹음파일은 각 회차당 하나의 단위로 생성되기 때문에 아래와 같이 작성토록 한다.

- 연도-사업명-주제명-구술자명-회차

디지털카메라로 촬영된 이미지파일 폴더의 명칭은 아래와 같이 작성토록 함

· 연도-사업명-주제명-구술자명

아울러 디지털카메라로 촬영된 폴더 내 각각의 이미지파일 명칭은 아래와 같이 작성토록 함

· 연도-구술자명-사진 연번

구체적인 표제의 작성은 기관마다 구술사업의 성격마다 각기 상이하게 나타날 수 있음으로 각 기관의 특성에 맞게 개발될 필요가 있음은 물론이다.

2. 관리 · 보존단계

앞선 정리단계를 통해 단일 구술자를 중심으로 한 구술채록 결과물들이 구술기록으로 정리되었다면, 관리 · 보존단계에서는 다양한 기록관리상의 전문적 조치들이 수행되게 된다. 디지털 구술기록의 관리 · 보존단계는 모두 15개의 세부 프로세스로 구성되는데, 각 프로세스에 대한 개요는 다음의 도표와 같다.

〈그림 Ⅴ-1〉 정리 단계 프로세스 개요

단계	연번	프로세스명	정의	산출물
정 리	1	서식/자료 취합	구술채록 관련 각종 자료 및 서식 취합	각종 자료 및 서식, 기증기록
	2	임시 라벨링	정식 표제의 생성 전까지 활용될 임시 표제 부여	
	3	검 수	구술채록 준비 및 수행 과정에서 작성된 각종 서식의 내용을 점검	
	4	편 철	구술자별 서식 및 자료를 하나의 단위로 편철	구술자별 서식및자료철
	5	표제 부여	정식 표제 부여	서식및자료철 표제
	6	동영상 취합	HD 디지털캠코더로 촬영된 동영상 자료를 단일의 관리책임 및 보존장소에 취합	HD 디지털테이프 HD 디지털파일
	7	임시 라벨링	정식 표제의 생성 전까지 활용될 임시 표제 부여	
	8	임시 저장	매 회차 구술채록 산출물 파일을 임시 저장장치에 백업	백업사본
	9	표제 부여	HD 디지털테이프에 정식 표제 부여	HD 디지털테이프 표제
	10	파일명 부여	HD 디지털파일에 정식 표제 부여	HD 디지털파일명
	11	음성/사진 취합	디지털 음성 및 사진파일을 단일 관리책임 및 보존장소에 취합	디지털 녹음파일 디지털 사진
	12	임시 라벨링	정식 표제의 생성 전까지 활용될 임시 표제 부여	
	13	임시 저장	매 회차 구술채록 산출물 파일을 임시 저장장치에 백업	백업사본
	14	파일명 부여	디지털 음성 및 사진파일에 정식 표제 부여	디지털 녹음파일/ 디지털 사진 표제

서식/자료 취합

먼저 정리단계는 구술채록을 통해 산출된 디지털 동영상 및 음성파일, 사진과 각종 구술 서식을 취합하여 하나의 기록 단위로 편제시키는 절차들로 이루어져 있다. 이를 위해 정리단계는 다시 구술채록 산출물 유형에 따라 각기 다을 원칙으로 하며, 기본적으로 녹화·녹음 테이프면 내지 파일명과 시간별(카운트별)로 작성하는 것을 원칙으로 한다.

- 파일별: 디지털 파일의 경우, file1, file2로 구분하여 작성
- 시간별(카운트별): 보통 10분이나 30분 간격을 기본으로 하지만, 정확히 00:10:00 으로 초 단위, 분 단위를 정확히 10분, 30분 간격으로 맞추지는 않음. 구술자나 면담자의 말 중간에 걸릴 경우에는 구술자, 면담자의 말이 끊기는 부분으로 맞춤. 파일의 어느 부분에 찾는 내용이 있는지의 정보를 제공하는 것이 중요한 관계상, 파일별·시간별(카운트별)로 나눈 후에는 해당 부분에 주요한 소주제를 추출해야 함
- 주제별(화제별): 소주제, 핵심용어, 소목차 구실이 가능한 세부항목을 제시함. 소제목을 정하고 구술진행 순서 즉, 시간의 흐름 순서대로 주요 내용을 간단히 기재

〈예시〉 MP3 파일이며, 10분 간격으로 나눈 경우

\<MP3 file 1\>
(00:00:00~00:10:00)
독일 유학 이전의 상황
− 고려대학교 재학 시절
− 유학에의 결심 배경
− 아내와의 만남

상세목록에 포함되어야 할 정보는 다음과 같다.

- 구술기록 표제
- 구술인터뷰 회차
- 구술자명
- 면담자명
- 구술 연월일, 시간 및 장소
- 구술기록 구성내역
- 구술 상세내용
- 주요 색인어(검색어): 사건명, 인명, 단체명, 지역명, 장소명, 기타
- 구술자 비공개 요청 사항란

그리고 작성한 상세목록은 반드시 검증과정을 거쳐야 하는데, 특히 상세목록 작성의 주체가 면담자 본인이 아닌 경우이거나 녹취록 작성자 본인이 아닌 경우 이 과정은 매우 중요하며 필수적 사항이 된다. 상세목록 검증에는 다음과 같은 체크리스트를 활용하면 유용하다.

- 구술 내용의 전체적 흐름을 반영하였는가?
- 시간적 순서에 따라 작성하였는가?
- 상세목록 구성요소(위 참조)가 모두 반영되었는가?
- 소주제의 설정이 타당한가?
- 지나치게 생략적이거나 기계적이지 않은가?

검색어 도출

상세목록 작성이 완료되면 구술기록의 내용을 바탕으로, 검색 및 활용성 제고를 위해 검색어를 사후적으로 도출할 필요가 있다. 검색어는 구술기록 관리 및 분류, 기술, 전거제어 등의 과정에 유용한 정보로 활용되며, 또한 이용자의 측면에서 검색어는 상세목록과 함께 원하는 구술기록의 검색 및 접근을 도와주는 유용한 도구가 된다. 따라서 디지털 구술기록의 활용성 제고를 위해서는 인명, 지명, 사건명, 단체명 등에 대한 검색어 도출방식 수립을 통해 구술기록에 대한 검색어를 체계적으로 도출해야 할 필요가 있다.

분 류

분류 절차는 구술기록의 전체적인 논리구조를 형성시킴과 더불어 검색성을 창출시키는 방편이자, 다양한 유형으로 생성되는 구술기록들 간의 연계성은 물론 전체 구술기록들 간의 상호연계성을 확보하는 수단이다. 구술기록의 분류 시에는 다음과 같은 사항들을 고려해야 한다.

- 계층적 분류: 전체 구술채록 결과물을 '대분류−중분류−소분류−세분류'와 같이 계층적으로 분류를 함으로써, 구술채록 결과물 전체의 논리적 구조 형성과 더불어 검색성을 제고시킴
- 구술자별 연계: 단일 구술자의 구술을 통해 생성된 다양한 유형의 구술채록 결과물들은 단일 구술자를 정점으로 집합적으로 서로 연계되어 분류되어야 함
- 물리적 논리적 분류: 전산시스템 상의 분류기호를 기반으로 한 논리적 분류와 함께, 서가 상의 관리 · 보존을 위해 온 · 오프라인으로 생성된 구술채록 결과물들에 대한 물리적 분류 역시 수행되어야 함

• 다원적 분류: 단일의 분류기준을 통한 일원화된 분류체계를 형성시킴
과 아울러, 다양한 검색어 도출 및 컴퓨터의 검색력을 활용하여 여러
방식의 분류체계를 창출할 수 있도록 해야 함

구술기록의 분류를 위해서는 우선적으로 구술기록의 범주에 대한 사전 분
석이 전제되어야 한다. 전체 구술기록의 수량·매체 유형·내용별 내지 주제
별 분포·생성년도 등을 종합적으로 분석한 다음, 이를 기반으로 각 기관의
구술기록 성격에 적합한 전체 분류체계를 구상해야 한다. 구술기록 분류는 다
음과 같은 방식에 따라 수행하도록 한다.

• 기본 분류체계 수립
· 구술채록 결과물의 전체적인 논리적 구조를 형성하는 기본 분류체계는 각
기관의 사정, 구술채록 사업의 성격, 구술채록 결과물의 내용별 분포 등에 따
라 다양하게 나타날 수 있음
· 사업별, 연도별, 매체별, 인물별, 주제별 등 다양한 분류기준을 응용하여 수립
이 가능함
· 기본적으로는 아래의 예시와 같이 대분류–중분류–소분류–세분류 등 피라미
드 형태의 계층성을 창출하며 형성해야 함

〈도표 Ⅴ-3〉 디지털 구술기록의 분류체계 예시

대분류	중분류	소분류	세분류	건
연도별	사업별	주제별	구술자별	매체별
사업별	주제별	세부 주제별	구술자별	매체별
출처별	연도별	사업별	구술자별	매체별

· 분류 계층의 수는 최소 3개 이상으로 해야 하며, 필요에 따라 분류 단위별 세부 분할이 가능함

· 만일 기관 소장의 전체 기록물 분류체계와 연계시킬 필요가 있는 경우, 구술채록 결과물과 해당 기록 간의 내용 검토를 기반으로 한 연계성 창출 필요

• 분류기호 체계 수립

· 기본 분류체계의 수립이 완료되면, 분류 단위별 숫자 내지 문자, 기호 등을 활용하여 분류기호 체계를 수립

· 분류기호는 서로 중복되어서는 안되며, 개별 구술채록 결과물은 유일한 분류기호를 부여받아야 함

· 분류기호 체계는 분류체계와 연동하여 아래의 예시와 같이 계층성을 지녀야 함

〈도표 Ⅴ-4〉 디지털 구술기록의 분류기호 체계 예시

대분류	중분류	소분류	세분류	건
01	01	01	01	01
				02
			02	01
				02
		02	01	01
				02
			02	01
				02
	02	01	01	01
				02
			02	01
				02
		02	01	01
				02
			02	01
				02

· 분류기호 체계가 완료되면, 전체 분류체계도 및 분류기호 체계표를 출력하여 실제 분류 시 활용토록 함

- 실물 분류 및 분류기호 부여
  · 분류체계 및 분류기호 체계가 수립되면, 실제 구술채록 결과물에 대한 분류 수행 및 분류기호를 부여
  · 구술채록 결과물이 실물인 경우에는 최종 라벨이 출력되기 전까지, 포스트잇 등을 활용하여 분류기호를 실물에 부착
  · 구술채록 결과물이 컴퓨터 파일인 경우에는 구술자별로 편성한 폴더명을 분류기호로 부여

최종적으로 구술기록 분류상의 기본 단위는 세분류의 '구술자명'으로 삼는 것이 가장 효율적이다. 구술은 기본적으로 구술자를 대상으로 이루어지는 관계상 세분류의 구술자명은 구술기록의 관리 및 통제·보존상의 기본 단위로 삼아야 하며, 아울러 세분류의 구술자명은 상위 단계의 내용별 분류논리와 하위 단계의 매체별 분류논리를 연결하는 고리 역할을 담당하게 되기 때문이다.

라벨링

분류가 완료되면 구술기록에 대한 최종 라벨링 작업을 실시하게 되는데, 구술기록의 매체별 라벨링은 다음과 같은 방식으로 수행한다.

- HD 디지털 테이프
  · 분류기호
  · 기타 관리자의 관리 및 보존, 열람서비스 제공 상의 편의성을 도모하기 위해,

앞선 정리단계의 디지털동영상 표제부여 절차에서 부여한 문자정보를 출력하여 부착하는 것도 바람직함

- **HD 디지털 파일**
  · 앞선 정리단계의 디지털동영상 파일명 부여 절차에서 작성한 파일명으로 갈음

- **음성 파일**
  · 앞선 정리단계의 디지털 음성 파일명 부여 절차에서 작성한 파일명으로 갈음

- **디지털 사진**
  · 앞선 정리단계의 디지털 사진 파일명 부여 절차에서 작성한 파일명으로 갈음

- **서식 및 자료철**
  · 분류기호
  · 기타 관리자의 관리 및 보존, 열람서비스 제공 상의 편의성을 도모하기 위해, 앞선 정리단계의 서식/자료 표제부여 절차에서 부여한 문자정보를 출력하여 부착하는 것도 바람직함

매체변환

매체변환 절차는 디지털 구술기록의 가독성을 확보하기 위한 필수적 절차이다. HD 디지털카메라로 촬영된 동영상 중 디지털파일은 제조사 소유의 사유포맷 형식으로 생성되는 경우가 일반적이다. 이 때문에 특정 회사가 만든 독점적 표준을 사용한 사유포맷의 경우 향후의 장기보존 및 이용가능성 확보 상 여러 문제가 발생할 가능성이 높기 때문에, 국제적으로 공인된 공개표준

포맷이나 현재 광범위하게 수용되고 있는 포맷으로 변환하는 것이 필요하다.[4] 따라서 디지털동영상 변환 프로그램을 이용하여 사유포맷을 MPEG-2 내지 MPEG-4 등과 같은 국제표준 포맷으로 변환하도록 해야 한다.

- **MPEG-2**
  - MPEG은 ISO의 후원을 받는 동영상전문가 그룹인 'Moving Picture Experts Group'의 약칭으로, 디지털비디오 압축표준 및 관련 파일포맷을 제정함
  - MPEG-2는 CD급 오디오인 60fps 환경에서 720×480 및 1280×720의 해상도를 지원하며, 디지털 위성 방송 · 디지털 유선 방송 · 고화질 TV방송 등의 컴퓨터 멀티미디어 서비스에 사용
  - MPEG-2는 2시간 분량의 비디오를 수 기가바이트로 압축할 수 있음

- **MPEG-4**
  - MPEG-2의 고압축 버전
  - MPEG-2를 확장하여 영상/음성 "객체", 3D 콘텐츠, 저속 비트율 인코딩, 디지털 재산권 관리 지원 등을 포함
  - 멀티미디어 통신에서의 이용을 위해 만들어 지고 있으며 영상 압축기술 인터넷과 이동 통신 환경에서 사용

그리고 매체변환을 통해 생성된 파일은 진본성을 지닌 원본으로 삼으며, 앞선 정리단계의 디지털 동영상 파일명 부여 절차에서 작성한 파일명을 부여토록 한다.

----

4 HD 디지털카메라로 활용된 구술 디지털동영상의 파일 변환과 관련된 기술적 설명에 대해서는 정영록, 「구술기록의 디지털아카이빙에 관한 연구: 디지털 구술기록의 생산 · 관리 및 보존전략을 중심으로」, 한국외국어대학교 대학원 정보기록관리학과 석사학위논문, 2010, pp. 63~79를 참조.

박싱

박싱은 구술기록을 물리적으로 편성해 보존하는 절차이다. 앞서 언급한 바 대로 구술자는 구술기록의 관리 및 통제 · 보존상의 기본 단위인 관계상 물리 적으로도 하나의 단위로 편성해 보존하는 것이 향후의 관리 · 보존 및 활용을 위해서도 편리하다. 이를 위해 박싱 절차에서는 구술기록을 오프라인 서가에 보존하기 위해 보존용 박스에 편성시키게 되는데, 구술기록 유형별 박싱 내역 은 아래와 같다.

- **HD 디지털 테이프**
  - · 디지털 테이프 원본
  - · 디지털 테이프 원본은 라벨링이 완료된 케이스에 담아 보존

- **HD 디지털 파일 / 음성 파일 / 디지털 사진 파일**
  - · HD 디지털 파일 원본은 원본의 신뢰할 수 있는 복제본을 생성시킨 후 DVD 에 저장
  - · 공개표준으로 매체변환 된 HD 디지털 파일 역시 원본의 신뢰할 수 있는 복 제본을 생성시킨 후 DVD에 저장
  - · DVD에는 매체변환 된 HD 디지털 파일, 음성 파일, 디지털 사진 폴더를 편성 후 해당 파일을 수록
  - · DVD는 보호케이스에 넣고, 케이스 및 DVD 표면에 수록된 폴더 및 파일내 역 등을 라벨링함
  - · DVD의 표면에 먼지, 지문 등 오염원이 있는 경우 렌즈용 티슈 등을 이용하 여 오염원을 제거(오염원 제거 시 디스크 중심에서 바깥 방향으로 스크래치 가 발생치 않도록 닦아냄)

- 서식 및 자료철
  - · 보존파일로 편철되고 라벨링이 완료된 원본
  - · 워드프로세스나 흔글, 스프레드시트 등 텍스트 기반 기록인 경우, 모두 종이로 출력하여 보존토록 함

보존용 박스는 외부 유해요소와의 접촉을 막고 장기보존이 가능한, 중성용지 내지 기타 중성재질로 제작된 것을 사용토록 하며, 박싱 후에는 구술사업 수행년도 · 사업명 · 주제명 · 구술자명 · 서가 위치번호 및 해당 박스에 수록된 구술기록 내역을 라벨링 하여 부착한다. 그리고 향후의 이용가능성을 확보하기 위해 HD 디지털파일, 음성파일, 디지털 사진파일은 컴퓨터 기술의 진전과 연동하여 새로운 파일 포맷으로 주기적으로 마이그레이션 해야 한다.

서가 배치

라벨링 및 박싱이 완료되면 보존박스를 보존서가에 배치하게 되는데, 보존서고는 인가된 관리자만이 출입할 수 있도록 해야 한다. 보존서고 내의 서가 배열은 각 기관의 예산 및 기타 정황을 고려하여 결정하면 되는데, 풍부한 예산과 넓은 서고를 지닌 경우 보존박스의 서가 배치는 구술기록의 분류체계와 연동하여 편성하면 편리하다. 협소한 보존서고의 경우에는 서가의 충분한 활용을 위해 입고 순서대로 보존박스를 배치하고 관리번호를 부여토록 한다. 보존서가 상의 보존박스 위치정보는 반드시 구술기록 목록상의 위치정보와 일치해야 한다.

보존서고 내의 온습도 환경은 아래의 기준을 참조하여 유지토록 한다.

〈도표 Ⅴ-5〉 구술기록 서가 보존을 위한 최적 온습도 조건

*변화율: 각기 10% 이내

매체	최적 온도 범위(℃)	최적 습도 범위(%/RH)
자기 및 광매체	13~17	35~45
종이매체	18~22	40~55

보존서고는 유해 기체, 전자기적 환경, 도장 마감재, 접착제 등에서 나오는 기체로부터 차단되어야 하며, 해충이나 곰팡이 등 생물학적 요소들에 의한 영향을 예방하기 위해 청결한 상태를 유지해야 한다. 아울러 직사광선을 피하고 형광등에서 방출되는 자외선(10~400mm) 역시 형광등 보호필름을 사용하여 차단시켜야 하며, 항온항습기, 온습도계, 소방설비, 잠금장치, 감시카메라, 천연항균기 등과 같은 보존설비 역시 예산이 허락하면 구비하는 것이 바람직하다.

기 술

기술(Description) 절차는 구술기록에 대한 상세 내역 및 내용 설명과 더불어 검색·활용상의 편의를 제고시키기 위해 수행되는 작업이다. 구술기록의 기술은 보존 및 활용단계에서 별도로 수행되는 것이 아닌, 구술의 기획 및 연구 단계부터 획득된 각종 정보들을 종합적으로 정리·추가시키는 활동이라 할 수 있는데, 구술기록의 기술에 이용되는 각종 정보는 다음과 같다.

- 구술 수집정책 및 구술채록 사업 목적
- 구술자 및 면담자 신상카드
- 구술 면담일지 및 면담후기
- 구술 상세목록 및 녹취문

- 구술자료 이용 및 공개허가서
- 각종 디지털 구술채록 장비 및 산출물 관련 정보 등

현재까지 구술기록에 관한 국제 및 국내 기술규칙 표준은 수립되지 못하였다. 다만 국제기록물기술규칙 표준인 ISAD(G), 미국 아키비스트협회에서 수립한 Oral History Cataloging Manual, 기타 국내외의 구술 관련 기술 표준들을 참조함과 더불어, 디지털 구술기록의 특성을 반영해 ISO 23081 및 각종 보존메타데이터 표준들을 참조하여 구술기록의 기술요소들을 도출하면 다음과 같이 정리할 수 있다.[5]

〈도표 Ⅴ-6〉 구술기록의 기술요소

기술 영역	기술 요소	하위 요소	세부 요소
생산 기관	계획	사업 명	
		사업 주관기관	
		사업 목적 · 배경	
		컬렉션 명	
		수행기관	
		수행기간	
		연구 참여자	
	산출	산출물	
생산 기록	식별	식별 코드	
		기술 계층	
		제목	
		날짜	
		물리적 크기 · 범위	
	배경	구술자명	상세이력 및 전기정보
		면담자명	상세이력 및 전기정보
		기타 참석자명	보조자, 녹음자, 촬영자 등

---

5 구술기록의 기술요소에 대한 보다 상세한 설명에 대해서는 본서의 제6장을 참조.

	기술	면담차수	
		구술일자	
		구술장소	
		구술언어	
		구술시간	
	내용	주제 분류	
		주제어	
		목록	
		내용 요약	
		추가	
	물리적 기술	매체유형	
		매체크기	
		재생시간	
		매체개수	
		저장매체	
		포맷유형	
		편집유형	
		추가적 정보기술	
	저작권	저작권자	
		권리내용	공개동의서, 이용허가서 유무
			공개여부
			제한내역
		저작권 주기	
	열람·이용	이용조건	
		제한조건	
		재생산조건	
		검색도구	
		색인어	
		제공형태	온라인
			오프라인
연관자료	산출 자료	녹취문	녹취자명
			양
			전자형태
			출판여부
		사진	양
			내용
		딸림자료	질문지
			상세목록

			면담일지	
			면담후기	
	관련 자료	기타자료	간행물	
			파생자료	
		관계자료	식별코드	
			관계유형	
			관계기술	
보존	관리	책임자		
		관리주기		
		상태		
		보수일자		
		보수내역		
		포맷기준		
		포맷변환		
		포맷변환일		
		보존위치	원본	오프라인
				온라인
			복제본	오프라인
				온라인
	환경	소프트웨어		
		하드웨어		
	제한자			
	이벤트	이벤트 유형		
		이벤트 식별자		
		이벤트 일시		
		이벤트 행위주체		

저 장

앞선 박싱 및 서가배치 단계를 거치며 구술기록의 물리적 보존이 완료되었다면, 저장 단계는 디지털파일 포맷으로 생성된 구술기록에 대한 디지털 아카이빙을 위한 것이라 할 수 있다. 구술 디지털파일의 저장은 장기보존을 위한 구술 디지털 아카이빙의 출발점으로, 수정·변조·복제가 용이하며 컴퓨터 기술 의존적 속성을 지닌 디지털파일의 특성에 맞게 다음과 같은 속성들을 고려해야 한다.

- 진본성(Authenticity)
  · 원본에 대한 임의적인 수정·변조 행위 없이, 원래 생성된 그대로 저장하거
    나 복제본을 생성
- 무결성(Integrity)
  · 불법적인 접근이나 이용으로부터의 보호를 통한 구술 디지털 파일의 진본성
    유지
- 신뢰성(Reliability)
  · 진본성과 무결성 유지를 기반으로 구술자의 구술에 대한 신뢰할 수 있는 증
    거성 확보
- 이용가능성(Usability)
  · 컴퓨터 기술의 진전과 보조를 맞추어, 원래 파일 포맷의 사양화로 더 이상의
    활용이 불가능한 상황을 방지하기 위해 새로운 파일 포맷으로 마이그레이션
    실시

이러한 구술 디지털파일의 기본 속성 확보를 통해 진본성·무결성·신뢰성
을 지닌 구술 디지털파일이 언제라도 접근과 이용이 가능하도록 유지·보존해
야 하는데, 현재의 기술적 수준을 감안할 때 구술 디지털파일의 저장 포맷으
로 장기보존 및 활용성을 확보하기 위해 기본적으로 다음과 같이 저장하는 것
이 권장할 만하다.

- HD 디지털 파일
  · HD 디지털 파일의 원본 포맷은 제조사의 사유 포맷표준이 대부분이며, 이것

을 컴퓨터상에서 이용하기 위해서는 공개표준으로 변환하는 절차가 반드시 필요함

· 따라서 일반 컴퓨터 환경에서 HD 디지털 파일을 이용가능토록 하기 위해서는 M2T 파일을 ISO 표준인 MPEG-2 파일로 변환하여 저장하는 것이 바람직함

· 저장은 각 기관의 기술 수준, 예산, 기존 장비를 감안하여 결정토록 하며, 기본적으로 서버나 기타 보안통제가 부여된 저장장치에 저장해야 함

• 디지털 음성 파일
  · 고음질을 제공하는 보이스레코더의 WMA 파일 포맷으로 저장

• 디지털 사진 파일
  · 무압축 포맷인 TIFF 파일 포맷으로 저장
  · 디지털 카메라가 TIFF 파일 포맷 생성을 지원하지 않는 경우, 디지털 카메라에서 생성된 JPEG 포맷으로 저장

물론 기술의 발전으로 상기의 저장 포맷이 사양화되어 신규 포맷으로 변경된 경우에는 반드시 신규 포맷으로 마이그레이션을 실시해 저장해야 하며, 불법적인 접근이나 이용으로부터 보호되어야 함은 물론이다.

사본제작

사본제작 절차는 디지털 구술기록의 웹서비스 및 열람용 사본을 만드는 것이다. 웹서비스 및 열람용 사본은 가급적 활용상의 편의를 위해 저용량으로 제작하는 것이 좋으며, 아울러 진본성 · 무결성 · 신뢰성 · 이용가능성 역시 고

려하며 제작되어야 한다. 현재의 기술상황에서 구술기록 유형별 사본 포맷은 다음과 같이 제작하는 것이 바람직하다.

- **HD 디지털 파일: MPEG-4**
  - · MPEG-2의 고압축 버전
  - · 멀티미디어 통신에서의 이용을 위해 만들어지며, 영상 압축기술 인터넷과 이동 통신 환경에서 사용
  - · MPEG-2를 확장하여 영상/음성 객체, 3D 콘텐츠, 저속 비트율 인코딩, 디지털 재산권 관리 지원 등을 포함

- **디지털 음성 파일: MP3**
  - · MP3는 오디오 데이터의 압축기술로, MPEG-1과 MPEG-2의 기능 사양 중 일부임
  - · 보통 CD에 있는 음악 파일의 크기는 30~50MB 정도이지만, MP3 기술을 이용하면 음질을 거의 같은 수준으로 유지하면서도 데이터 용량을 원래의 약 12분의 1 이하로 줄일 수 있음
  - · 따라서 웹 서비스 기반 고품질 음악의 유통 및 활용에 유용

- **디지털 사진 파일: JPEG**
  - · 'Joint Photographic Experts Group'의 약칭으로, JPEG 파일 형식은 ISO 10918으로 지정된 공식표준임
  - · JPEG은 파일 생성 시 압축품질의 범위를 사용자가 선택할 수 있는 그래픽 이미지로, JPEG 이미지를 만들거나 다른 포맷의 그래픽 이미지를 JPEG으로 변환할 때 원하는 이미지의 품질을 지정하도록 되어 있음

· 그래픽 파일을 원래 크기의 약 5% 수준까지 압축할 수 있지만, 세밀한 정보 중 일부는 압축 시 훼손될 수 있는 단점을 지님

보존상태 점검

보존상태 점검 절차는 보존박스에 보존된 오프라인상의 구술기록에 대해 주기적으로 보존상태를 점검해주는 것으로, 천재지변이나 각종 인재로 인한 구술기록의 훼손·유실에 대비하기 위해 재난대비 계획을 수립하는 것 역시 여기에 포함된다. 디지털 구술기록 유형별 보존상태 점검 내역은 다음과 같다.

- **HD 디지털 테이프**
  - 정수점검 및 상태점검을 2년에 1회씩 실시
  - 점검 시 HD 디지털 테이프 표면의 각종 먼지나 오염물질을 제거
  - 2년에 1회 정도로 HD 디지털 테이프를 재생해 보도록 함

- **HD 디지털 파일 / 음성 파일 / 디지털 사진 파일**
  - 정수점검 및 상태점검을 2년에 1회씩 실시
  - 저장장치에 수록된 전자파일의 이용가능성 및 손상 여부 등에 대해 점검
  - 아울러 저장장치의 이상 유무 역시 점검
  - 오류 발생시 이를 복구토록 하며, DVD 등과 같은 저장장치 표면의 오염물질 역시 제거토록 함
  - 기술의 진전에 따른 새로운 저장장치의 보편적 사용으로 현 저장장치가 사양화되었거나, 신규 파일포맷의 출현으로 기존의 파일 포맷 이용이 어렵게 될 경우에는, 신규 저장장치로 마이그레이션하거나 신규 파일포맷으로 변환토록 함
  - 해당 파일이 손상되어 더 이상 활용이 불가능한 경우에는, 중복 보존된 원본

을 통해 복제본을 생산한 후 저장장치에 보존토록 함

- 서식 및 자료철
  · 정수점검은 2년에 1회씩, 그리고 상태점검은 10년에 1회씩 실시
  · 종이기록의 산성화가 진행될 경우 탈산처리를 실시토록 함

보안 및 접근 통제

보존된 구술기록은 유일본으로서의 속성을 지니는 관계상 엄격한 보안 및 접근통제 조치가 마련될 필요가 있다. 보존서고 출입은 반드시 지정된 담당자만이 행할 수 있도록 하며, 출입 권한을 지니지 않은 자의 임의적 내지 불법적 출입은 원천적으로 차단되어야 한다. 특히 서버나 기타 저장장치에 보존된 디지털파일의 경우에는 수정 · 변조 · 삭제가 용이한 관계상 보다 엄격한 보안 및 접근통제책이 마련되어야 하며, 암호화 장치 등을 활용해 불법적인 접근 및 이용을 원천적으로 차단토록 함과 더불어 관리책임자 및 접근권한자의 범위에 대한 지침을 마련해야 한다.

구술자료 해제

구술자료 해제 절차는 관리 · 보존 조치가 완료되고 공개 시점이 가까워지면 해당 구술기록의 내용을 압축적으로 요약하는 것이다. 이 해제는 원고지 20~25매 내외로 작성해 검색시스템에 해당 내용을 등록하게 되는데, 해제에 포함되어야 할 항목은 다음과 같다.

- 구술채록 연도 및 월일
- 구술사업명

- 주제명
- 구술자명 및 면담자명
- 구술개요: 해당 구술자료의 구술채록 배경 및 목적, 경과 등에 대해 기술. 내용 작성 시 주관적 의견 개진은 가급적 피하고 객관적으로 기술하도록 하며, 참고자료 인용 시 출처를 명시
- 구술내용 요약: 구술의 핵심적인 내용을 전체적으로 간단명료하게 요약
- 의의와 한계: 구술채록의 의의 및 구술채록 상의 한계, 구술을 통해 새롭게 밝혀진 사실내역, 추가 구술의 필요성 등을 설명

공개제한 범위 확정

해제작업이 완료되면 본격적으로 이용 서비스를 개시하게 되는데, 구술동의서 및 구술자료 이용 및 공개허가서에 서명한 구술자의 승낙사항을 기반으로 구술기록은 일반 이용자에 대한 공개를 원칙으로 해야 한다. 구술기록의 공개정책은 다음의 사항을 준수해야 한다.

- 개인정보 및 권익의 보호
- 구술자의 의견 존중
- 구술자료 공개의 공평성 및 평등성
- 명문화된 객관적 기준을 토대로 한 비공개 설정

하지만 구술자의 개인 신상이나 사적 정보 등 다양한 이유로 인해 불가피하게 구술기록의 일부 내지 전부를 공개하지 못하는 경우가 종종 발생하며, 특히 정치인 내지 고위관료층을 대상으로 한 엘리트 구술채록인 경우 구술 내용 상의 민감성 등으로 인해 비공개로 지정해야 하는 경우가 보다 빈번히 발생하

게 된다. 아울러 구술사업의 성격, 구술자의 특성, 구술기록의 내용, 기관의 정책 및 목표 등에 따라, 구술기록의 비공개 사유가 상이할 수 있다. 따라서 각 기관에서는 이러한 사항들을 고려하여, 기관의 실정에 부합하는 비공개 지정 기준을 가급적 상세히 수립해야 할 필요가 있다.

열람 및 활용서비스

구술기록 생산 및 관리 · 보존 프로세스의 종국적 귀결점은 바로 열람 · 활용서비스 절차라 할 수 있다. 최근의 기록관리 패러다임 중 하나는 기록 서비스의 강화 경향임을 감안할 때, 구술기록의 열람 · 활용서비스는 구술기록의 의미 및 가치를 확산시키는 절차이기 때문이다. 따라서 이용자의 열람요청이 있는 경우 서비스를 제공하는 수동적 자세를 지양하고 구술기록의 폭넓은 활용기반을 모색해야 하며, 특히 네트워크 기술이 보편화된 환경에서 활용성 및 열람상의 편의성 제공을 위해 온라인을 통한 웹 서비스 기반을 확충할 필요가 있다. 구술기록의 열람 · 활용서비스는 온라인 및 오프라인 방식을 병행해야 한다. 오프라인 서비스의 경우에는 열람활용에 필요한 컴퓨터 하드웨어 및 소프트웨어 등 제반 기기들을 구비해야 하며, 원본의 훼손 방지 및 진본성 · 무결성 유지를 위해 열람용 사본으로 서비스를 제공하게 된다. 온라인 서비스의 경우에는 디지털 기술을 활용하여 구술 동영상 및 음성, 각종 서식정보를 온라인상으로 제공하는 방안을 강구해야 하며, 검색성 강화를 위해 기술 및 검색어 · 상세목록 · 전거제어 정보를 강화시킬 필요가 있다. 아울러 이용성 제고를 위해 디지털 기술을 기반으로 한 기록콘텐츠 자원화 방안 역시 강구되어야 한다.

김명훈

한국외국어대학교 대학원 정보·기록학과에서 기록학으로 박사학위를 취득하였고, 한국외국어대학교 기록학연구센터 연구부장과 한국외국어대학교 대학원 정보·기록학과에서 겸임교수로 활동하고 있다. 구술 관련 연구사업으로는 국가기록원 대통령기록관의 '역대 대통령 구술채록 사업', 서울시역사편찬위원회의 '서울시 역사 구술사업,' 국가기록원의 '국민생활정책 관련 구술채록사업', 한국학중앙연구원의 '현대한국구술사연구사업' 등에 참여하였다. 주요 저서로서는 『출처주의와 현대 기록관리』(한국국가기록연구원, 2003), 『전자기록관리의 이해』(한국국가기록연구원, 2004, 공저), 『전자기록 평가론』(진리탐구, 2009) 등이 있으며, 주요 연구논문으로는 「레코드 컨티뉴엄과 평가, 그리고 기록콘텐츠: 기록콘텐츠 개념 정립을 위한 시론」(『정보관리연구』41(3), 2010), 「기록학적 관점에서의 구술의 의미와 역할에 관한 연구」(『기록학연구』24, 2010), 「디지털 구술기록의 생산 및 정리·보존 절차에 관한 연구」(『한국기록관리학회지』10(1), 2010) 등이 있다.

6장 구술기록의 기술(Description)

1. 구술기록

(1) 구술기록의 특성

구술기록을 관리하고 보존하여 아카이브를 구축하기 위해서는 먼저 여타의 일반적인 문서자료와는 다른 성질과 특징과 구술기록의 공공성 문제를 파악해야 할 것이다.

구술기록은 생산되는 과정과 유형 등이 일반적인 기록의 그것과는 많은 차이를 보인다. 또한 단순히 기록물 그 자체로만 여기는 것이 아니라, 구술 면담 당시의 구술자가 남긴 기록의 연원, 배경, 맥락, 구술자와 연구자간의 라포 형성 상태 등을 고려하여 그 문맥을 재해석하고 분석하는 부분도 포함되어야 한다.

구술사 연구를 통해 생산되는 기록의 성격은 대체로 구술성, 주관성, 공동작업, 목적성, 매체의존성, 기술의존성 등으로 꼽을 수 있다.

첫째, 구술 기록의 구술성이라고 함은 구술기록을 문헌자료와 구별 짓는 가장 큰 특징으로써 말로 서술하는 것이 문자로 기록되는 성격을 말한다. 따라서 구술자 개인의 이야기뿐만 아니라 얼굴 표정, 행동, 분위기 등이 모두 포함된다. 이러한 구술성의 특성은 기억의 정확성과 연관되어 자칫 구술기록의 한계로 자리하기도 한다. 일반적으로 인간의 기록은 선별적이고 시간에 따라 쇠퇴한다. 그러나 관심이 있는 사건에 대한 기억은 시간과 독립적이다. 비록 함축성을 띄기는 하지만 관심의 정도에 따라 기억은 상상을 초월할 만큼 생생하다.[1] 그렇다고해서 구술사료 수집 시 면담자는 구술자의 기억에만 의존해서는 안되며, 구술자가 정확한 기억을 할 수 있도록 다양한 방안을 강구해야 한다.

구술사 방법론에서 가장 문제시 되는 점 중 하나가 기억의 정확성에 관한 문제이다. 일반적으로 노쇠와 기억은 반비례한다고 하지만, 나이가 들면서 겪은 일이 일상화 또는 타성화된 일은 시간이 갈수록 기억이 희미해지지만, 충격적인 일이나 처음 겪었던 일에 대한 기옥은 세월이 흘러도 명료한 편이라고 한다. 구술 연구에서는 정확한 사실을 쫓기도 하고, 재현적 상황을 쫓는다. 학자라면 구술자의 말을 듣고 재현하는 것에서 그치는 것이 아니라, 그 이야기의 핵심에 근접하도록 해야 한다. 사실의 차원이건, 맥락의 차원이건, 경우에 따라서는 구술 현장을 벗어난 후 구술자들이 말하는 지점이나 시간에 대해서 전후좌우를 밝히는 연구도 추가적으로 수행되어야 한다.

둘째, 주관성은 개인의 주관적 경험이 구술기록에 투영되기 때문에 발현되는 특성이다. 이러한 주관적인 특성으로 인해서 역사적인 자료로서 가치를 인정받지 못했다. 그러나 개개인은 독특한 존재인 동시에 누구나 나름대로 자기가 속해있는 사회나 문화를 대표할 수 있는 구성원[2]임을 감안해야 한다. 개인적 서술

---

1 정혜경, 「구술사료의 관리방안:수집에서 활용까지」, 『한국예술종합학교 논문집』 6집, 2003, pp. 59~98.

2 유철인, 「구술자료의 채록과 해석: 구술자와 채록자의 상호작용」, 한한국예술종합학교 논문집』 6집, 2003, pp. 99~117.

의 진실성은 구술자가 진실이라고 믿고 증언한 과거의 기억이 객관적인 사실과 일치하지 않는다면 그 기억은 거짓이라고 평가된다. 그러나 다른 한편으로 보면, 구술자가 진실이라고 믿고 있는 그 기억이야말로 의미가 있는 것이다. 사실만큼이나 중요한 내용은 구술자가 믿고 있는 것, 즉, 그것을 믿고 있다는 점이다. 따라서 면담자는 역사적 사실을 규명하는데 주력하는 것이 아니라 구술자의 문화적 배경에 주목해야 한다는 지적도 있다.[3]

구술사 방법론에서 기억의 신뢰성은 문제시되는 부분인데, 신뢰도는 한번 조사한 것을 반복 조사하더라도 일관성있는 결과를 얻을 때 보장될 수 있다. 그러나 구술사 연구에서는 신뢰도 문제를 완벽히 보장한다는 것은 사실상 불가능하다. 신뢰도 문제를 보장하지 못하는 것은 인간의 기억력의 한계에 대한 탓도 있겠지만, 정치적으로 예민한 문제이거나 다른 사람과의 관계에서 영향을 받게 될 경우, 정치적인 판단이나 사회적인 관계 등의 이유로 영향을 받는 경우도 있다.[4]

셋째 공동 작업은 면담자와 구술자와의 상호작용 속에서 구술기록이 생산되는 특성을 말한다. 이러한 상호작용은 구술사 연구에 면담자와 구술자와의 공동작업적 성과를 부여한다. 구술기록은 언제, 어디서, 누구에게, 어떤 목적으로 행해지느냐에 따라서 그 본질이 달라질 수 있고 다양한 해석이 가능하다. 즉, 면담자와 구술자의 상호관계와 상황에 따라서 다양한 이야기들이 가능하다는 것이다. 또한 구술은 단순히 면담자의 질문에 따라서 수동적으로 만들어지는 것이 아니라, 구술자가 구술 면담 상황에서 능동적으로 자신의 과거 경험을 해석해 내는 작업이다. 이렇듯 구술자는 단순한 연구대상이 아니 그 구술의 주제이고 해석자이기 때문에 구술 기록은 면담자와 구술자가 함께 만들어내는 것이다. 구술 조사 과정이나 조사가 끝난 후, 구술자 자료를 분석하고 자료화하는

3 정혜경, 권미현, 사카모토 치즈코, 김은정, 김선정, 김주연, 구술사 방법과 사례, 선인, 2005

4 김귀옥, 「구술사 연구현황과 구술사 아카이브즈의 구축」, 한국기록학회 학술심포지엄 자료집, 2005.

데에는 연구자의 해석이 개입된다. 개입의 정도는 연구의 목적이나 조건에 따라 다르지만, 어떤 경우에도 연구자의 해석이 얼마나 정확한가를 입증하기 곤란하다. 해석자의 능력과 입장에 따라 같은 기억도 다각적으로 해석될 수 있다는 것을 주지해야 한다.[5]

네 번째는 목적성으로 들 수 있는데, 구술기록은 개인 연구자의 관심으로 인해 수행되는 경우도 있지만, 일반적으로는 주관기관에서 프로젝트의 목적으로써 수행하여 연구기관에 일임하는 사례가 대부분이다. 따라서 주관기관이 이 구술 프로젝트를 어떠한 목적을 갖고 어떤 방향에 초점을 맞춘 구술기록을 생산할 것을 계획하고 있는가는 중요한 부분이다.[6] 구술기록은 과거를 보존하고 수집하는 것이 아니라 과거를 재창조하면서 현재의 기록으로 만드는 과정이기 때문에 창조하는 작업을 거치기 때문이다. 따라서 이러한 점은 프로젝트를 일임받은 연구 기관에서의 구술진행 방향에 영향을 미치며, 이는 곧 구술기록의 산출물에도 적용된다. 이는 구술기록의 생산배경 및 맥락을 알 수 있게 하며, 향후 구술기록을 원(raw) 자료로써 연구할 연구자에게 유용한 정보가 될 수 있다.

다섯째는 매체의존성이다. 구술기록은 음성, 영상 등의 저장매체를 이용하여 생산된다. 따라서 음성 구술기록, 영상 구술기록의 형태로 기록하는 데 매체 보존 상태에 따라서 그 장기적으로 보유하는 것이 어려운 경우가 많다. 과거의 구술기록 저장매체로 사용되었던 롤 테이프나 카세트 테이프는 현재 재생할 수 있는 매체가 드물어 잘 사용되지 않는다. 따라서 현재 사용하고 있는 mp3파일이나 CD 등의 매체가 향후에 접근할 수 없게 될 가능성도 배제할 수 없는 것이다. 또한 요즈음에는 과거의 아날로그 방식으로 생산한 구술기록을 디지털화하

---

5 윤택림, 「기억에서 역사로: 구술사의 이론적 방법론적 쟁점들에 대한 고찰」, 『한국문화인류학』 25집, 1994.

6 이정연, 「구술사기록물 아카이브 구축을 위한 메타데이터 모델링 및 표준요소개발에 관한 연구」, 『정보관리학회지』 26(1), 2009, pp. 163~184.

거나 애초 생산단계에서부터 디지털로 생산하고 있기 때문에 저장매체에 대한 노화성 등의 취약점은 주목해야할 특성이다.

여섯 번째는 구술기록의 디지털생산으로 인한 기술의존성이다. 이는 전자기록 관리상의 난점으로써 꼭 구술기록에만 국한되는 문제점은 아니지만 오늘날 구술기록은 디지털 방식으로 생산되거나 디지털화되고 있기 때문에 짚어야할 특성이라고 할 수 있겠다. 보존을 위한 별도의 조치를 지속적으로 취하지 않고서는 장기적인 보존을 보장할 수 없게 되었다. 계속적으로 마이그레이션과 에뮬레이션, 리프레쉬 등의 방법을 통해서 변형해야만 그 진본성을 유지할 수 있다. 또한 변조나 삭제의 용이성 때문에 구술기록의 무결성 유지에 결함이 생길 수 있으며, 사본제작의 용이성으로 인해 문제가 발생할 수 있다. 그러나 웹 기반으로 구술기록을 듣고, 이용할 수 있는 편리성은 장점으로 들 수 있겠고, 이용 편리성에 따른 연구자들의 이용 증대와 연구 자료로써의 역할 증가도 이루어진다고 하겠다.

1.2 구술기록 기술의 고려사항

구술기록의 기술시 고려사항은 기술 대상물이 갖고 있는 정보를 일관성있고 통일적으로 작성하기 위한 것이므로 기록 뿐만아니라 관리대상이 될 수 있는 다른 객체들에게도 필수적이다. 구술기록은 그 특성상 구술기록으로 일컬어지는 여러 유형 및 매체의 부산물이 생산되기 때문에 이를 일반화시켜 정리하는 것이 더욱 중요할 것이라 여겨진다.

앞서 언급한 구술기록의 특성을 바탕으로 구술기록의 기술요소를 설계 시 고려해야할 사항을 정리해 보면 다음과 같다.

첫 번째 고려사항은 관리기관의 목적과 성격을 파악하고 분명히 하는 것이다. 구술사 연구 계획의 목적과 계기, 산출물의 방향성 등과 그 기관과 주무부처의 성격을 파악하는 것은 구술기록의 맥락과 배경을 이해하는데 영향을 미치기 때문이다.

두 번째는 관리 대상 구술기록의 내용과 범주를 확인하고 그 특성을 분석하는 것이다. 기록의 구조와 맥락을 손쉽게 획득할 수 있도록, 물리적 · 지적 특성은 무엇인지를 파악하는 것이다. 구술기록은 사회문화적 · 역사적인 연구 가치를 갖고 있으므로 이러한 차원은 중요한 점이라 할 수 있다. 또한 다양한 물리적 매체를 기반으로 하기 때문에 개별 자료의 물리적 특성이 기술되어야만 하며, 그 지적인 구성 집합에 있어서도 일반 기록과의 차이가 존재하는 것을 명시해야 한다. 또한 관리 및 이용 시의 요구사항을 적용하여야하며, 구술 기록에 대한 저작권문제와 협정, 관례 등의 기반 사항과 특수 정보도 기술 요소에 반영하여야 한다.

세 번째는 구술기록은 향후 후속 연구의 원 자료가 되기 때문에 원 자료의 명확한 표현과 더불어 원 자료에서 파생되는 부산물과 기타 연관 및 관계 구술기록에 대한 속성을 제시하는 것이 필요하다.

마지막 고려사항은 구술기록의 물리적 보존과 디지털 보존의 문제이다. 역사적 특성이 강한 구술기록은 특히 매체 의존성이 강하기 때문에 이에 대한 고려가 중요하다. 물리적 보존 상태에 따라서 데이터 내용의 소멸성 여부가 결정되며, 요즈음의 디지털 보존 형태는 기술 중심적이기 때문에 지속적인 변환과정을 거쳐야 한다. 또한 현상유지를 위한 지속적인 관리와 지속적인 보수가 수행되어야 한다.

2. 기록의 속성과 구술기록 기술

기록 관리의 궁극적인 목적은 기록의 4대 속성인 진본성, 신뢰성, 무결성, 이용가능성을 충족시키는 것이다. 구술기록도 기록의 한 유형으로써 당연히 기록의 속성을 갖추어야 하며, 이는 메타데이터를 통해서 구현될 수 있다. ISO 15489의 기록의 4대 속성 틀 내에서 메타데이터를 실행하고 사용하기 위한 기록관리 메타데이터 표준인 ISO 23081을 살펴보고, 기록의 속성을 구현하는 동시에 구술기록의 특성을 갖춘 기술 배경요소를 도출해보고자 한다.

2.1 기록의 속성과 메타데이터

기록관리 메타데이터와 기록물 기술은 모두 생산된 기록의 맥락과 내용 및 관리이역을 기술한 데이터로 기록물의 행정적, 지적 통제를 확립하는 것이다. 기록물의 행정적, 지적통제는 아카이브로 이관된 보존기록을 대상으로 이루어지는 집합적이고 계층적인 목록기술을 의미하며, 기술요소가 기록물의 맥락과 내용, 관리이력정보를 나타내는 데이터가 된다.[7]

기록관리 메타데이터는 기록과 기록관리 시스템의 신뢰성과 진본성을 기록화하는데 중요하다. 기록관리 메타데이터는 기록 속성을 부여하는[8] 역할을 하며, ISO 23081-1에서 정의한 대로, 업무와 기록관리 과정을 지원하는 기능을 갖는다.[9] 특히 메타데이터는 기록의 신뢰성, 무결성, 진본성을 보장하도록 지원

---

7 이창순, 「영상기록물의 메타데이터 요소에 관한 연구」, 충남대학교 대학원 기록관리학과 석사학위 논문, 2006.

8 United National Archives and Records Management Section. 2003. *ARMS Standard on Recordkeeping Metadata*. p. 6.

하는 기능을 갖기 때문에 충분한 메타데이터의 생산과 획득, 관리와 보존에 관한 문제는 디지털 엔티티의 신뢰성과 진본성을 다루는 데 필수적이다.

즉, 기록의 속성은 기록 그 자체의 서식과 과학적인 기록관리프로세스, 메타데이터에 의해 재현되는 것이다.

메타데이터는 단지 과거 환경에서의 기술요소에 전자적 구조속성을 더한 개념이 아니라 기록관리의 전 과정에 서 발생하는 각종 데이터를 포착함으로써 기록의 속성을 유지하게 하고 나아가 이용가능성을 최대화하는 기능을 수행한다.

기록의 속성과 기록 서식, 메타데이터의 관계를 좀 더 구체적으로 보면 다음과 같다.[10]

먼저 기록이 진본성과 신뢰성을 유지하기 위해서는 기록 속에 행위의 과정이 온전히 표현되는 것이 필수적이다. 예를 들어 의사결정과정 등에서 최초의 기록이 수정되거나 보완될 경우 이전의 기록내용과 수정 보완된 기록 내용이 그대로 기록 속에 남지 않으면 안된다. 이는 기록 서식의 과학적인 설계를 통해서 가능한 일이며 대체로 기록 본문 속에는 최초 작성자의 원본 내용이 유지되어야 하며, 결재 시 가한 수정 보완 내용과 최종 결재자의 조치내용 등이 본문에 부가될 수 있는 서식을 마련할 필요가 있다. 경우에 따라 최초의 작성 원본을 거의 전면적으로 수정할 경우에는 새로운 원본을 만들어 버전관리를 하는 등의 조치가 필요하다. 이렇게 함으로써 행위의 내용을 기록의 내용으로 일치시킬 수가 있게 되며 이를 통해 기록의 신뢰성이 유지 가능한 것이다. 이렇게 되면 기록 안에 작성자가 한사람 등장하는 것이 아니라 복수로 등장하게 되며, 작성일 역시 복수로 존재하게 된다.

---

9 International Standards Organization, 2006, ISO 23081-1, *Information and documentation — Records management processes – Metadata for records – Part 1: Principles*.

10 김익한, 「기록의 속성과 메타데이터 표준을 통해 본 한국의 기록·기록 기술」, 『기록학연구』 10호, 2002.

따라서 진본성과 신뢰성을 유지하기 위한 기록의 서식 설계, 그 서식의 구조로 인해 필수적으로 발생하는 메타데이터 요소들, 그리고 관리 프로세스에서 발생될 메타데이터 요소들의 관계구조를 이해할 때 비로소 진정한 의미의 메타데이터에 대한 파악이 가능할 것이다.

또한 기록의 진본성 유지를 위해서는 적법하고 체계적인 기록의 관리과정이 메타데이터로 남아야 한다. 기록은 생산된 이후 그 가치에 근거하여 평가되고 이를 토대로 처리 일정이 제정되며 이에 따라 처리의 과정을 밟아가게 된다. 이 과정을 기록화하는 것이 처리와 관련된 메타데이터 요소이며 이런 적법한 관리 하의 기록만이 공공성을 갖는 진본으로서의 기록으로 인정될 수 있다.

무결성 역시 기록의 메타데이터를 구성하는 데에 중요한 의미를 지닌다. 진본성과 신뢰성을 지니게 된다고 하더라도 생산 이후 인정되지 않은 추가에 의해 그 본래의 모습이 훼손된다면 기록으로서의 의미를 상실하게 된다. 전자기록관리시스템에서는 물리적인 방어를 위해 방화벽이나 생산 종료 후의 읽기전용 파일 관리, 뷰어 탑재를 통해 적법하지 않은 추가를 방지하는 방법을 사용한다. 메타데이터 표준에서는 이러한 측면과 관련하여 접근 제한 등과 관련된 데이터를 유지하도록 하고 있다. 이는 권한관리와 관련된 부분으로 대체로 기록에 대한 접근의 제한 및 인가, 접근 제한에 대한 시한, 일반인의 접근이 불허된 기록에 대한 메타데이터의 디스플레이 저지 등이 메타데이터를 통해 실행될 수 있어야 한다.

이용가능성의 속성은 간단히 기록의 위치정보를 유지함으로써만 실현되는 것은 아니다.

기록이 행위의 반영물이라는 본질상, 조직 내에서의 인간 행위가 지니는 구조적 성격과 동일한 성격을 지닌다. 결국 기록간의 관계를 이러한 구조와 연결시켜 제대로 표현해 주지 않으면 기록의 내용, 기록을 발생시킨 행위의 맥락적 내용을 이해할 수 없게 되므로, 기록간의 관계를 반영하는 각종 메타데이터들을 준비하여 기록의 이용가능성을 보장하지 않으면 안된다는 것이다.

ISO 23081에서는 기록관리 메타데이터가 기록, 사람, 기록물 생산 및 관리, 유지, 이용하는 과정 및 시스템과 이를 관장하는 정책을 확인하고 진본임을 확인하며 맥락을 파악할 수 있도록 하는데에 사용된다고 규정하고 있다. 또한 업무활동과 기록관리 과정을 통해 메타데이터가 갖추어야할 기능에 대하여 명시하고 있다. 증거로서의 기록을 보호하고 접근성과 이용성을 지속적으로 보장하고, 기록을 이해하는 능력을 촉진하며, 기록의 진본성, 신뢰성, 무결성을 보장할 수 있도록 지원하도록 함을 포함한다. 또한 접근, 프라이버시, 권한을 지원하고 관리하며, 효율적인 검색을 지원하는 것 역시 포함된다.

이로써 다양한 기술 및 업무환경에서 생산된 기록을 신뢰성있게 획득할 수 있도록 보장함으로서 상호운용성 전략을 지원하고 필요한 기간 동안 기록의 지속가능성을 지원할 수 있도록 하며, 또한 기록과 생산맥락간의 논리적 연계를 제공하고 구조적이고 신뢰할 만하며 의미있는 방식으로 논리적 연계를 유지하도록 한다. 전자 기록이 생산되는 기술 환경을 파악할 수 있도록 지원하고 필요한 동안 진본기록을 재생산할 수 있는 기술 환경이 유지될 수 있도록 관리 지원하도록 하며, 기록이 어떤 환경이나 컴퓨터 플랫폼에서 다른 환경이나 플랫폼으로 성공적으로 마이그레이션 할 수 있도록 지원하거나 다른 보존전략을 지원함을 또한 명시하고 있다. 즉, 업무처리과정을 지원하는 업무영역과 업무맥락의 특성을 획득하고, 전 기간에 걸친 기록관리 지원을 하는 기록관리영역, 기록의 검색과 이해 및 해석을 가능하게 하도록 하는 이용영역에 대한 메타데이터를 말하는 것이다.[11]

전자기록의 장기보존 연구하는 국제적인 프로젝트인 InterPARES 2에서는

---

11 Intermational Standards Organization. 2006. ISO 23081-1. Information and documentation —- Records management processes - Metadata for records - Part 1: Principles.

학술 분야를 대상으로 한 사례 연구를 통해서 학술 데이터의 보급을 위해서는 메타데이터는 필수적이라고 지적했으며, 이 없이는 효과적인 데이터 연결을 지원할 수 없고, 품질 평가와 데이터 세트의 진본성을 확보하기 힘들며 학술 데이터세트의 장기적 가치의 어렵다는 것을 밝혔다. 게다가 데이터세트의 진본성은 학술 데이터를 둘러싼 축적된 메타데이터의 분명한 계통(lineage) 기술과 관련되어 있으므로, 데이터 품질의 가치와 메타데이터 계통은 반드시 고려되어야 한다고 지적하였다.[12]

이상에서 본 바와 같이 기록은 기록의 서식과 메타데이터를 통해 기록으로서의 속성을 유지할 수 있게 된다. 따라서 구술기록이 디지털로 생산되고 있는바, 그 구현방법에 따라서 기록의 진위가 가려지거나, 이용의 확대가 증대되기도 할 수 있다. 따라서 기록의 4대 속성을 갖추는 동시에 구술기록의 특성을 표현할 수 있는 구성요소개발과 기술 메타데이터 요소를 찾아야 할 것이다.

2.2 구술기록 기술구성

기술은 기록을 이용하려는 사람들이 좀 더 쉽고 편리하게 이용할 수 있도록 정보를 제공하기 위한 행위이다. 따라서 기록이 포함하고 있거나 외부에 존재하는 기록에 대한 정보들을 체계적으로 조직화하면서 기록의 내용, 구조, 맥락을 이해하는데 도움을 주는 것이다. 이를 위해 기술하는 내용을 영역별 및 요소별로 구분하는 것이 조직적인 기술 방식이라고 할 수 있으며, 이는 기술 대상물의 특성을 반영하고 중요 정보를 표현할 수 있게 분석·설정되어야 한다.[13] 앞

---

12 InterPARES 2 Part6. Investigating the roles and requirements, manifestations and management of metadata in the creation of reliable and preservation of authentic digital entities ⟨http://www.interpares.org/ip2/display_file.cfm?doc=ip2_book_part_6_description_task_force.pdf⟩

13 김진성, 「영화 기록의 기술에 관한 연구」, 한국외국어대학교 대학원 정보·기록관리학과 석사학위논문, 2009.

서 살펴보았듯이 구술기록은 여타의 일반적인 기록과는 달리 생산방식과 과정이 상이하며, 생산된 결과물이 다양한 매체로 구성된다는 물리적 특성을 갖고 있다. 이러한 구술기록의 특성은 일반 기록과는 차별되는 특성을 반영한 기술요소를 구성해야 한다. 즉, 일반적인 기록의 기술요소와 더불어서 구술기록의 물리적 특성을 보여줄 수 있는 기술요소가 필수적이다. 또한, 디지털로 생산하기 때문에 전자기록의 특성과 장기보존을 위한 요소 설정도 필요하다.

구술기록은 문헌기록에 비하여 주관적이고 서술적인 기술양식을 기반으로 하고 있다. 따라서 문헌기록에서 일반적으로 다루고 있는 메타데이터 정보뿐만 아니라 구술기록의 내용정보의 체계화 및 메타데이터 기술에 관한 효과적인 구조화가 중요하다. 메타데이터의 기술에 대한 일반적인 원칙과 구술기록을 구조적으로 표현하기 위해서는 여러 가지의 구성요소들을 고려해야 한다.

먼저, 구술기록은 개인연구자가 중심이 아닌 책임기관의 주도하에 이루어지는 경우가 대부분이므로 책임기관의 프로젝트 중심으로 구술기록의 생산목적과 배경 등에 요소와 목적 등의 범위를 제시할 수 있어야한다. 이는 향후 구술기록이 역사적 사료로서 해석될 때, 생산 배경과 내용을 분석할 수 있는 자료로 활용할 수 있기 때문이다.

둘째, 동일한 프로젝트의 여러 구술기록이 집중적으로 기술될 수 있도록 모델링되어야 하며, 컬렉션별, 관련 자료 별로 연결될 수 있어야하며, 구술 기록 과정의 프로세스 별로 생산되는 기록요소를 추출해야 한다. 구술기록은 새로운 역사를 생산하는 것이기 때문에 생산하는 과정에 대한 정보는 중요하고 할 수 있겠다. 물리적인 보존과 기록의 저작권 상태, 기록 이용과 관련된 환경과 이용범위 등의 이용 관점도 고려요소가 되어야 한다.

또한 표준화된 메타데이터 요소세트를 기반으로 표현할 수 있어야하며, 향후 타 기관과의 데이터 호환도 가능하도록 설계되어야 하며, 디지털 구술기록의 이용을 위한 장기보존에 대한 고려도 포함되어야 할 것이다. 덧붙여, 구술기록 후속 연구의 원자료가 되어야 하기 때문에 기술요소를 구성할 시에는 원자료의 명확한 표현과 파생되는 다양한 매체가 그 내용의 관계, 속성을 제시할 수 있어야 할 것이다.

구술기록 메타데이터 요소들 간의 관계를 만들어서 의미있게 설계하기 위해서는 표준 메타데이터 요소 세트와 요소들 간의 관계를 규정하고 기술하는 틀인 스키마[14]에 의해 구조화되어야 한다. 따라서 구술기록의 효과적이며 편리한 이용과 보존을 위한 형식으로 표현하기 위해서는 구술기록의 특징을 기반으로 메타데이터 설계 원칙을 정립하고 이를 메타데이터 요소로 표현함과 동시에 다른 구술기록과의 데이터 통합과 교환이 용이할 수 있도록 프레임워크를 사용하는 것이 중요할 것이다. 또한 기록관리의 궁극적 목적인 기록의 4대 속성의 틀 안에서 구술 기록의 정보요소와 요소간의 관계를 명확하게 표현하여 적합한 메타데이터 요소의 추출과 활용에 적용되어야 한다.

3. 구술기록의 기술영역 및 요소설계[15]

구술기록의 특성을 표현할 수 있는 구성요소개발과 기술 메타데이터 요소를 제시해보고자 한다. 먼저, 문헌연구를 통하여 구술기록의 특성을 분석해서 구술기록을 표현할 수 있는 구술기록 특성 요소를 추출하였다. 구술기록을 구조

---

14 스키마는 정보자원의 특수한 유형 설명 등과 같은 특별한 목적 때문에 설계된 메타데이터 요소 세트이다. (Intermational Standards Organization, 2006, ISO 23081-1, Information and documentation -- Records management processes - Metadata for records - Part 1: Principles.)

15 아래는 이정연, 「구술사기록물 아카이브 구축을 위한 메타데이터 모델링 및 표준요소개발에 관한 연구」, 『정보관리 학회지』 26(1), 2009, pp. 163~184를 참고로 재구성 한 것이다.

적으로 표현할 수 있는 표준 메타데이터 중심으로, 기록관리 메타데이터 표준인 ISO 23081과의 비교를 통해 기록의 4대 속성 틀 내에서 구술기록 특성을 적용하여 구술기록의 기술영역과 요소를 삽입해 본 바는 다음과 같다.

〈도표 Ⅵ-1〉 구술기록의 기술요소

기술 영역	기술 요소	하위 요소	세부 요소
생산 기관	계획	사업 명	
		사업 주관기관	
		사업 목적·배경	
		컬렉션 명	
		수행기관	
		수행기간	
		연구 참여자	
	산출	산출물	
생산 기록	식별	식별 코드	
		기술 계층	
		제목	
		날짜	
		물리적 크기·범위	
	배경	구술자명	상세이력 및 전기정보
		상세이력 및 전기정보	상세이력 및 전기정보
		기타 참석자명	보조자, 녹음자, 촬영자 등
	기술	면담차수	
		구술일자	
		구술장소	
		구술언어	
		구술시간	
	내용	주제 분류	
		주제어	
		목록	
		내용 요약	
		추가	

		매체유형	
		매체크기	
		재생시간	
	물리적 기술	매체개수	
		저장매체	
		포맷유형	
		편집유형	
		추가적 정보기술	
생산 기록		저작권자	
			공개동의서,이용허가서 유무
	저작권	권리내용	공개여부
			제한내역
		저작권 주기	
		이용조건	
		제한조건	
		재생산조건	
	열람 · 이용	검색도구	
		색인어	
		제공형태	온라인
			오프라인
			녹취자명
		녹취문	양
			전자형태
	산출 자료		출판여부
		사진	양
			내용
연관자료			질문지
		딸림자료	상세목록
			면담일지
			면담후기
		기타자료	간행물
	관련 자료		파생자료
			식별코드
		관계자료	관계유형
			관계기술

보존	관리	책임자			
		관리주기			
		상태			
		보수일자			
		보수내역			
		포맷기준			
		포맷변환			
		포맷변환일			
		보존위치	원본	오프라인	
				온라인	
			복제본	오프라인	
				온라인	
	환경	소프트웨어			
		하드웨어			
	제한자				
	이벤트	이벤트 유형			
		이벤트 식별자			
		이벤트 일시			
		이벤트 행위주체			

　　진본성과 신뢰성은 생산기관, 생산 일시 등의 구술기록 생산에 대한 계획 일체와 기록과 관련된 업무 기능, 활동 및 처리 등의 요소, 생산기록에 대한 내용적 요소가 필수적이며 그 요소들은 각각의 하위요소[16]를 갖게 된다. 구술기록을 표현한 정보를 기록에 연계해야 하며, 구술기록을 표현한 정보에는 기록의 형성에 관여한 참여자들의 성명, 생산 배경이 되는 행위나 맥락 등이 포함된다. 모든 구성요소를 또한 지적 재산권에 관련한 정보를 포함하여 구술기록이 생산된 이래로 겪은 변화에 대한 정보를 포함해야 한다.

---

16 호주 메타데이터 표준에 의하면 행위주체 요소의 하위요소로는 행위주체 유형, 관할권, 조직ID, 조직명 개인ID, 개인명, 부서명, 지위명, 연락처, 이메일, 전자서명 등, 날짜 요소에는 생산일시, 처리일시 및 등록일시 등의 하위요소가 있다.

아래의 기술 영역 및 요소들은 진본성과 신뢰성에 해당한다.

■ 생산기관 영역

구술사 연구는 주로 책임 기관이 연구 기관에게 발주를 내리는 프로젝트 형식으로 이루어지기 때문에 실제로 기록을 생산하는 연구기관과 보존과 관리하는 기관이 분리되는 형식이다. 구술 프로젝트의 목적과 배경이 곧 생산된 기록물의 범위를 나타내며, 프로젝트의 계획단계에서부터 종료되는 시점까지 생성되는 정보가 해당 구술기록물의 배경정보를 표현한다고 볼 수 있다. 이러한 정보는 차후 역사적 사료로서의 근거 배경과 구술 기록의 내용을 분석하는 데에 시대적 배경, 기관의 특성 등은 산출물의 생산 맥락을 파악하는 데 도움을 주기 때문에 구술기록을 생산한 프로젝트 기관에 대한 기술요소는 필수적이라고 할 수 있다. 이러한 생산 맥락은 기록의 출처를 확인시켜주고 업무처리의 증거로서 사용을 지원하는 데이터를 제공한다. 이 생산기관 영역은 ISO 15489와 ISO 23081의 행위주체에 관한 메타데이터 요건을 충족하는 영역으로서 기록의 생애주기 전 과정에서 기록객체에 대한 모든 행위의 책임을 갖는 개인이나 기관을 의미하며, 구술 기록 교류에 관계되는 개인이나 기관을 말한다.

이 영역에는 구술 프로젝트를 개괄적으로 표현할 수 있는 사업 명, 사업기관, 컬렉션 명, 수행기관, 수행기간, 연구 참여자 등 과 연구 산출물 정보를 포함한다.

■ 생산기록 영역

생산 구술기록에 대한 실제적인 정보를 포함하고 있는 영역이다.

식별 요소는 ISO 15489의 등록요건, ISO 23081의 기록에 관한 메타데이터 요건을 충족한다. 기록을 식별할 수 있도록 지원하고 이용자에게 기록정보에 대한 접근점으로써의 역할을 한다. 주제어요소는 기록의 식별, 검색, 통제를 쉽게 하고자 그 내용을 대표하기 위한 것으로 ISO 15489의 색인작성 요건, ISO 23081의 기록에 관한 메타데이터 요건을 충족한다. 기록의 내용을 간결하고 정확하게 설명하는 색인어로서 기록의 내용에 대한 주제어나 색인어를 통해 기록을 검색할 수 있는 접근점을 제공하기 위한 요소로서 부여되는 것이다.

일시요소는 기록생산 시 취해진 행위에 대한 유효성을 확인하고 이로써 해당기록이 진본인가를 증명하기 위한 요소로서 ISO 15489의 진본성 요건, ISO 23081의 기록에 관한 메타데이터 요건을 충족하고 있다. 기록의 생산, 종료와 관련된 행위가 발생한 시점을 식별함으로써 해당기록이 진본이라는 증거를 제공하는 요소라고 할 수 있다.

또한 이 생산기록 영역은 기록물의 매체와 유형, 보존 상태를 나타내어 주며, 구술기록의 구성방식에 대한 정보와 해당 구술기록이 생산된 논리적 구조를 제시하고 있는 영역이다.

물리적 기술요소는 제목, 주제어, 분류 및 기술로부터 알 수 있는 기록의 증거적인 정보와는 다른, 기록을 생산하게 한 원천적인 업무나 행위에 대한 정보를 추가로 이해하는데 필요한 요소로서 ISO 23081의 기록에 관한 메타데이터 요건을 충족한다. 크기 요소는 효과적인 저장공간 확보 전략의 수립을 위하여 기록의 크기에 관한 정보를 제공하는 요소로서 ISO 23081의 메타데이터 요건을 충족한다. 관계요소는 기록간의 연계 또는 개별 기록과 기록이 속한 더 큰 기록 집합체 간의 연계를 나타내기 위한 요소로서 ISO 15489의 기록의 이용가능성 요건, ISO 23081의 기록에 대한 메타데이터 요건을 충족하고 있다.

● 식별 요소

기술 대상을 식별하기 위한 기본적인 정보를 기술하는 것으로써 식별 코드는 구술기록의 식별을 위해서 구술 기록에 고유 번호를 부여한다. 기술 계층은 기술단위 구술기록의 정리계층을 나타내는 기술요소로써 현재 기술 중인 기록단위의 계층을 기입하도록 한다. 물리적 크기·범위는 기술단위의 물리적, 논리적 규모를 기술하며, 구술 기록의 제목과 구술기록의 생산 및 수집일자를 기입하도록 함을 말한다.

● 배경

구술기록의 생산자와 내력에 대한 정보이다. 구술자명과 면담자명을 기술한다. 또한 구술자 및 면담자에 대한 이력·전기 정보 포함하여야 하는데 연구자에 대한 정보는 구술적 맥락 해석의 중요 요소이기 때문이다. 또한 구술기록 생산에 참여한 기타 참석자 명을 기입하도록 한다. 구술기록은 근본적으로 사람과 사람의 대화에 의해서 발생되는 것이기 때문에 구술 면담 상황시의 분위기와 상태에 좌우할 수 있으며, 구술자와 면담자 만이 구술 면담과 구술기록에 영향을 미치는 것이 아니다. 따라서 구술면담에 참석한 자 모두가 구술기록 생산에 역할을 하는 것이기 때문에 이에 대한 기입도 빠져서는 안될 것이다.

● 기술

구술기록의 각 시리즈마다 기술되어져야 하는 정보로써, 면담차수와 구술일자, 장소, 시간, 사용된 언어 등을 기술하도록 한다.

● 내용

구술기록의 주제와 내용 등을 기술한다. 구술기록에 대한 전체적인 내용을 알 수 있도록 구술기록에 대한 주제 분류와 주제어 선정은 중요한 부분이며, 구술기록의 사건, 지역 등의 내용과 목차를 기술하도록 한다. 추가 항목에는 향후 추가할 만한 사항이 있는가에 대한 정보나 구술기록에 대한 내용 및 수행 정도에 대한 평가 등이 기입한다.

● 물리적 기술

구술기록의 물리적 매체에 대한 기술적(technical) 상세정보로써 매체의 유형, 크기, 개수, 재생시간, 저장매체, 편집유형 등과 추가적으로 기술적 부분에 대한 주기를 기술한다.

● 저작권

구술사 연구는 구술자, 프로젝트 책임기관, 일임 받은 연구기관 간의 저작적 책임 구분이 중요하다. 이는 추후 지적 재산권에 대한 법적 분쟁이 야기될 수 있는 부분이며, 구술기록의 이용과 활용에 연관되는 문제이기 때문에 분명히 명시해 두어야 한다. 또한 구술기록은 구술자의 개인적이고 주관적인 사항이 반영되기 때문에 구술자와의 지적재산권 관련한 사항은 중요한 부분이다.

따라서 구술기록에 대한 저작권자에 대한 분명한 명시를 해두어야 하며, 구술자로부터의 공개 및 이용 허가, 제한 기간·이유 등에 대한 내역을 기술해야 한다.

● 열람·이용

구술기록의 실제적 이용 여부에 대한 정보이다. 구술기록의 특성상 내용을 공개 하지 않는 경우, 부분공개·비공개가 빈번하므로, 이용에 대한 단서나 제한조항을 기입하여 이용조건에 대하여 상세하게 기술하도록 한다. 또한 웹으로 구현되는 구술기록과 오프라인에서의 구술기록의 제공 형태 구분과 정보 이용의 허가사항을 구분하도록 하며, 열람과 이용을 편리하게 검색할 수 있는 도구와 색인어 등의 정보에 대한 기입한다. 구술기록의 재생산에 대한 조건과 제한사항 기술하는 것도 포함되도록 한다.

이용가능성의 구현을 위한 메타데이터 설계는 지식정보자원으로서의 기록의 활용 전망을 결정짓는 중요한 요소라 할 수 있다. 이와 관련해서는 기록의 위치 정보를 제공하는 것과 더불어, 기록관의 관계 등을 요소로 설정해야 한다. 기타 기록간의 관련 구조를 보여주는 것은 기록을 발생시킨 행위의 맥락적 내용을 이해하게 되는데 도움이 됨으로 이에 대한 요소를 포함하는 것이 필수적이다.

■ 연관자료 영역

● 산출자료

구술기록과 함께 생산된 부산물이나 구술기록과 연관된 다른 기록, 중요 연관성을 갖는 부가적인 정보를 기술한다. 녹취문에는 녹취문 작성자, 녹취문의 양과 전자형태로 구성되었는지, 출판 유무 등을 포함하며, 함께 생산되는 사진에 대해서도 사진의 양적 정보와 지적인 정보를 함께 기입하도록 한다. 딸림자료에는 각 구술기록이 생산될 때마다 한 세트로 함께 생산되는 자료들로써, 질문지, 상세목록, 면담일지, 면담후기 등 이 포함된다. 관련자료에는 구술기록을 생산하는데 참고된 모든 유형의 자료에 대한 정보로써 구술기록과 관계된 또다른 구술기록에 대한 정보를 기입하도록 한다.

무결성은 기록의 메타데이터를 구성하는 데에 중요한 의미를 지닌다. 진본성과 신뢰성을 지니게 된다고 하더라도 생산 이후 인정되지 않은 추가에 의해 그 본래의 모습이 훼손된다면 기록으로서의 의미를 상실하게 된다. 따라서 의도했거나 우발적인 손실로부터 기록을 보호하기 위해 예방 조치 및 문제를 미리 발견해서 복구절차를 실행해야 한다. 전자기록관리시스템에서는 물리적인 방어를 위해 방화벽이나 생산 종료 후의 읽기전용 파일 관리, 뷰어 탑재를 통해 적법하지 않은 추가를 방지하는 방법을 사용한다. 메타데이터 표준에서는 이러한 측면과 관련하여 접근 제한 등과 관련된 데이터를 유지하도록 하고 있다. 이러한 접근권한을 설정하는 것은 가장 기본적인 조치가 된다.[17]

무결성 보장을 위해서는 매체와 기술의 노화에 대한 대응조치를 취해야 하는데, 정기적인 기술 업그레이드의 순환적 절차를 수립하여 기술이 노화되지 않고 기록을 보호할 수 있도록 해야 하는 요소가 포함된다. 이는 권한관리와 관련된 부분으로 대체로 기록에 대한 접근의 제한 및 인가, 접근 제한에 대한 시한, 일반인의 접근이 불허된 기록에 대한 식별 등이 메타데이터를 통해 실행될 수 있어야 한다.

아래 보존 영역의 관리, 환경, 제한자, 이벤트 요소를 설정해보았다.

■ 보존 영역

구술기록이 보존되고 있는 상태와 정보에 대한 내용을 기술한다.

오프라인에서의 물리적인 보존이외에 디지털로 생산한 구술기록의 디지털보존을 고려한 요소를 추가하도록 한다. 따라서 메타데이터관리, 보존관리, 이용관리, 권한 등의 요소를 포함한다.

권한요소는 기록의 접근과 이용이 기관의 업무를 보호하기 위한 정책에 따라 운용토록하기 위한 요소로서 ISO 15489의 접근요건, ISO 23081의 기록에 대한 메타데이터 요건을 충족한다. 국내표준에서는 권한요소를 기록의 이용 및 접근을 관리하고 통제하기 위한 정보로 정의된다. 적절한 관리를 수행하고 접근 권한의 관리를 통해서 기록에 대한 불법적인 접근을 장지하고 기록의 무결

---

17 이윤주·이소연, 「진본전자기록의 장기보존을 위한 정책프레임워크: InterPARES 성과물에 기초하여」, 『기록학연구』 19호, 2009.

성을 유지하기 위한 필수요소이다. 구술기록의 특성상 사적인 정보와 이야기가 담겨있기 때문에 접근과 이용에 관한 사항을 규정할 필요가 있다.

포맷요소는 적절한 보존과 저장공간확보 전략 수립을 위해서 매체포맷, 데이터포맷, 매체유형 정보를 제공하는 요소로서 ISO 15489의 변환과 마이그레이션 요소, ISO 23081의 기록관리 메타데이터 측면과 기록에 관한 메타데이터 요건을 충족한다.

● 관리

디지털매체의 형태를 보존하기 위해서는 변환과 마이그레이션 등의 과정과 지속적인 보수와 관리가 필요하다. 구술기록 관리 및 보안에 대한 책임자와 보존활동에 대한 관리주기와 포맷 기준, 변환 등에 대한 내역은 필수적으로 기입되어야 하는 요소이며, 보존위치에 대한 원본과 복제본 각각의 정보와 오프라인과 온라인상에서의 위치 정보도 포함되어야 한다.

● 환경

구술기록의 이용을 지원하는 하드웨어 및 소프트웨어의 정보를 말하며, 소프트웨어, 하드웨어 이름과 버전 등의 관련 요소 정보를 기술한다.

● 제한자

구술기록의 보안과 안전한 보존에 필요한 부분이다. 구술기록의 접근과 이용, 보존 등의 제반 관리 활동에 대한 제약 사항을 기입한다.

● 이벤트

관리이력, 사용이력, 보존이력 등의 관리와 보존활동에 관한 상세정보이다.

이벤트 유형은 구술기록관리 중 어떤 과정·부분과 관련한 사항인지를 기술하는 것이며, 이벤트 식별자에는 이벤트에 부여되는 고유 식별자, 이벤트 행위 주체에는 이벤트와 관련된 행위 주체를 기입하도록 한다.

이윤주

한국외국어대학교 대학원 정보·기록학과에서 석사학위를 받고, 동대학원에서 박사과정을 수료하였다. 한국외국어대학교에서 기록학 강의를 담당하였으며, 현재 경기도 수원시청에서 기록물관리전문요원으로 활동하고 있다. 구술사업으로는 국가기록원 대통령기록관의 '역대 대통령 구술채록 사업', 한국학중앙연구원의 '현대한국구술사연구사업'에 참여하였으며, 연구성과로는 「기록관의 온라인 서비스 향상을 위한 웹사이트 평가기준설계에 관한 연구」(『기록학연구』16, 2007), 「진본 전자기록의 장기보존을 위한 정책프레임워크: InterPARES 성과물에 기초하여」(『기록학연구』19, 2009, 공저)가 있다.

7장 구술기록과 디지털영상기술

1. 들어가며

최근 국내에서는 구술사에 대한 관심이 고조되면서 여러 학문분야에서 관련연구가 활발하게 진행되고 있다. 구술사 프로젝트도 크게 증가하고 있고, 관련 연구논문이나 보고서 등도 상당량 축적되었다.[1] 최근의 이러한 구술사에 대한 인식의 개선과 외연의 성장은 구술사 연구양상의 고도화로 나타나고 있다. 지금까지의 구술사 연구가 민간영역에서 중소프로젝트 위주로 진행되었던 것에 비해, 최근에는 공공영역에서 대형·장기프로젝트로 진행되는 예가 적지 않다. 또한 구술사 연구의 주요쟁점도 구술기록의 수집에서 구술기록의 보존·활용 쪽으로 확대되는 추세이다. 즉, 새로운 사실의 발굴, 사실입증을 위한 채록의 차원에서 수집에만 집중되던 구술사 연구가 구술아카이브 구축, 구술기록콘텐츠 개발에 관한 논의로 이어지며, 보존·활용을 위한 구체적인

---

1 함한희, 「구술사 연구의 새로운 패러다임 모색」 한국구술사학회 창립학술대회 발표집, 한국구술사학회, 2009, p. 1.

연구로서 시작되고 있는 것이다. 최근의 구술기록 수집에서 주목할만한 사실은 고성능의 디지털장비를 사용한다는 것과 음성녹음과 더불어 영상촬영을 필수적인 과정으로 인식하고 있다는 것이다. 일부 기관에서는 음성녹음보다 영상촬영을 더 중요시하기도 하는데, 이는 디지털채록장비의 발달과 구술사 연구형태의 고도화에서 그 이유를 찾을 수 있다. 특히 디지털영상기술의 발달은 구술기록 고유의 특성인 구술성과 쌍방향성을 효과적으로 포착하고 보존, 활용할 수 있게 해준다는 점에서 오늘날 구술사 연구의 부활과 번영에 크게 기여하였다.

디지털장비의 대중화, 경량화, 고성능화는 구술사 연구에 혁신적인 변화를 가져왔다. 오늘날 국내외 구술사 연구가 전성기를 구가하는 것도 구술내용을 쉽게 저장하여 보고, 들을 수 있게 해준 디지털혁명의 결과라고 할 수 있다. 1990년대 후반부터 시작된 디지털기술의 발달은 구술사 연구의 패러다임을 바꾸도록 만들었다. 유독 구술사 부분은 기술도구의 발달과 밀접한 관련을 맺고 있다.[2] 2000년대 중반부터 구술인터뷰의 녹음 및 촬영에 본격적으로 사용되기 시작한 디지털레코더와 디지털캠코더는 우수한 품질의 구술기록을 효과적으로 생산할 수 있게 해줌으로서, 최근의 구술사 연구에서 광범위하게 사용되고 있다. 비록 기존의 아날로그장비에 비해 사용법이 복잡하고 안정성이 떨어진다는 단점이 있기는 하지만, 디지털장비 고유의 장점으로 인해 기존의 아날로그장비를 대체하여, 채록과정에 반드시 필요한 장비로 크게 각광받고 있다. 디지털장비를 통해 생산된 기록은 아날로그장비를 통해 생산된 기록에 비해 편집과 수정이 용이하고, 검색 및 접근이 편리하여, 구술기록의 효과적인 가공과 즉각적인 활용을 가능하게 해준다.[3] 바로 이러한 장점이 최근 전면으

---

2 함한희, 「구술사 연구의 새로운 패러다임 모색」, 한국구술사학회 창립학술대회 발표집, 한국구술사학회, 2009, p. 3.
3 아날로그구술기록의 경우에는 간단한 편집과 이용제한을 위한 수정을 위해서도 고가의 전문적 영상편집장비가 필요했다. 하지만 디지털구술기록의 경우에는 개인 PC 상에서도 얼마든지 편집과 수정이 가능하다. 하지만 이러한

로 부상하는 구술기록의 활용과 맥을 같이하며, 디지털채록장비가 크게 각광받는 이유일 것이다. 하지만 이러한 장점의 이면에 존재하는 디지털구술기록의 장기보존 문제와 진본성, 신뢰성, 무결성, 이용가능성 확보의 문제는 구술기록 관련 연구가 풀어야 할 과제로 남게 되었다.

국내에서 구술사 연구가 본격적으로 시작된 것은 1980년대 중반부터이다. 이 시기의 구술사 연구는 기존의 역사서술에서 소외되었던 민중의 역사를 증거하는 차원에서 진행되었다. 수집대상도 식민지배, 한국전쟁, 군사독재로 이어지는 암울한 근현대시기를 살아온 피해자의 증언이 주를 이루었다. 1990년대 후반부터는 역사학, 사회학, 인류학, 민속학, 여성학 등에서 본격적으로 구술사 연구의 성과물이 축적되기 시작하였는데, 이 시기의 연구는 주로 문헌자료로 확인할 수 없는 사실에 대한 정보수집 차원에서 진행되었다.[4] 이러한 이유로 1980, 1990년대의 구술기록은 증거적, 정보적 가치에 그 의미가 크게 부여되었고, 주로 증언집, 자료집이라는 이름의 간행물 형태로 생산되었다.[5] 2000년대 들어서부터는 영상을 통해 전달되는 구술성의 의미와 구술기록의 역사적, 문화적 가치에 주목하여, 영상구술기록의 중요성을 더욱 크게 강조하기 시작하였다. 특히 최근의 구술사 연구로부터 관찰되는 특징은 구술기록을 통한 새로운 사실파악이라는 학문적 목적뿐만 아니라 디지털영상구술기록을 통한 문화콘텐츠 개발이라는 두 가지 목적을 동시에 가지고 있다는 점이다.[6]

이러한 맥락에서 미래 구술사 연구의 새로운 패러다임은 고성능 디지털촬영장비를 사용한 고화질 디지털영상구술기록의 생산과 이를 이용한 디지털구술아카이브의 구축 등으로 확대될 것이라 생각된다. 새로운 패러다임의 핵심

이점 때문에 디지털구술기록은 그 내용에 대한 왜곡과 손실의 위험성이 높다는 비판을 동시에 받고 있기도 하다.

4 윤택림, 함한희 공저, 『새로운 역사 쓰기를 위한 구술사 연구방법론』, 아르케, 서울, 2006, p. 37.

5 선영란 외, 『구술기록의 기록학적 관리 방안』, 한국국가기록연구원, 서울, 2006, p. 9.

6 장신기, 「구술아카이브 구축 방법론 – 김대중도서관의 사례」, 역대대통령 관련 구술채록 및 구술아카이브 구축을 위한 관계전문가 토론회 자료집, 국가기록원 대통령기록관, 2009, p. 41.

은 문자로는 표현하기 어려운 구술자의 실제 모습이나 구술내용과 관련된 이면의 맥락, 동기 등을 영상으로 보존해 후대에 전하기 위한 것이다. 즉, 몰랐던 사실, 새로운 기록의 발굴과 더불어 기존에 문헌으로 확인 가능한 사실 중, 새롭게 해석되어질 수 있는 사건들에 대한 구술자의 직접적인 육성회고에 큰 의미를 부여하는 것이다. 그래서 오늘날의 구술사 연구가 영상촬영을 가장 중요한 채록과정으로 강조하게 된 것이고, 영상기록을 역사사료이자 문화콘텐츠로서 보존·활용하려 하게 된 것이다. 영상촬영과 영상기록은 지금까지의 구술사 연구에서 중요한 채록수단으로 크게 자리매김해 왔고, 문자와 음성만으로는 표현하기 부족한 구술성을 효과적으로 표현할 수 있는 해결책으로 제시되어 왔기 때문에, 미래에도 그 연구 형태를 가리지 않고 꾸준히 발전해 나갈 것이라 생각된다.

2. 구술기록 디지털아카이빙

(1) 구술기록 디지털아카이빙의 필요성

구술기록은 문서기록으로 남기지 못한 내용이나 공식기록의 이면에 있는 맥락과 동기까지 관련 당사자의 진술을 통해 기록으로 남길 수 있다는 장점이 있다. 뿐만 아니라 음성 및 영상 매체로 산출되기 때문에 구술자의 몸짓 및 목소리를 통해 당시의 생생한 느낌을 전달할 수 있으므로 문서기록보다 전달성이 뛰어나다는 장점도 있다. 즉, 구술기록은 문서기록 자체가 가지지 못하는 그 이면맥락에 대한 사실을 생생하고 효과적으로 전달해준다는 점에서 기록이 지녀야 할 존재가치를 충분히 함유하고 있다고 볼 수 있는 것이다. 그러나 "구술기록도 과연 기록학 연구에서 다룰 수 있는 기록의 범주에 포함될 수 있는가?" 라는 의문 또한 존재하는 것이 사실이다. 즉, 기록이란 개인이나 조직이 업무과정에서 자연스럽게 생산하거나 접수한 문서로서 생산, 출처별로 이관되거나 입수되는 보존기록의 개념인데, 구술자가 말로 서술한 주관적 생각을 녹음기와 촬영기에 의도적으로 기록한 것이 과연 기록으로 간주될 수 있느냐는 것이다.

개인이나 조직이 활동이나 업무를 처리하는 과정에서 자연스럽게 생산한 문서기록이 일반적인 기록을 의미한다면, 구술기록은 특정한 목적 하에 계획되고 복잡한 일련의 과정을 거쳐 생산되는 멀티미디어기록이다. 물론 구술기록에도 업무활동의 과정에서 자연스럽게 생산되는 경우가 있기는 하지만 이러한 영역에서 생산되는 구술기록은 전체 구술기록중 아주 일부에 불과하다. 예를 들어 회의장면을 촬영한 영상이라거나 녹음한 음성 등이 바로 그것인데, 하지만 이러한 기록은 구술기록이라기보다 시청각기록에 더 가깝다고 할 수 있다. 왜냐하면 시청각기록에는 구술기록의 가장 중요한 특성인 구술성과 쌍방향성이 존재하지 않기 때문이다. 따라서 구술기록은 생산 출처별로 이관되거나 입수되는 보존기록 즉, 아카이브즈(archives)의 개념이 아닌, 특정 기준이나 의도에 따라 다양한 원천으로부터 모은 인위적인 기록 집합체 즉, 매뉴스크립트(manuscript)로 단정 지을 수 있다.

그러나 "구술기록을 과연 기록으로 간주할 수 있는가?"라는 의문에 내제되어 있는 기록의 속성에 대한 정의를 분석해보면, 구술기록에 대한 의문의 바탕이 되는 이러한 정의가 기록의 범주를 아카이브즈(archives)의 개념에만 국한하고 있다는 것을 알 수 있다. 기록의 범주에 매뉴스크립트(manuscript)의 개념을 포함시키고 있지 않은 것이다. 그러나 정확한 의미에서 기록이란 "아카이브즈, 매뉴스크립트 또는 그 어떠한 형태와 매체적 특성에 관계없이, 개인이나 조직에 의해 일정기간의 활동과정에서 생산되고, 이후의 어떤 활용 목적을 위해 보존되는 기록"으로 정의되는 것이 일반적이다. 따라서 모든 아카이브즈 뿐만 아니라 매뉴스크립트의 가장 중요한 본질적 특징 역시 그것이 어떤 활동의 산물이며, 그 활동을 통해서 생산되고 축적되는 기록이라는 것이다. 아카이브즈와 매뉴스크립트는 사실 그 어떤 특정한 물리적 형태로도 한정시킬 수 없다. 그것은 전통적인 종이 기록일 수도 있지만 사진이나 박물, 혹은 기계가독형파일일 수도 있는 것이다.[7] 따라서 구술기록 역시 어떠한 가치가 있다고 판단됐기 때문에 아키비스트가 생산하고 보존하는 것이다. SAA(The Society of American Archivists) 기록학 기초시리즈 중 제 5권인 '기록의 이해' 편에서는 구술기록을 ①"특정 사건현장에 있었던 사람들의 생각과 기억을 추적해서 보존하기 위해 의도적으로 사후에 생산한 기록" ②"사후에 계획적이고 목적의식적으로 그렇게 해놓지 않으면 존재하지 않을 수도 있는 기록을 생산하는 것"[8]이라고 하였다. 즉, 구술기록을 기록생산의 중요한 도구이자 주체적인 기록의 한 유형으로서 간주하고 있는 것이다.

구술기록은 개인이나 조직이 활동이나 업무를 처리하는 과정에서 자연스럽게 생산된 일반적인 문서기록과 달리 특정한 목적 하에 계획되고 복잡한 일련의 과정을 거쳐 생산되는 멀티미디어기록이다. 많은 시간과 노력을 들여 생산한 기록으로써 종이기록에 담을 수 없는 기록 자체의 이면맥락과 동기까지 담을 수 있다는 점에서 구술기록의 기록으로서의 가치는 충분하다고 할 수 있다. 그러나 지금까지의 구술기록은 학계와 공공영역으로부터 기록으로서의 그 가치를 크게 인정받지 못하고 주로 민간단체나 중소규모의 연구소에 의해

---

7 Fredric. M. Miller, 『아카이브와 메뉴스크립트의 정리와 기술』, 조경구 역, 진리탐구, 서울, 2002, p. 9.

8 James M. O'Toole, 『기록의 이해』, 이승억 역, 진리탐구, 서울, 2004, p. 39.

수집되고 활용되어 왔다. 때문에 생산이 제 각각 다른 방식으로 진행돼 왔음은 물론, 체계적인 관리가 제대로 이루어질 수 없었다. 구술기록이 그 가치를 영구히 하면서 여러 분야에서 제대로 활용되기 위해서는 체계적이고 통일된 방식으로 생산·보존되어 왔어야하나, 지금까지의 구술기록은 특정 목적에 의한 단순 수집과 그 목적에 따르는 1차적 활용에만 그 노력이 집중되어왔다. 즉, 1차적 가치가 소멸된 구술기록이 2차적 가치를 지닐 수 있는 환경조차 제대로 조성되지 못했다는 것이다. 물론 그 동안의 연구가 수집과 1차적 활용에만 집중되어 왔던 것은 그만큼 구술기록을 공개, 활용하기 어렵고, 관리에 대한 제대로 된 기준이나 지침이 존재하지 않았기 때문일 것이다. 더욱 근본적인 이유라면 아마도 사회 전반에 걸친 기록관리의 중요성에 대한 인식의 부족과 기록 보존 방법론에 대한 이해의 부족에서 비롯된 일일 수도 있을 것이다.

구술기록은 그것을 담는 매체에 따라 각각 다른 보존방법을 적용해야 하고 구술기록이 가지는 내용과 형태를 유지하면서 이용의 편리함도 높일 수 있는 보존전략을 적용해야 한다. 하지만 과학적이고 현대적인 보존기법을 적용하기 위해서는 막대한 비용과 공간, 시간, 인력 역시 소요되는 것이 사실이다. 더욱이 영세한 민간단체나 대학연구소의 절박한 예산현실을 감안한다면, 구술기록의 보존에 관해 제시되는 일반적인 기준이나 절차조차 쉽게 이행할 수 없는 무의미한 제안에 그칠지 모를 일이다. 하지만 향후 이러한 구술기록들을 중앙기록물관리기관에서 수집하여 종합적으로 관리하고자 하는 날이 왔을 때, 사후관리와 보존에 드는 비용을 절감하기위한 대비책 마련의 차원에서라도 현 시점에서 반드시 구술기록의 생산 및 관리·보존 기준 그리고 구술기록의 디지털아카이빙 절차에 대한 표준성 및 통일성을 강화해야 할 필요가 있을 것이다.[9] 특히 디지털구술기록의 관리와 보존에 디지털아카이브를 이용한다면 방대해진

---

9 선영란 외, 『구술기록의 기록학적 관리 방안』, 한국국가기록연구원, 서울, 2006, p. 105.

온라인 정보자원을 손쉽게 운영할 수 있을 것이다. 구술기록의 수량과 위치를 파악하는 것이 용이해지는 것은 물론 활용의 측면에서도 과거와는 차원이 달라질 것이다. 각종 정보검색 인터페이스를 구축하여 구술기록을 제공함으로서 이용자는 원하는 기록을 더 신속하고 편리하게 찾을 수 있게 될 것이다.[10]

(2) 구술기록 디지털아카이빙의 개념 및 특성

디지털아카이브와 디지털아카이빙이란 용어는 종종 동의어로 혼용되기도 한다. 그러나 엄밀하게 말하면 이들은 서로 구분되는 개념들이다. ①디지털아카이브는 "디지털정보자원을 장기적으로 보존하기 위한 하드웨어 저장장소와 저장된 디지털정보자원에 지속적으로 접근하기 위한 소프트웨어 응용프로그램의 집합체[11]"로 정의된다. 그리고 ②디지털아카이빙은 "지속적으로 접근할 가치를 지닌 디지털객체를 장기간 보존하여 이후의 이용을 보장하기 위한[12], 입수부터 배포까지의 디지털객체 관리에 필요한 모든 활동[13]"으로 정의된다. 그런데 디지털아카이빙의 용어적 개념에는 디지털정보자원에 대한 보존행위의 주체가 되는 디지털아카이브의 구축과 운용까지에 이르는 넓은 의미가 함축되어 있다.[14] 이는 디지털아카이브가 디지털아카이빙의 개념을 구성하는 주요 요소들 가운데 일부이자, 디지털아카이빙이라는 활동에 필요한 하나의 도구가 됨을 의미한다. 다만, 디지털아카이빙이라는 용어가 눈에 보이지 않는

---

10 윤택림, 함한희 공저, 『새로운 역사쓰기를 위한 구술사 연구방법론』, 아르케, 서울, 2006, p. 159.
11 남태우, 「디지털 아카이빙 정책에 관한 연구」, 『제11회 한국기록관리 학회지』, 2004, p. 2.
12 한국기록학회, 『기록학용어사전』, 역사비평사, 서울, p. 88.
13 정혜경, 「디지털아카이빙의 경제성 분석」, 한국학술정보(주), 2005, p. 16.
14 "'장기간 보존'과 '지속적 가치'는 디지털아카이빙의 핵심개념이다. 여기서 '장기', '지속'이라는 시간적 개념은 가능한 긴 기간, 무한의 미래로까지 의미 확장 가능한 시간을 의미한다." 한국기록학회, 『기록학용어사전』, 역사비평사, 서울, p. 89.

일련의 활동을 지칭하는 것에 비해, 디지털아카이브라는 용어는 눈에 보이는 물리적 실체를 지칭하고 있기 때문에 종종 혼동되어 사용되는 것이다. 그렇다면 구술기록의 디지털아카이빙이란 무엇일까?

디지털아카이빙은 단순히 디지털화한 자료를 보관소에 모아놓는 행위가 아니다. 아날로그시대의 아카이브는 보관을 목적으로 구축되었지만 디지털시대가 요구하는 아카이브는 전혀 다른 차원이어야 한다.[15] 앞서 살펴본 디지털아카이브, 디지털아카이빙의 개념에 비추어 정리하면 구술기록의 디지털아카이빙의 개념은 "지속적 가치를 지닌 디지털구술기록을 장기간 보존하여 이후의 이용을 보장하기 위한 입수부터 배포까지의 모든 활동"으로 정의할 수 있다. 그리고 이러한 입수부터 배포까지의 활동은 ①효과적인 디지털아카이빙을 위한 디지털구술기록의 입수, ②디지털구술기록의 데이터 관리를 위한 디지털아카이브의 운용, ④디지털구술기록의 장기적 보존을 위한 보존계획에 관한 연구, ⑤디지털구술기록의 원활한 배포를 위한 인터페이스의 개발 등의 여러 가지 기능을 포함한다. 따라서 구술기록의 디지털아카이빙은 이러한 입수부터 배포까지의 기능들이 상호보완적으로 수행되는 디지털구술기록에 대한 종합적인 관리활동이라고도 할 수 있을 것이다.

---

15 박순철, 「디지털아카이브시스템의 구축과 활동 – 20세기민중생활사아카이브를 중심으로」, 『영남학』14, 2008, p. 37.

3. 디지털영상구술기록

(1) 디지털구술기록의 개념 및 특성

　　디지털구술기록이란 컴퓨터 등 정보처리능력을 가진 장치에 의해 그 내용이 무수히 많은 0과 1의 조합으로 생성된 기계가독 형태의 구술기록을 의미한다. 디지털구술기록의 종류는 크게 디지털문자구술기록, 디지털음성구술기록, 디지털영상구술기록으로 유형화할 수 있고, 이는 다시 테이프, 디스크 등에 저장된 오프라인디지털구술기록과 웹 서버, 데이터베이스 등에 저장된 온라인디지털구술기록으로 세분화할 수 있다.[16] 이러한 온·오프라인 상태에 따른 세분화의 기준은 저장매체가 중앙처리장치(CPU)의 직접적인 통제 하에 있는 지 여부와 저장매체가 단말장치와 통신회선으로 접속되어있는지 여부에 따라 결정된다. 이는 저장매체의 종류와는 크게 관계가 없는 것으로, 디지털구술기록이 웹에서 구동될 수 있느냐 없느냐에 따라 분류의 기준이 설정된 것이다. 이러한 분류기준은 최근 부각되고 있는 디지털구술기록의 가공문제, 디지털아카이브의 활용문제와 맥을 같이하는 것으로, 마스터정보로서 용량이 큰 원본데이터와 서비스정보로서 용량이 작은 가공데이터를 효과적으로 이분할 수 있는 기준으로도 유효하다. 이처럼 오늘날 구술기록이 온·오프라인을 통해 다양한 형태로 가공, 활용되고 있는 것은 혁신적인 디지털기술의 발달 덕분이라고 할 수 있다. 일반적으로 아날로그기술에 대한 디지털기술의 장점은 다음과 같이 정리된다. ①정보의 처리·저장·표현·전송에 필요한 데이터의 양이 적다. ②정보를 재가공하기 쉽고 재가공할 때 정확성이 뛰어나다. ③정보에 대한 검색

---

16 선영란 외, 『구술기록의 기록학적 관리 방안』, 한국국가기록연구원, 서울, 2006, p. 120.

과 접근이 용이하다. ④정보를 재생할 때 질의 손실 즉, 열화가 전혀 없다.[17]

구술사 연구에 있어 디지털기술의 위력은 지금까지 문자·음성·영상 영역에서 각기 별개로 간주되어온 각종 산출물을 하나로 쉽게 가공하여 활용할 수 있게 해준다는 점에서 뚜렷하게 드러난다. 디지털기술이 적용된 구술기록은 종래 아날로그구술기록에 비해 신호왜곡이 적어 훨씬 선명한 영상과 깨끗한 음성을 제공할 수 있고, 큰 저장공간이 필요 없어 저렴한 비용으로 대량의 기록을 관리할 수 있게 해준다.[18] 또한 탐색기능을 이용해 원하는 위치와 내용을 손쉽게 찾을 수 있고, 반복 재생을 통한 구술내용의 면밀한 검토를 가능하게 해준다.[19] 바로 이러한 장점이 최근 구술기록의 수집형태를 아날로그방식에서 디지털방식으로 신속하게 전환하게 한 이유일 것이다. 하지만 디지털구술기록이 가치가 부여된 기록으로서 존재하기 위해서는 전자기록이 지녀야 할 진본성, 신뢰성, 무결성, 이용가능성이라는 네 가지 특성을 충분히 반영하고 있어야만 한다.

전자기록이 지녀야 할 네 가지 특성에 대하여 기록관리 국제표준인 ISO 15489에서는 다음과 같이 기술하고 있다. ①진본성, 기록이 그 취지에 맞는지, 그 기록을 생산하거나 보내기로 되어 있는 사람에 의해 생산되거나 보내졌는지, 명시된 시점에서 생산되거나 보내졌는지 증명할 수 있는 것, ②신뢰성, 기록의 내용이 업무처리와 활동 혹은 사실을 충분히 명확하게 표현하고 있는지, 이후의 업무처리나 활동을 수행하는 과정에서 근거로 할 만한 것인지 믿을 수 있는 것, ③무결성, 기록의 내용이 인가받지 않은 변경으로부터 보호

---

17 Roger F. Fidler, *Mediamorphosis : Understanding New Media*, Saga Pubns, 1997.

18 최근의 고화질 디지털영상파일의 경우 그 용량이 시간당 10GB 이상으로 매우 커, 스토리지 공간 확보에 많은 비용이 들게 되었다. 하지만 아날로그 매체의 큰 용량 대 부피 차이와 이에 따른 물리적 저장 공간의 낭비, 비효율적인 관리의 어려움 그리고 곰팡이, 자외선, 자성물질에 의한 손상 및 복원비용의 증가문제 등 아날로그매체 관리상의 여러 가지 문제를 고려할 때, 디지털기술의 발달은 구술컬렉션 관리비용 절감 측면에서 큰 기여를 하였다고 볼 수 있다.

19 윤택림, 함한희 공저, 『새로운 역사쓰기를 위한 구술사 연구방법론』, 아르케, 서울, 2006, p. 157.

되어 있는지, 인가를 받은 어떠한 변경 즉, 주석·추가·삭제도 명백하게 드러나고 추적할 수 있는 지 확인할 수 있는 것, ④가용성, 기록의 위치를 찾을 수 있고 검색할 수 있는지, 볼 수 있고 해석할 수 있는지[20] 사용할 수 있는 것.

① 디지털구술기록의 진본성, 신뢰성, 무결성 확보

전통적인 아날로그매체에 기록된 구술기록은 한번 저장하면 수정 및 복제가 쉽지 않고, 내용을 수정하거나 복제하면 품질에 열화가 발생한다. 반면 디지털매체에 기록된 구술기록은 내용을 쉽게 수정할 수 있을 뿐만 아니라, 원본과 똑같은 품질의 사본을 무한히 복제해낼 수 있다. 이는 아날로그기술에 대비되는 디지털기술의 혁신적인 장점이라고도 할 수 있겠다. 하지만 이러한 장점이 매우 중요한 내용의 기록물에 적용되었을 때는 치명적인 약점이 되어 돌아오기도 한다. 디지털정보는 그 내용에 대한 왜곡수정 및 무단복제의 위험을 항상 수반하고 있기 때문이다. 예를 들어, 디지털구술기록을 자료화하여 서비스하는 과정에 제3자의 왜곡된 의도가 개입된다면, 구술내용은 원래의도와 관계없이 편집되거나 실제상황과 다르게 합성되고 변조돼 버릴 수 있을 것이다. 그리고 이것이 불법적으로 복제된다면, 최초 생산된 원본품질 그대로의 위조된 구술기록으로 완성되어 무단히 배포될 수도 있을 것이다. 그래서 진본성, 신뢰성, 무결성은 디지털구술기록을 포함한 모든 전자기록이 확보해야할 가장 중요한 특성으로 간주되어왔다. 또한 전자기록에 이러한 특성을 부여하기 위한 기술개발 역시 꾸준히 이루어져왔다.

전자기록 관련 보안기술 중 디지털 권한관리(Digital Right Management), 디지털 워터마킹(Digital Watermarking), 디지털 서명(Digital Signature), 디지털 타임스탬프(Digital Timestamp)기술은 대표적인 전자기록 위·변조 검

---

20 ISO 15489-1, 7.2.2~7.2.5.

증 및 방지기술로서 연구되어왔다. 위의 기술들의 기능은 크게 '전자기록의 저작권 관리', '전자기록의 위·변조 방지', '전자기록의 위·변조 검증', '전자기록의 존재 증명'으로 유형화할 수 있는데, ①'전자기록의 저작권 관리'란 전자기록 및 디지털콘텐츠에 대한 저작권을 보호하는 기능을, ②'전자기록 위·변조 방지'란 전자기록의 열람 및 활용에 제한적인 권한을 부여하는 기능을, ③ '전자기록 위·변조 검증'이란 전자기록의 식별정보를 통해 위·변조 여부를 판별하는 기능을, ④'전자기록 존재 증명'이란 전자기록의 생성시점을 확인하고 그 이후 변경되지 않았음을 증명하는 기능을 의미한다.

최근 디지털콘텐츠의 저작권 보호와 진본성, 신뢰성, 무결성 확보를 위한 연구가 활발하게 진행되고 있는 가운데, 디지털콘텐츠 보호를 위한 기술로는 크게 디지털 권한관리 기술과 디지털 워터마킹 기술이 발전되어져 왔다. 그런데 최근 국가기록원에서는 디지털영상기록에 권장할만한 보안기술로서 위의 두 가지 기술 중 디지털 워터마킹 기술을 제안하였다.[21] 이는 디지털 권한관리 기술이 오늘날의 디지털환경에서 보안기술로서의 한계를 보여주고 있음을 감안한 것이다. 디지털 권한관리 기술은 디지털콘텐츠를 생산단계에서 암호화하여 제공하고, 활용단계에서 이용자에게 복호키와 사용권한을 전달하는 구조로 되어 있다. 하지만 이러한 방식은 복호화 과정을 거친 디지털콘텐츠의 보호를 이용자의 양심에 맡겨야 한다는 맹점을 지니고 있다.[22] 이는 결국 디지털콘텐츠의 저작권은 물론, 진본성, 신뢰성, 무결성도 보호할 수 없다는 것을 의미한다. 이러한 단점을 해결하고 디지털 권한관리 기술을 보완할 수 있는 기술로서 개발된 것이 바로 디지털 워터마킹 기술이다. 디지털 워터마킹 기술

---

21 국가기록원 보존복원연구과, 『기록관리 연구개발(R&D) 사업 2008 Annual Report』, 행정자치부 국가기록원, 2008, p. 118. 국가기록원은 최근 워터마킹 기술을 이용한 시청각기록의 보호와 음성지문인식 기술을 이용한 음성기록의 위·변조 방지 알고리즘을 개발하였다.
22 안태남, 손용락, 이광석 공역, 『정보보안 이론과 실제』, 한빛미디어, 서울, 2006, p. 390.

은 일종의 정보은닉 기술로서, 비밀 식별자를 데이터에 첨가하여 디지털콘텐츠를 보호하는 방식이다. 간단히 비유하면, 지폐에 숨겨져 있는 그림을 통해 위조지폐를 판별하는 방식과 비슷하다고 할 수 있다. 디지털 워터마킹 기술은 그 기능과 형태에 따라 다음과 같이 분류할 수 있는데, ①미디어 내부에 인지할 수 없는 상태로 존재하는 투명 워터마킹, ②미디어 외부에 인지할 수 있는 상태로 존재하는 가시 워터마킹, ③공격을 받아도 읽을 수 있는 상태로 남아있는 강한 워터마킹, ④공격을 받으면 읽을 수 없는 상태로 남게 되는 약한 워터마킹이 그것이다.[23] 예를 들어, 불법복제와 무단배포를 방지하고자 하는 바람으로 강하고 투명한 워터마크를 디지털구술기록에 삽입했다면, 이러한 행위가 시도되었을 때 워터마크의 기기제어, 핑거프린팅 기능이 복제 자체를 제한하거나 배포의 근원지를 추적할 수 있다. 또한 왜곡수정을 탐지하고자 하는 바람으로 약하고 가시적인 워터마크를 삽입했다면 왜곡수정이 시도되었을 때 워터마크의 파괴여부를 식별하여 변조가 발생했음을 파악할 수 있다. 전자의 접근방법은 저작권 관리를 위한, 후자의 접근방법은 위·변조 검증을 위한 기본적인 디지털 워터마킹 기술의 적용이다. 따라서 이러한 보안기술을 구술디지털아카이브에 적용한다면, 디지털구술기록에 대한 저작권 보호는 물론 구술내용의 진본성, 신뢰성, 무결성 확보 또한 가능해질 것이다.[24] 이는 결국 디지털구술기록에 대한 기본적인 보호가 가능해짐을 의미한다.

② 디지털구술기록의 이용가능성 증진

전통적인 아날로그환경에서의 구술기록관리는 문자·음성·영상 영역에서

---

23 안태남, 손용락, 이광석 공역, 『정보보안 이론과 실제』, 한빛미디어, 서울, 2006, pp. 142~143.

24 한국문화예술위원회 아르코예술정보관은 자체적으로 운용중인 구술 디지털아카이브의 개선방향으로 디지털 권한 관리 기술 및 디지털 워터마킹 기술의 적용을 고려하고 있다. 이호신, 「예술사구술채록사업의 기록물 관리와 온라인서비스 현황」, 『구술아카이브 구축 방안과 운영』, 민주화운동기념사업회, 2008, p. 52.

각기 별개의 기록물을 따로 저장하여 관리하는 방식으로 이루어져 왔다. 하지만 디지털환경에서의 구술기록관리는 문자·음성·영상 영역에서의 기록물을 하나의 멀티미디어로 결합하거나 혹은 동시에 저장하여 관리하는 방식으로 이루어지고 있다. 기록물의 저장은 마스터정보 즉, 원본데이터의 경우 디지털테이프와 외장하드디스크에 저장하여 보존하는 것이 일반적이고, 서비스정보 즉, 가공데이터의 경우 광디스크와 내장하드디스크에 저장하여 활용하는 것이 일반적이다. 여기서 말하는 내장하드디스크는 단순히 컴퓨터 내부에 장착된 하드디스크를 의미하는 것은 아니며, 웹상에서 구동될 수 있는 서버시스템 즉, 웹 서버에 장착된 하드디스크를 의미한다. 이러한 웹 서버에 저장된 구술기록은 데이터베이스관리시스템의 통제 하에 데이터베이스로 구축되어 관리되게 되는데, 구축된 데이터베이스는 웹[25]을 통해 이용자에게 제공될 수 있다. 그러나 웹을 통한 원활한 서비스를 위해서는 효과적인 검색도구 마련이 필수적이다. 이러한 검색도구는 메타데이터에 대한 키워드 검색을 기본으로 하는 것이 일반적이므로 구술기록에 대한 속성항목 즉, 메타데이터를 표준안에 따라 자세히 수립해야 할 필요가 있다. 그런데 최근에는 구술기록의 메타데이터에 대한 키워드 검색과 더불어 구술녹취문의 주요내용에 대한 텍스트검색을 추가하기도 한다.[26] 구술기록의 메타데이터는 각각의 인터뷰에 대한 접근을 제공하기 위해 필요하지만, 전체 녹취문은 인터뷰내용에 대한 검색 포인트를 제공하기 위해 필요하기 때문이다. 이러한 점을 감안해 미국 '켄터키대학교의 눈 센터'에서는 구술기록의 검색을 키워드검색과 세그먼트검색에 기반하고 있다. 눈 센터에서는 녹취록을 5분 간격으로 분절하고 그 줄 번호를 메타데이터에 포함시켰다. 검색결과에서 사용자가 검색한 단어를 녹취문에 하이라이

---

25 본 글에서 말하는 '웹'은 전 세계의 정보시스템을 연결하는 월드와이드웹 즉, '인터넷'만을 의미하는 것은 아니다. 특정 기관이나 단체의 내부 정보시스템만을 연결하는 '인트라넷'의 개념 또한 포함한다.
26 윤택림, 함한희 공저, 『새로운 역사쓰기를 위한 구술사 연구방법론』, 아르케, 서울, 2006, p. 167.

트 되어 표시되게 했고, 줄 번호도 표시되게 했다. 그리고 오디오의 각 세그먼 트에 대한 줄 번호 범위를 표시되게 했다. 이로서 이용자는 하이라이트 표시된 녹취록 내용의 줄 번호를 확인하고, 오디오 재생 프로그램의 슬라이더 바를 움 직여 자신이 원하는 세그먼트를 선택해 보고 들을 수 있게 되는 것이다."[27] 이러 한 방식은 원하는 구술기록을 검색한 이후 구술기록의 내용을 효과적으로 검색 할 수 있게 하는데 그 목적이 있다. 따라서 이러한 검색 방식을 디지털구술아카 이브에 적용한다면, 이용자들은 원하는 더욱 정확한 정보를 쉽게 찾을 수 있게 될 것이다. 그리고 디지털구술기록의 이용가능성 역시 더욱 증진 될 수 있을 것 이다. 구술기록의 이용가능성은 결국 구술디지털아카이브를 구축하는 가장 큰 이유이자 구술디지털아카이브가 지향하는 가장 중요한 목적이기도 하다.

(2) 영상구술기록의 개념 및 특성

영상구술기록이란 비디오카메라 또는 디지털캠코더(이하 촬영기)로 수집 한 구술기록을 의미한다. 이러한 영상구술기록은 음성구술기록이나 문자구술 기록으로는 전달하기 어려운 구술장소, 구술상황, 관련박물 등을 포함하는 인 터뷰환경과 구술자의 외모, 표정, 몸짓 등의 비언어적인 요소를 보여줌으로 서, 이를 연구하는 학자의 관찰과 이해를 도울 수 있다.[28] 그래서 구술영상촬영 을 구술채록의 보완적인 영역이 아닌 독립적인 영역으로 평가하고, 영상구술 기록도 구술활용의 보조적인 수단이 아닌 주체적인 수단으로 이용해야 한다는

---

27 Eric Weig, Kopana Terry, Kathryn Lybarger, "Large Scale Digitization of Oral History : A Case Study", *D-Lib Magazine* 13, University of Kentucky, 2007.
28 Thomas L. Charlton, "Videotaped Oral Histories - Problem and Prospects", *American Archivist* 47(3), 1984, p. 1.

주장이 제기되기도 하였다.[29] 이러한 주장은 구술성, 쌍방향성이라는 구술 고유의 특성이 영상에 충분히 반영되었음을 전제로 하는 것으로, 이러한 특성이 반영되지 않은 구술영상기록의 독립적인 자리매김은 적절하지 않다는 것이 기존 구술사 연구의 일반적인 견해이다.[30] 따라서 구술영상촬영은 구술사 연구의 목적과 취지에 공감하고 구술 고유의 특성이 무엇인지 이해할 수 있는 구술사 연구자에 의해 수행되는 것이 무엇보다 중요하다고 할 수 있다. 하지만 구술 영상촬영과 관련된 제반문제는 생각보다 간단치가 않다. 실제로 구술사 연구를 수행하는 여러 기관들은 영상촬영과 관련된 다양한 인적, 물적 문제에 직면해 있다. 예를 들어 ①구술사 연구를 계획하고 있는 기관은 영상 구술채록 장비의 구성 및 운용에 대한 이해부족의 문제로, ②전문 영상촬영업체에게 영상촬영을 위탁한 기관은 업체와 겪는 업무상 마찰과 높은 촬영비용의 문제로, ③자체적으로 영상촬영을 수행하는 기관은 촬영자의 테크닉 부족과 촬영자마다 다른 촬영방식의 문제로 고민하고 있다.

① 구술영상촬영의 자율성

본 글에서 위와 같은 문제들을 소개하는 이유는 구술영상촬영단계에서 촬영자에게 부여되는 자율성이란 특성을 특별히 강조하기 위해서이다. 구술영상촬영은 구술음성녹음과 달리 자율성이라는 특성을 가진다. 자율성이란 촬영기를 조작하는 촬영자의 의도에 따라 구술영상기록이 담고 있는 내용의 의미가 달라질 수 있다는 것을 말한다. 녹음기는 단순히 면담자의 질문과 구술

---

29 한국구술사연구회, 『구술사 – 방법과 사례』, 선인, 서울, 2005, p. 111.
30 "녹화를 독립적으로 생각한다면, 가장 중요한 것은 녹화물을 '구술영상자료'로 자리매김하는 목적이 무엇인가 하는 점이다. 활용을 위해서인가. 구술자의 이야기를 풍부하게 담아내기 위함인가. 구술사가 무엇이고, 구술사의 자료의 특성이 무엇이며, 좀 더 범위를 좁혀서 '구술성'이 무엇인가 등등을 생각해야 한다면, 녹화물의 독립적인 자리매김은 적절하지 않을 것이다." 한국구술사연구회, 『구술사 – 방법과 사례』, 선인, 서울, 2005, p. 111. 저자가 말하는 녹화물의 독립적인 자리매김이란 구술의 특성을 고려하지 않은 영상녹화를 의미한다.

자의 구술을 기록하는 기능만을 가지고 있으므로, 누가 녹음을 하던 그 내용에는 변함이 없다.[31] 그러나 촬영기는 구술상황을 구성하는 구술성과 쌍방향성을 선택하여 기록하게 하는 기능을 가지고 있으므로, 각각의 촬영자에 의해 그 내용의 의미에 변화가 있을 수 있다.[32] 그렇기 때문에 모든 촬영자는 구술성과 쌍방향성의 요소를 정확하게 파악할 수 있어야 하고, 촬영단계에서 이러한 특성을 일관되게 포착할 수 있어야 하는 것이다. 그렇다면 구술상황에서 포착해야 할 구술성과 쌍방향성이란 무엇인가?

② 영상구술기록의 구술성

일반적으로 얘기되는 구술성이란 구술자의 기억에 의한 언어 즉, 말로 서술하는 것을 의미한다. 그러나 영상구술기록에서의 구술성이란 구술자의 말 뿐만 아니라 외모, 표정, 몸짓을 포함하는 언어 즉, 온몸으로 서술하는 것, 그리고 그것과 관계되는 전체적인 맥락을 의미한다. 일반적인 구술기록에서의 구술성의 의미는 언어적 요소 즉, 구술자의 구술정보 자체에 부여되어 왔지만, 영상구술기록에서의 구술성은 언어적 요소뿐만 아니라 비언어적 요소 즉, ① 구술자의 외모, 표정, 몸짓을 포함하는 시각적 요소, ②음색, 사투리, 특유의 어법을 포함하는 청각적 요소, ③음성의 고저와 떨림, 머뭇거림과 침묵, 흥분상태 등을 포함하는 감정적 요소, ④구술환경, 구술상황, 관련박물을 포함하는 환경적 요소에까지 구술성의 의미가 부여되고 있다. 이러한 구술성의 의미 확대는 비디오기술의 발달과 밀접하게 관련되어있다고 할 수 있다. 비디오기술의 발달과 함께 촬영기를 이용한 구술채록이 점차 증가하면서 새로운 구술

---

31 최진아, 「구술영상의 특성과 수집방법」, 『현황과 방법 : 구술·구술자료·구술사』, 국사편찬위원회, 2004, p. 104.
32 촬영자에 따라 카메라의 각도와 높낮이 설정이 다를 수 있고, 구술자와 면담자를 촬영하는 방식도 다를 수 있을 것이다.

성의 의미가 창조되었기 때문이다.[33] 이러한 구술성은 추후 해석 작업에도 긍정적인 영향을 미칠 수 있기 때문에 구술성의 의미에는 구술내용 뿐만 아니라 구술내용에 대한 전체맥락이 반드시 포함되어야 한다.[34] 영상으로 표현되는 이러한 구술내용에 대한 전체맥락은 문자와 음성만으로는 이해하기 힘든 구술성의 의미와 가치를 한 층 더 높여줄 수 있는 도구가 되어 줄 것이다.

일반적으로 구술사의 영역에서 말하는 구술성이란 구술자의 기억에 의한 언어 즉, 말로 서술하는 것을 의미한다. 그러나 영상구술기록에서의 구술성이란 구술자의 말 뿐만 아니라 외모, 표정, 몸짓을 포함하는 언어 즉, 온몸으로 서술하는 것, 그리고 그것과 관계되는 전체적인 맥락을 의미한다. 이러한 의미에서 구술장소, 구술상황, 관련박물 등의 인터뷰환경 역시 구술성을 띤다고 볼 수 있다. 그렇다면 구술성을 반영한 촬영기법에 대해 간략히 살펴보겠다. 구술자가 이성적으로 침착하게 구술하고 있는 경우에는 일반적인 인터뷰에서 주로 사용하는 바스트샷을 적용해 촬영할 수 있을 것이다. 그러나 구술자가 갑자기 흥분하여 일어서거나 몸짓을 크게 하는 경우라면 몸 전체를 풀샷에 맞춰 촬영할 수도 있을 것이다. 갑자기 자리를 떠나 구술과 관련된 박물을 가져오거나 그림, 사진, 문서 등을 손으로 가리켜 보여준다면, 자연스럽게 앵글은 구술자의 손과 박물을 따라가게 될 것이고, 표정으로 희로애락을 표현한다면, 얼굴을 크게 클로즈업 할 수도 있을 것이다. 민족문제연구소의 구술영상촬영 팀장인 최진아는 자신의 발표논문에서 일제시기 강제동원 피해자의 구술촬영 경험을 다음과 같이 소개하였다. "구술자는 일제하 강제동원 피해자였다. 진술하던 피해자가 어느 순간 자신이 그린 그림을 펼치더니 손으로 짚어가면서 얘기를 했다. 그림은 자신이 수용됐던 포로수용소의 사형장과 직접 보거나 겪

---

33 Thomas L. Charlton, "Videotaped Oral Histories - Problem and Prospects", *American Archivist* 47(3), 1984, p. 1.
34 유철인, 「구술자료의 채록과 해석」, 『한국예술종합학교 논문집』6, 한국예술종합학교, 2003, p. 102.

은 광경 몇 가지를 그린 것. 촬영을 하고 있던 필자는 여기서 중심이 되는 '구술'이 표정을 포함한 구술자의 모습인지, 손으로 짚어가며 설명하고 있는 그림인지 쉬 정할 수 없었다. 역사학이라면 그림을. 문화인류학은 진술모습을 택했을까."[35] 김진아는 이러한 사례를 소개함으로서 영상촬영에서 구술성이 갖는 의미를 함축적으로 보여주고자 하였다. 또한 특정 상황에서 구술성을 구성하는 요소 가운데 무엇을 선택할지 쉽게 결정할 수 없었다고 하여, 순간적으로 포착해야 할 구술성이란 무엇인가를 고민해 보게 하였다.[36]

③ 영상구술기록의 쌍방향성

구술기록은 심층면접이라는 면담자와 구술자의 상호작용 속에서 생산되는 공동작업의 성격을 가지고 있다. 여기서 말하는 공동작업이란, 면담자는 질문을 통해 구술자의 구술을 돕고, 구술자는 구술을 통해 면담자의 질문에 응하는 각자의 역할에 따라, 면담자와 구술자가 함께 기록을 만들어가는 작업임을 의미한다. 공동작업의 핵심은 면담자와 구술자가 기록생산의 동등한 주체로서 상호작용 속에 교감하는 것인데, 이러한 핵심적 의미를 짧게 줄여 雙方向性이라고도 한다. 영상구술기록은 여타의 문자구술기록, 음성구술기록에 비해 雙方向性을 쉽게 포착할 수 있다는 장점이 있다. 문자기록이나 음성기록에서의 雙方向性은 일반적으로 면담자와 구술자 사이의 상호작용이란 의미로 한정되는 경향이 있다. 하지만 영상구술기록에서의 雙方向性은 면담자와 구술자의 상호작용에 대한 이용자의 감정 또한 포함된다고 할 수 있을 것이다. 왜냐하면 이용자는 영상구술기록을 통해 면담자와 구술자의 모습을 다양하게 이해하고 느낄 수 있기 때문이다. 결국 구술영상기록의 雙方向性은 구술자와 면

---

35 최진아, 「구술영상의 특성과 수집방법」, 『현황과 방법 : 구술 · 구술자료 · 구술사』, 국사편찬위원회, 2004, p. 105.
36 이러한 경우 우선 구술자의 진술모습을 캠코더로 촬영하고, 지도는 나중에 카메라로 촬영하는 것이 맞을 것이다.

담자라는 기록생산의 두 주체가 구술현장의 상호작용 속에서 서로 교감하는 모습. 그리고 이러한 모습에서 이용자가 느끼는 감정 또한 포함된다고 할 수 있을 것이다.

영상구술기록은 여타의 문자구술기록, 음성구술기록에 비해 쌍방향성을 쉽게 포착할 수 있다는 장점이 있다. 하지만 이러한 장점을 부각시키기 위해서는 촬영단계에서의 시기적절한 화면변화가 필수적이다. 아무런 화면변화 없이 특정한 구도에 걸어놓은 체 촬영한, 즉 쌍방향성이 반영되지 않은 구술영상기록은 구술인터뷰의 단편적인 모습만을 들려주는 음성구술기록과 그 의미가 크게 다르지 않을 것이기 때문이다.[37] 그렇다면 쌍방향성을 반영한 촬영 기법에 대해 간략히 살펴보겠다. 기본적으로 인터뷰가 시작되기 전에는 와이드 샷으로 구술자와 면담자 그리고 주변모습 모두를 한 화면에 담는 것이 좋다. 그리고 인터뷰가 시작되면 구술자와 면담자의 모습만을 주로 담도록 한다. 여기서 중요한 것은 구술자를 정면에서 촬영하되 면담자의 모습도 구체적으로 촬영할 수 있어야 한다는 것이다. 따라서 구술자와 면담자가 서로 마주앉은 경우, 구술자 또는 면담자가 역광을 받는 경우에는 적절한 장소로의 위치변경을 요구해야 한다. 면담자가 기본정보를 말할 때나 질문할 때는 면담자 중심으로 촬영하고, 구술이 본격적으로 시작되면 구술자 중심으로 최대한 구술성을 반영하여 촬영해야 한다. 여기서 가장 중요한 것은 구술자와 면담자 사이를 오고가는 적절한 구도변화를 지속적으로 수행해야 한다는 것이다.

한국학중앙연구원 현대한국구술사자료관 전임연구원인 김선정은 현대 한국 구술사 연구사업 면담자 공동 교육 세미나에서 다음과 같은 사례를 소개하였다.

---

37 "구술영상에 대한 일반적인 이해는 구술자의 모습을 적당한 크기와 각도로 녹화하면 되는 것 아니냐는 것이다. 구술영상의 의미를 이처럼 사전적 의미의 '구술보완'에 국한한다면, 구술영상의 가능성에 대한 어떠한 '실험'도 불가능할 것이다." 최진아, 「구술영상의 특성과 수집방법」, 『현황과 방법 : 구술·구술자료·구술사』, 국사편찬위원회, 2004, p. 106.

"언젠가 구술영상을 시청한 적이 있었는데, 고령의 구술자가 무릎을 꿇고 구술을 하고 있었다. 연세 높으신 할아버지가 왜 저렇게 무릎을 꿇고 힘들게 말씀하시는지 이해할 수가 없었다. 나중에 알아 봤더니 면담자 즉, 서울에서 오신 어려운 선생님이 무릎을 꿇고 앉아계셔서 구술자 본인도 무릎을 꿇고 구술하셨다는 것이다. 영상이 면담자의 모습을 보여주지 않았기 때문에 당시에는 이러한 사실을 알 수 없었다." 김선정은 이러한 사례를 소개함으로서, 한 객체에게만 포커스가 맞춰진 즉, 쌍방향성이 결여된 구술영상기록의 한계에 대해 언급하였다.

④ 구술영상촬영의 이용자중심성

앞서 살펴본 구술성 그리고 쌍방향성이라는 특성은 구술영상촬영에 이용자중심성이라는 또 다른 특성이 반영되었을 때, 그 가치를 더할 수 있다. 이용자중심성이란 촬영자가 영상을 촬영함에 있어, 이용자의 입장을 충분히 고려하여야 한다는 것을 의미한다. 즉, 구술상황의 구술성과 쌍방향성을 자유롭게 포착하되, 부드러운 화면조작에 좀더 노력을 기울여야 한다는 것이다. 앵글의 갑작스러운 변경이나 줌인, 줌아웃의 미숙한 조작으로도 구술성과 쌍방향성을 포착하는 데는 어려움이 없을 것이다. 하지만 이용자의 입장을 생각한다면, 좀더 세련된 촬영기법의 적용이 필요할 것이다.

또한 영상구술기록은 이용자의 이해를 돕기 위한 차원에서 면담전, 면담과정, 면담후의 주요상황을 체계적으로 파악할 수 있도록 촬영하여야 한다. 예를 들어, 차량으로 면담장소까지 이동하는 동안을 짧게 촬영한다거나, 면담장소의 주변 환경, 구술면담과는 크게 관계없는 면담 이전, 이후의 상황 등을 빼놓지 않고 모두 촬영하는 것 등이 바로 그것이다.

그런데 최근 그 시간이 64분으로 제한되어있는 미니DV를 이용한 구술영상촬영이 증가하면서 1시간마다 구술자의 구술을 도중에 끊어야 하는 문제가 새로운 쟁점으로 제기되었다. 그러나 이러한 문제는 촬영자가 구술자의 주의를 산만하게 분산시키지 않는 범위 내에서 특정 사인(sign)을 면담자와 사전에 약속하는 것으로 간단히 해결할 수 있다. 그 방법은 테이프가 50분이 경과하는 순간 촬영자가 디지털카메라로 사진촬영을 개시한다든가 새로운 테이프의 포장지를 벗기는 등의 특정행동을 취함으로서 면담자에게 녹화 시간이 50분이 경과하였음을 인지하도록 하는 것이다. 이에 면담자는 남은 14분의 시간 동안 적절한 중단 포인트를 포착하여 구술자에게 휴식을 제안할 수 있다. 의외로 구술자는 촬영자의 행동에 크게 주의를 기울이지 않는 경향이 있음으로, 면담자와 촬영자가 구술인터뷰 상황 속에서 긴밀하게 협력한다면 좀 더 나은 영상구술기록을 생산해 낼 수 있을 것이다. 따라서 앞으로 이러한 영상구술기록, 구술영상촬영의 특성 및 방법에 대한 논의를 더욱 발전시키고, 촬영자가 좀 더 전문성을 함양한다면, 촬영자는 면담을 촬영하기 위한 보조적인 역할에 그치는 것이 아닌, 구술자, 면담자와 더불어 영상구술기록을 독자적인 창조물로서 생산해내는 주체적인 참여자로서의 역할을 획득하게 될 수 있을 것이다.

3. 나가며

이상에서 살펴본 디지털구술기록, 영상구술기록의 개념과 여러 특성을 종합해서 정리해보면, 디지털영상구술기록은 "촬영자가 디지털캠코더로 면담자와 구술자의 인터뷰 모습을 촬영한 영상기록으로서, 그 내용은 디지털미디어에 2진 코드의 디지털정보로 저장되며 구술성과 쌍방향성의 특성을 갖으며 가공과 활용에 편리하지만 진본성, 신뢰성, 무결성이 전제되었을 때만이 이용

가능한 구술기록"이라고 정의할 수 있겠다.

　구술기록은 단지 구술내용을 속기한 문자구술기록에서, 구술내용 자체를 녹음한 음성구술기록을 거쳐, 구술내용과 구술모습까지 담아낸 영상구술기록으로 진화하였다. 오늘날 혁신적으로 발달하고 있는 IT기술은 이러한 구술기록에 디지털이라는 새로운 날개를 달아줌으로서, 그 진화의 가능성을 무한대로 열어주었다. 하지만 디지털구술기록은 그 내용에 대한 왜곡수정 및 무단복제의 용이함이라는 치명적 약점을 지니고 있다. 뿐만 아니라 미래의 그 이용가능성과 영속성 또한 보장할 수 없다. 결국 디지털영상구술기록을 가치가 부여된 기록으로서 영구히 존재하게 하기 위해서는 진본성, 신뢰성, 무결성을 보장할 수 있는 안전장치를 반드시 확보하고, 디지털정보의 장기보존전략에 바탕을 둔 디지털아카이빙 활동을 체계적으로 수행해야할 것이다.

정영록

한국외국어대학교 대학원 정보·기록학과에서 석사학위를 받고, 국립국악원 국악아카이브에서 기록관리 업무를 담당하였다. 구술사업으로는 국가기록원 대통령기록관의 '역대 대통령 구술채록 사업', 국가기록원의 '국민생활정책 관련 구술채록사업', 한국학중앙연구원의 '현대한국구술사연구사업'에 참여하였다. 연구성과로는 「구술기록의 디지털 아카이빙에 관한 연구: 디지털 구술기록의 생산·관리 및 보존전략을 중심으로」, 한국외국어대학교 대학원 석사학위논문, 2010이 있다.

8장 구술기록의 온라인 서비스

1. 구술기록 온라인 서비스 개념

(1) 구술기록 온라인 서비스의 정의

기록학계에서 서비스란 이용자 요구를 충족시킬 수 있도록 기록물과 이용자를 연결시켜 주는 활동[1]으로써 현재 및 잠재적 이용자가 필요로 하는 기록을 찾고 활용할 수 있도록 도와주는 것을 말한다. 서비스 유형에는 소장기관에 대한 정보와 소장기록물에 대한 정보, 소장기록물에서 추출한 정보, 기록물 생산자에 관한 정보, 다른 기록관이나 정보원으로의 안내, 저작권 및 프라이버시 등에 관한 보안 및 공개에 관한 관련법 정보, 기록을 활용하는 방법과 절차, 소장물의 복제와 대출 등에 관한 정보가 있다.[2]

---

1 Mary Jo Pugh, 『기록정보서비스』, 설문원 역, 진리탐구, 서울, 2004, p.23.
2 Mary Jo Pugh, 『기록정보서비스』, 설문원 역, 진리탐구, 서울, 2004, p.24.

정보서비스 환경이 변화함에 따라 이용자 정보접근 방식이 오프라인을 통해 접근하던 방식에서 확대하여 오늘날엔 온라인 접근방식을 더욱 선호하고 있다. 따라서 아카이브 서비스도 이러한 정보서비스 환경변화에 맞춰 온라인 서비스를 적극 추구하고 있다. 온라인으로 제공할 수 있는 서비스 유형은 목록제공, 전시, 디지털화된 기록물, 전자 메일을 통한 이용자와의 커뮤니케이션, 인터넷을 통한 학습자료 제공, 기록물 사본 주문 서비스 등이 있다.[3]

구술기록의 서비스는 구술기록을 제공하는 환경에 따라 오프라인이용과 온라인이용으로 구분할 수 있다. 오프라인이용은 구술기록 소장기관을 직접 방문하여 필요한 구술기록을 열람하는 것으로 정해진 절차와 규정에 따라 이루어진다. 온라인이용은 구술기록 소장기관의 홈페이지와 같은 인터넷상의 서비스를 통해서 이루어지는 것을 말한다.

이러한 점에서 구술기록 온라인 서비스란 온라인 접근방식을 통해 현재 및 잠재적 이용자가 필요로 하는 구술기록을 찾고 활용할 수 있도록 도와주는 서비스라고 할 수 있다. 지금까지 음성 및 영상자료와 같은 구술기록 이용은 원칙적으로 오프라인을 통한 서비스를 지향해 왔다. 그러나 정보검색환경의 변화와 구술기록의 다양하고 적극적인 활용방안 모색, 구술기록 저장 매체가 온라인 서비스에 유리하다는 점 등의 여러 관점에서 1차 구술기록[4]의 온라인 서비스가 활발히 검토되고 있다.

---

3 조민지, 「대통령기록관의 서비스 프로그램 사례연구」, 『한국기록관리학회지』6, 한국기록관리학회, 2006, p.163.
4 일반적으로 구술기록의 가공여부에 따른 구술기록의 유형은 가공을 가하지 않은 상태의 1차 자료와 가공을 가한 2차 자료로 구분할 수 있으며, 1차 자료에는 음성, 영상 및 기증자료를 포함하여 녹취문, 간행물(또는 발간물, 출판물), 면담일지 및 면담후기, 공개 및 이용동의서 상세목록, 신상카드와 같은 구술관련 서식 등은 2차 자료에 포함된다. 한지혜, 「구술기록 온라인 서비스 방안」, 한국외국어대학교대학원 정보기록관리학과 석사학위논문, 2010, p.17.

(2) 온라인 서비스의 특성

이용자는 자신이 필요로 하는 정보가 어떤 기록물을 통해 얻을 수 있는지를 판단하기 쉽지 않으며, 알고도 여러 가지 여건 때문에 이용할 수 없는 경우도 많다. 따라서 온라인이란 공간은 이러한 점에서 매우 유용하다. 이와 같은 온라인 환경은 기록물의 보존, 활용 가치를 확인하고 나아가 기록물의 체계적인 생산과 관리, 보존의 필요성을 인식하게 하는 것으로 이어질 수 있다.

온라인 서비스는 시간과 공간의 제약을 받지 않고 서비스를 제공할 수 있기 때문에 이용자가 직접 소장기관을 찾기 어려운 경우 매우 유용하다. 또한 어떤 기록물을 소장하고 있으며, 이용자가 필요로 하는 기록이 이용가능한지 그 현황을 미리 확인하고 이용여부를 결정할 수 있다. 온라인 서비스는 디지털 아카이브의 등장으로 더욱 활성화 되었다. 디지털 아카이브는 기록물의 보관 및 저장뿐만 아니라 이용과 활용이라는 면에서도 뛰어난 기능을 한다는 점에서 주목받는다. 이를 바탕으로 다양한 온라인 서비스가 가능해지고 이용자에게 열린 공간으로 다가갈 수 있게 되었다.[5]

이 같은 경향은 구술기록 서비스에서도 나타난다. 구술기록 기획단계에서 보존과 활용을 위한 기록매체를 결정하는데 최근에는 디지털 매체를 지향하고 있다. 이는 구술자료[6]의 훼손을 최소화하여 장기적으로 보존하고, 이후의 다양한 활용을 염두 한 것이다. 디지털 아카이브의 강점 중 주목할 만한 것은 기록물의 활용 측면에서 유용함을 보여주는 것이라 할 수 있으며, 인터넷 환경을 이용한 기록의 온라인 서비스가 유리하다는 점에서 장점이 있다.[7] 따라서

---

5 윤택림, 함한희, 『새로운 역사쓰기를 위한 구술사연구방법론』, 아르케, 서울, 2006, p.158.
6 구술채록 프로세스에서 생산 및 수집되는 기록을 포괄하여 '구술기록'이라 하며, 기록된 자료의 개별성을 강조하여 각각의 구술기록을 칭하는 용어로 '구술자료'를 사용한다. 한지혜, 「구술기록 온라인 서비스 방안」, 한국외국어대학교대학원 정보기록관리학과 석사학위논문, 2010, p.18.
7 김주관, 「문화자료와 디지털 아카이브의 구축」, 『지방사와 지방문화』9(2), 역사문화학회, 2006, pp.456~457.

구술기록은 생산단계부터 서비스에 유용한 조건을 갖추고 있다고 볼 수 있다.

온라인에서는 구술기록 이용을 위한 공간이나 시설마련의 제한과 부담이 적고 이용자 입장에서 필요한 정보에 접근이 용이하다는 측면을 적극 활용할 수 있다. 또한 온라인 및 오프라인 구술기록 이용방법 및 절차 등에 관한 이용관련 정보를 온라인상으로 제공하는 것뿐만 아니라 연구지원 사업 정보, 심포지엄 관련 자료, 발간물이나 도구서 등에 대한 정보를 온라인으로 제공하여 이용자가 언제든지 구술기록과 관련된 정보에 접근할 수 있도록 하는 것이 가능하다. 그러나 구술기록 온라인 서비스에는 구술기록의 공개 및 비공개 문제, 구술자의 존중과 보호, 윤리적 문제 등 신중하게 논의되어야 하는 여러 쟁점들이 존재한다.

2. 구술기록 온라인 서비스의 필요성 및 고려할 점

(1) 구술기록 온라인 서비스의 필요성

구술기록 온라인 서비스의 필요성은 다음과 같은 점에서 살펴볼 수 있다.

첫째, 구술기록 온라인 서비스는 해당 기관의 소장 구술기록을 대외적으로 홍보하고 이용자의 편리한 이용을 가능하게 한다. 이는 온라인이라는 환경을 통해서 얻을 수 있는 효과이다. 구술사 연구 목적과 성과를 대외적으로 소개하는 방법에는 워크샵, 전시회 등의 여러 방법이 있을 수 있으나 온라인 서비스는 장기적으로 효과를 볼 수 있고 적극 활용하기에 용이하다. 이용자의 입장에서도 자신이 필요로 하고 찾는 기록물에 대한 정보를 일일이 방문하거나 직접적인 접촉을 통해 파악하기란 쉽지 않다. 구술기록의 온라인 서비스는 모든 면에서 충족시킬 수 있는 유일한 방법이라기보다는 서비스 제공이나 이용 면에서 시간 및 공간, 거리의 제약 없이 효과적이고 편리한 환경을 제공한다는 점에서 중요하다.

둘째, 구술기록의 온라인 서비스는 구술기록을 통한 구술사 연구의 활성화에 기여할 수 있다. 일부 구술사 분야에서는 역사쓰기와 구술기록 수집의 괴리현상을 지적한다.[8] 이는 연구자가 자신의 연구 취지와 목적에 부합하는 내용을 수집하고자 자신의 연구 의도에 맞게 새로이 생산하는 경우로 나타나기도 하지만 연구자가 구술자료에 대한 정보수집시 생산 현황과 그에 대한 정보를 충분히 얻기 어려운 현실이 원인으로 작용하기도 한다. 그러므로 효과적으로 이용자가 필요로 하는 정보를 얻고 이용할 수 있도록 안내하며 이용자는 이를 통해 자신의 연구와 목적에 맞는 구술기록을 파악하고 적극 활용할 수 있도록 한다면 이와 같은 괴리를 좁히고 구술기록을 통한 연구가 더욱 활성화 될 수 있을 것이다.

또한 온라인 서비스는 이용자의 흥미로운 관심을 적극적인 관심으로 유도하는데 기여한다. 예를 들어, 온라인 서비스는 구술기록에 일반적인 흥미를 갖고 있는 이용자가 지속적으로 구술기록에 접근하고 관심을 유지할 수 있는 방법이 되며, 나아가 이용자가 필요한 경우 직접 기관을 방문하여 구술기록을 적극적으로 활용하는 활동으로까지 이어질 수 있는 원동력이 된다. 구술기록에 대한 충실한 서비스는 온라인의 이점을 통해 이용자의 관심을 지속시키고 나아가 더 많은, 심도 있는 관심으로 연계시키는 매개체 역할을 한다.

---

8 허영란, 「구술 아카이브의 업그레이드와 새로운 역사쓰기」, 『구술사 연구의 새로운 지평을 열며』, 한국구술사학회 창립학술대회 발표집, 2009, pp.18-19; 이용기는 구술사 연구와 구술채록이 이전에 비해 대단히 진전된 것은 틀림없으나 그럼에도 생산에 치우치고 그것을 어떻게 할 것인지에 대해서 아직 많은 고민이 이루어 지지 않고 있다고 지적하였다. 때문에 상당한 양의 구술자료가 축적 되었음에도 불구하고 그것을 활용한 구술사 연구는 여전히 부진하다고 역설하였다. 이용기, 「역사학, 구술사를 만나다」, 『역사와 현실』71, 한국역사연구회, 2009, p.305.

셋째, 구술기록 온라인 서비스는 구술기록에 대한 대중적 인식을 가능하게 한다. 국내에서 구술사가 등장한 이래 지속적인 노력과 연구 발전에도 불구하고 아직까지도 구술기록 및 구술사 연구는 일부 학자들에게 국한된 영역으로 대중적 관심을 받지 못하고 있는 것이 사실이다. 이는 국내 구술사 전통이 해외에 비해 오래지 않았다는 점이 이유가 될 수 있으나 이와 더불어 현재 구술기록의 활용 및 서비스 기반을 마련하지 못했다는 점이 원인이 될 수 있겠다. 구술기록은 일부 제한된 연구자에 의해서만 거의 활용되었는데 보다 적극적으로 구술기록의 의미와 학문적, 역사 문화적 가치를 널리 인식시키기 위한 노력이 필요하며 이를 바탕으로 구술기록의 학문적 입지를 확대해 나가야 할 것이다. 구술기록이 대중을 지향한다는 것이 반드시 바람직한 방향이라고 하기는 어렵다. 하지만 연구자 외에 일반인들이 관심을 기울이지 않는 영역에 머문다면 구술사의 역할을 다한다고 보기 어렵다.[9]

넷째, 현재 국내 구술아카이브 환경은 온라인 서비스의 필요성을 야기한다. 구술아카이브를 구축하고 있는 기관 및 단체 중 아카이브 관리 및 서비스 제공을 원활하게 수행할 수 있는 조건을 갖춘 곳은 많지 않다. 몇몇 사례를 제외하고 대다수의 경우 소규모 연구단으로서 인력, 예산, 업무적인 면에서 서비스를 위한 환경을 갖추기란 쉽지 않다. 또한 일반적인 흥미와 관심으로 접근하는 이용자의 경우 직접적인 문의와 대응은 부담스러울 수 있으며, 이로 인해 결국 이용자의 무관심을 야기할 수 있다. 나아가 연구자 및 관련 기관에서는 구술사 연구를 지속해 오면서 축적된 구술기록의 현황 파악 및 유관 기관 사이의 정보공유가 어려움을 안타까워한다. 통합적인 구술채록 및 구술기록 관리를 위한 아카이브가 존재하지 않는 상황에서, 정보를 공유하고 함께 논의할 수 있는 기반을 마련한다는 점에서 구술기록 온라인 서비스는 의미가 있다.

9 한국구술사연구회, 「구술사: 방법과 사례」, 선인, 서울, 2005, p.220.

(2) 구술기록 온라인 서비스에서 고려할 점

미국의 구술사가 리체(Ritchie)는 '인터뷰는 기록되고, 어떤 방식으로든 아카이브나 도서관, 다른 보존소에서 이용할 수 있거나 또는 구술 그대로의 형식으로 출판 될 때 비로소 구술사가 된다.'[10]고 주장하면서 구술기록은 단순히 기록되고 보관하는데 그치는 것이 아니라 다양하게 활용될 수 있어야 함을 역설하였다. 구술기록 온라인 서비스는 기록관리 분야 중 활용단계로서 구술기록 활용에 있어 고려해야 할 점이 있다. 정혜경은 구술기록의 활용 방향은 활용도의 증대보다도 구술기록의 훼손의 정도를 감소하려는 노력[11]이라고 하였다. 즉, 여기서 의미하는 '훼손'은 구술기록을 활용하는데 있어 물리적 손상과 더불어 구술기록 자체의 정보적 왜곡이나 구술의도 변형의 위험성을 지적한 것이다. 대표적으로 녹취록 작성시 구술자의 비언어적 표현이 가감될 수 있으므로 이를 최소화하기 위해 녹취록에 원형 그대로를 담아내기 위해 노력해야 한다. 또한 구술기록의 활용은 구술사가 즉, 연구자만을 위한 활용이 아니라 구술자를 위한 활용이기도 해야 한다.[12] 구술자의 의도가 왜곡되지 않고 그대로 구술기록에 반영되어 전달할 수 있어야 하는데 이도 마찬가지로 위와 같은 맥락에서 요구되는 요건이라 할 수 있겠다.

구술기록에 대한 접근과 이용은 곧 저작권과 직결되는 문제로 온라인 환경에서 특히 중요하다. 저작권은 창작자가 창작 과정에서 쏟은 노력에 대하여 보상해 줌으로써 또 다른 창작을 유인하기 위한 것으로[13] 구술기록의 저작권 적용과 관련 규정에 관한 구체적인 사항을 이용자에게 알리고 이용자가 보

---

10 Donald A. Ritchie, *Doing Oral History*, New York: Twayen Publishers, 1994, pp.5~6.

11 정혜경, 「구술사료의 관리방안」, 『한국예술종합학교논문집』6, 2003, pp.83~84.

12 한국구술사연구회, 『구술사: 방법과 사례』, 선인, 서울, 2005, p.208.

13 정경희, 「기록정보서비스 활성화를 위한 저작권 문제 연구」, 『정보관리학회지』24(1), 한국정보관리학회, 2007, pp.166~183.

다 바르게 구술기록을 활용하는데 참고할 수 있도록 해야 한다. 이와 관련하여 구술채록과정에서 구술기록의 공개 및 이용 허가서에 구술자의 동의 확인을 받게 되는데, 구술자가 동의하지 않으면 그 구술기록은 공개할 수 없다. 면담자는 먼저 연구의 목적과 취지를 밝히고 이 후 어떻게 공개, 활용 될 수 있는지를 구술자에게 알려 구술자 동의에 입각하여 구술기록의 공개와 활용을 확인받아야 한다. 이러한 공개 및 이용 허가 동의는 비단 법적인 문제에 국한되지 않는다.

그러나 구술자의 많은 경우가 형식적인 절차로써 동의하게 되고 이로 인해 발생할 수 있는 이후 상황에 대해 심각하게 고민하지 않는다. 면담자 역시 혹시 발생할 수 있는 부작용이나 불이익에 대해 굳이 설명하지 않고 쉽게 동의를 받아내려고 하는 경우도 있다. 그러나 이 문제는 절차적, 행정적인 문제이기 보다 윤리적 문제[14]라는 점을 인식해야 한다.

3. 구술기록의 맥락

기록학계에서 정의하는 기록이란 『기록학 용어 사전』에서 개인이나 조직이 활동이나 업무과정에서 생산하거나 접수한 문서로 일정한 내용·구조·맥락을 가진다고 보았다. 여기서 기록의 맥락이란 기록의 생산·입수·저장 또는 활용을 둘러싼 조직적·기능적 환경과 활동상의 정황을 의미한다.[15] 이는 기록을 생산한 활동에 의해 자연스럽게 축적되고 그 과정에서 문서들 사이에 유기적 관계

14 한국구술사연구회, 『구술사: 방법과 사례』, 선인, 서울, 2005, p.153-155.
15 한국기록학회, 『기록학 용어사전』, 역사비평사, 서울, 2008, p.48.

가 전제된 것이라 할 수 있다.[16] 구술기록의 맥락은 위의 개념을 부분적으로 포괄하는 의미에서 타 기록과의 연계성, 구술채록 프로세스 내에서 형성되는 구술기록간의 연계성과 더불어 구술내용 전개과정의 맥락으로 생각해 볼 수 있다.

먼저 구술내용 전개과정에서 맥락은 구술내용의 앞뒤 문맥, 즉 인과과정이라 볼 수 있다. 구술자가 당시 사회적 · 정치적인 환경과 조건 속에서 어떤 영향을 받았으며, 이것이 구술자의 삶에 어떻게 작용하였는가의 과정이다. 나아가 구술자는 어떠한 방식으로 사회에 반응하였는지 구술자와 구술자 배경과의 상호작용을 이해하는 것이다. 이와 더불어 구술자가 과거의 경험을 현재로 불러오는 과정에서 구술자 현재의 사회 문화적 배경이 영향을 미치게 된다. 즉, 구술자를 둘러싼 여러 요소들 간의 상관관계가 구술내용의 맥락에 반영된다.

기록학적 관점에서 구술기록의 맥락은 기록관리의 대상으로서 구술기록의 개념을 단순히 영상 및 음성자료에 국한한 좁은 의미에서 확장하여, 구술기록 생산 및 수집을 위한 구술채록 프로세스에 의해 기획단계부터 정리단계에 이르는 과정을 통해 생산된 모든 기록을 구술기록으로 볼 때 그 의미가 강조된다. 지금까지 구술기록은 기록물간의 연계성이 적은 매뉴스크립트적 성격이 부각되어 왔다. 업무활동 속에서 자연스럽게 생산되는 다른 기록과 달리 특정 목적에 의해 개별적으로 수집된다는 점에서 강조되었던 매뉴스크립트적 성격은 좁은 의미의 구술기록으로 개념을 정의하였기 때문이다.

구술기록 생산은 특정목적에 부합하는 프로세스를 설계하고 각 프로세스별로 필요한 연구 활동을 수행한다. 이러한 활동과정에서 활동을 증거 하는 구술기록을 생산하며, 이렇게 생산된 구술기록은 상호간의 유기적 연계성을 형성한다. 즉, 구술채록 프로세스 하에서 생산된 구술기록은 매뉴스크립트의 성격이 강한 인위적인 컬렉션과는 다르게 기록간의 유기적 연계성이 강조되는

---

16 김정하, 「기록물의 개념과 용어의 정의에 관한 연구」, 『기록학연구』21, 한국기록학회, 2009, pp.25~26.

아카이브(archives)적 성격을 갖는다고 볼 수 있다. 구술기록의 맥락은 기록관리의 대상으로서 구술기록의 개념 확장과 아카이브(archives)적 성격을 보여주는 것이라 할 수 있다.

구술기록관리는 구술채록의 결과물로서 구술자료 만을 대상으로 하는 것이 아니라 구술기록 생산 및 수집프로세스의 각 단계를 수행하는 활동 과정에서 생산된 구술기록을 생산맥락을 갖춰 통합적으로 관리해야 한다. 또한 구술기록의 맥락은 관리 · 보존뿐만 아니라 활용 · 서비스에서도 핵심적인 요소라고 할 수 있다. 구술기록을 담당하는 관리자는 구술기록 생산 및 수집의 전체적인 프로세스를 이해하고 프로젝트의 주제와 성격을 어느 정도 파악하고 있는 반면, 이용자의 경우 이러한 정보를 파악하고 있기 어렵다. 따라서 구술기록을 활용하는 이용자의 경우 구술기록의 맥락을 갖춰 생산프로세스의 각 단계의 구술기록을 포괄적으로 검토하는 것이 필요하다.

오프라인이용의 경우 이용자는 담당자의 도움이나 또는 필요한 자료를 요구하여 바로 이용할 수 있으나 온라인이용의 경우 일차적으로는 온라인상에서 일방적으로 제공된 구술기록 및 정보만을 통해 구술기록을 이해하고 해석하게 된다. 온라인을 통해 제공되는 구술기록 및 정보는 다양하게 구성될 수 있으나, 다른 한편으로는 제공자에 의해 구술기록의 서비스 유형이 결정되므로 이용자가 필요로 하는 정보 선택의 범위가 오히려 제한적이라고 할 수 있다. 구술기록을 온라인으로 서비스 하는 제공자의 입장에서는 구술기록의 성격과 생산프로세스에 대한 고려 없이 구술기록의 맥락을 배제한 채로 음성 및 영상자료와 같은 산출물 위주로 서비스 하지 않도록 신중하게 검토해야 할 필요가 있다.

또한 구술기록의 맥락을 갖춘 온라인 서비스는 구술기록이 기록학적으로 생산 · 수집되고 관리 · 보존되어 활용될 수 있는 가치를 내포하고 있음을 의미하는 것이기도 하다. 구술기록의 온라인 서비스는 기록관리 단계에서 마지막에 해당하는 단계로 앞서 체계적인 생산과 관리, 보존이 이루어 지지 않았다면, 질 높은 서비스를 제공하는 것이 불가능하다고 해도 과언이 아니다. 즉, 구술기록이 얼마나 체계적으로 생산 · 관리 · 보존되었는가의 여부는 얼마나 수준 있는 서비스를 제공할 수 있는 가를 결정한다고 볼 수 있다.

4. 구술기록 온라인 서비스 해외사례

구술기록을 온라인으로 서비스하는 사례는 국내외 여러 분야에서 찾아볼 수 있다. 국내보다 구술사 전통이 오랜 영국이나 미국 등의 국가에서 더욱 다양한 온라인 서비스 사례를 찾아볼 수 있으며, 특히 미국의 경우 대학과 연계된 구술사 연구소가 다수 존재한다.

해외의 경우 구술사를 다루고 있는 온라인 홈페이지에는 세계 각국의 구술사협회를 포함하여 The Columbia University Oral History Research Office, The California University Regional Oral History Office, The Vietnam Center and Archive, US Holocaust Memorial Museum, King's Cross Voice, London's Voices, The University of Virginia Miller Center Public Affairs, The Art Institute of Chicago 등이 있으며 그 외에도 다수 존재한다. 이 중 구술기록 온라인 서비스의 특징적인 요소를 갖고 있는 사례를 중심으로 살펴보고자 한다.

따라서 본 장에서는 The California University Regional Oral History Office 와 John F Kennedy Presidential Library & Museum, 그리고 The University of Virginia Miller Center Public Affairs 사례를 살펴보도록 하겠다.

(1) The California University Regional Oral History Office

① 서비스 현황

The California University Regional Oral History Office(이하 ROHO)는 다양한 구술프로젝트를 프로젝트별(Featured Projects) 또는 주제별(Subject Areas) 접근방법을 통해 관련 정보와 자료를 제공한다.[17] ROHO의 음성 및 영상자료를 이용할 수 있는 '컬렉션(Collections)' 중 '오디오와 비디오(Audio and Video)'의 선별된 프로젝트를 중심으로 살펴보도록 하겠다.

Audio and Video에는 특정 구술프로젝트를 소개하고 생산된 구술기록을 온라인을 통해 이용할 수 있도록 서비스한다. 구술프로젝트마다 제공하는 구술기록의 유형 및 정보의 형식이 일부 다르게 제공되지만 대체적으로 유사하다. 일반적으로 음성 및 영상자료 제공에는 소극적이고, 녹취록이 비교적 상세하게 작성되고 자유롭게 이용할 수 있도록 제공하고 있다. 음성 및 영상자료는 해당 프로젝트를 수행한 내용 중 일부를 주제에 맞게 편집 가공하여 제공하거나 또는 공개 가능한 구술자에 한하여 영상 및 음성자료를 제공한다.

---

17 메인 홈에서는 ROHO에 대한 소개를 통해 연구소의 연구 분야와 목적에 대해서 밝히고 있으며, 연구소에서 수행한 특정 프로젝트를 다양하게 소개하고 있다. 온라인에서 소개하고 있는 모든 구술프로젝트에서 음성 및 영상자료를 제공하고 있는 것은 아니지만 일반적으로 대다수의 프로젝트에서 녹취록은 자유롭게 이용할 수 있도록 서비스하고 있다. 〈http://bancroft.berkeley.edu/ROHO/〉

[그림 Ⅷ-1] ROHO의 Collections 중 Audio and Video 화면

　　Audio and Video에서 제공하고 있는 녹취록뿐만 아니라 ROHO에서 서비스하는 녹취록은 PDF파일 형식으로 제공하는데 내용 구성이 상세하게 작성되어 있다. 단지 구술자와 면담자의 구술내용만을 중심으로 한 것이 아니라 연구소에서 해당 구술프로젝트를 수행하게 된 배경 및 목적, 구술자료를 이용하기 위해 인지해 두어야 할 사항 및 면담자의 후기 등이 녹취록 내에 포함되어 있다. 또한 본격적인 면담내용에 들어가기에 앞서 녹취록의 세부목록과 해당 구술자료가 포함된 시리즈에 대한 전반적인 설명을 제공한다. 일부 녹취록의 경우 면담내용 중 구술자의 대답에 해당 시점을 '시:분:초'로 시간을 표기하거나, 구술자 관련 사진을 함께 제공하고 있다.

> Oral history is a method of collecting historical information through recorded interviews between a narrator with firsthand knowledge of historically significant events and a well-informed interviewer, with the goal of preserving substantive additions to the historical record. Because it is primary material, oral history is not intended to present the final, verified, or complete narrative of events. It is a spoken account. It reflects personal opinion offered by the interviewee in response to questioning, and as such it is partisan, deeply involved, and irreplaceable.
>
> All literary rights in the manuscript, including the right to publish, are reserved to The Bancroft Library of the University of California, Berkeley. No part of the manuscript may be quoted for publication without the written permission of the director of The Bancroft Library of the University of California, Berkeley.
>
> Requests for permission to quote for publication should be addressed to the Regional Oral History Office, The Bancroft Library, University of California, Berkeley, Berkeley, California, 94720-6000, and should include identification of the specific passages to be quoted, anticipated use of the passages, and identification of the user.
>
> [agree] [cancel]

ROHO에서 어떠한 구술자료를 이용할 경우에도 '구술자료 이용 동의'절차를 거쳐야만 가능하다. '구술자료 이용 동의'는 음성 및 영상자료, 녹취록 등을 이용할 때 반복적으로 거쳐야 하는 하나의 단계로 설정되어 있다. 여기에는 구술사의 개념과 목적, 방법이 간략하게 언급되어 있으며, 구술기록을 활용하기 위해서는 저작권 문제 등으로 인해 해당 연구소에 검증을 받아야 함을 알리고 있다.

② 서비스 특징

ROHO의 구술기록 온라인 서비스에서는 구술기록 이용을 위한 '구술자료

---

18 책임제한 동의 사항은 '구술사는 역사적으로 중요한 사건의 직접적인 정보를 구술자와 역사적으로 중요한 기록을 보존하는 것을 목표로 전문이 넓은 면담자 사이에 인터뷰를 통하여 그것을 기록하는 것으로 역사적인 정보 수집 방법의 하나이다. 왜냐하면 그것은 근본적인 도구이기 때문이다. 구술사는 결정적이며 증명되거나 또는 사건의 완성된 이야기를 들려주기 위해 계획된 것이 아니다. 그것은 구두로 설명된다. 그것은 질의응답에서 구술자에 의해 제공된 개인적인 의견을 반영한다. 발행된 권리를 포함한 원고 안에 있는 모든 문학권리는 캘리포니아 버클리대학의 밴크로프트 도서관에 보유된다. 출판을 위해서는 캘리포니아 버클리 대학의 밴크로프트의 서면으로 된 인가 없이는 원고의 어떤 부분도 출판을 위해 인용될 수 없다. 출판을 위해 인용을 원하는 허가요청서는 지역구술사연구소인 캘리포니아 버클리대학의 밴크로프트 도서관 94720-6000으로 보내야 하며, 사용자는 인용할 구절에 대한 검증을 받아야 한다'고 기술하고 있다.

이용 동의'절차를 설계하였다는 점이 특징이다. ROHO는 다양한 구술프로젝트를 온라인을 통해 소개하고 있으며 구술프로젝트의 기본적인 소개와 관련 구술기록을 일부 온라인 서비스한다. 온라인 서비스가 음성 및 영상자료 중심이기 보다 녹취록 서비스가 활성화 되어있으며, 거의 모든 구술프로젝트에서 제약 없이 녹취록을 이용할 수 있다. 이와는 대조적으로 음성 및 영상자료 서비스는 소극적이다. 이러한 구술자료를 이용하기 위해서는 '구술자료 이용 동의'절차를 거쳐야하며, 동의하지 않을 경우 이용할 수 없다. 이는 이용자로 하여금 신중하게 구술자료에 접근해야 한다는 점을 인식시키는 역할을 한다. 온라인상에서는 구술프로젝트의 전반적인 설명이나 기획단계의 구술기록 및 정보가 매우 간략하게 언급되어 있다. 그러나 이러한 한계를 상세한 녹취록을 제공함으로써 보완한다. ROHO에서 제공하고 있는 녹취록은 같은 형식으로 구성되어 있으며 다음과 같은 내용을 포함한다.

〈표 Ⅷ-1〉 ROHO 녹취록 구성 내용

◎ 녹취록 표지(기관명 및 구술자명, 구술자의 직업, 프로젝트 수행 년도)

◎ 구술채록을 수행한 개요

◎ 구술사에 대한 설명 및 구술기록에 대한 설명

◎ 구술기록의 저작권에 대한 정보 및 이용을 위한 안내

◎ 구술자 사진

◎ 구술자료가 포함된 시리즈에 대한 소개

◎ 인터뷰 후기(면담자의 자유로운 글)

◎ 상세목록 및 간략 개요

◎ 인터뷰의 개요 및 내용

녹취록이 비단 녹취내용을 보여주는 기능에 국한되는 것이 아니라 구술프로젝트를 전체적으로 이해할 수 있는 관련 정보와 구술기록 이용을 위한 안내 등이 포함되어 있다. 따라서 녹취록만으로도 이용자는 자신이 필요하고 관심 있는 구술자료와 정보를 파악하고 얻을 수 있다.

(2) John F Kennedy Presidential Library & Museum

① 서비스 현황

John F Kennedy Presidential Library & Museum은 The Columbia University Oral History Research Office의 사례를 모델로 하여 Oral History Project를 지속적으로 수행해 오고 있다. 구술프로젝트는 John F Kennedy와 관련한 사건, 사람들의 인터뷰를 수집하고, 보존하고, 이용 가능하도록 만드는 것이 목적이다.

[그림 VIII-3] John F Kennedy의 Oral History Project 화면

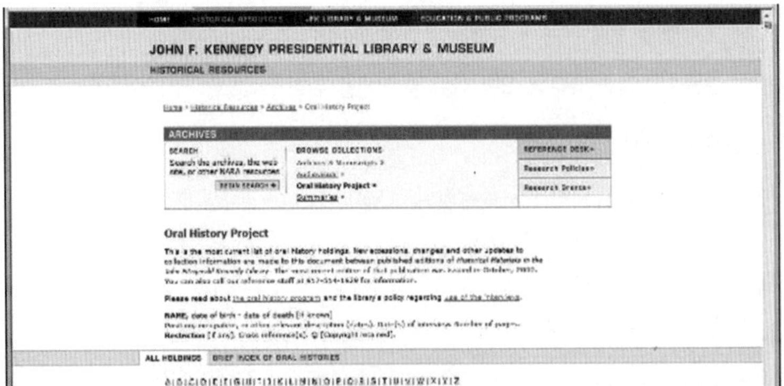

John F Kennedy의 구술자료는 메인 홈에서 'Historical Resources> Archives> Oral History Project'로 들어가서 이용할 수 있다.[19] 구술프로젝트에서는 먼저 'The Oral History Program'을 통해 프로젝트의 목적과 배경, 수행과정, 구술기록 등에 대해 설명하고 있다. 여기에서는 구술자의 말이 녹취록으로 풀어지는 과정에서 구술내용이 수정, 변경될 수 있으므로 구술기록은 역사적 기록을 바탕으로 해서 구술자가 무엇을 믿고 있는지를 판단하는 자료로 삼아야 한다고 하였으며, 또한 연구자는 인터뷰의 원본자료를 듣고 구술내용과 관련된 배경정보를 참고 할 것을 언급하였다. 더불어 구술기록 인용에 있어 제한받게 됨을 알리고 있다. 구체적인 이용방법에 대해서는 'use of the interviews'에서 확인할 수 있다.

[그림 VIII-4] John F Kennedy의 Oral History Project 구술자 상세화면

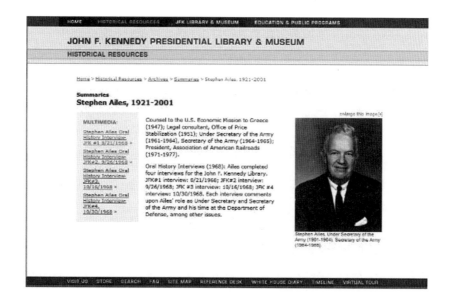

----

19 〈http://www.jfklibrary.org/Historical+Resources/Archives/Oral+History+Project〉

John F Kennedy의 구술기록은 구술자명의 알파벳순으로 목록이 제공되며, 목록에는 구술자명, 구술자의 생애, 직업 및 제공되는 구술자료의 분량이 나타난다. 온라인으로 소장 구술기록의 전체 목록을 제공하며 그 중 일부는 온라인 서비스가 제한되어 있으며, 온라인으로 제공되는 구술기록은 녹취록에 제한된다.

구술자를 선택하면 [그림 Ⅷ-4]과 같은 구술자 상세화면이 나타난다. 구술자 상세화면에는 구술자에 대한 간략한 생애와 구술채록 및 주요 주제가 간략하게 제공된다. 구술기록은 'Multimedia'에서 녹취록을 이용할 수 있고 음성 및 영상자료는 서비스하지 않는다. 녹취록은 인터뷰 차수 및 일자별로 구분하여 제공된다. 온라인으로 제공되는 모든 녹취록은 같은 형식과 구성으로 이루어져 있는데 PDF파일 형식으로 전문(全文)이 제공된다. 녹취록은 프로젝트 전반에 대한 개요와 상세목록, 구술내용, 성명색인으로 구성되어 있다. 프로젝트 개요에는 구술자 및 면담자, 인터뷰일, 인터뷰 장소, 녹취록 분량, 구술자 소개와 구술기록 접근 및 이용제한 저작권 등에 관한 사항을 다루고 있으며, '구술기록 이용 및 서비스'와 관련된 구술기록이 포함되어 있다.

[그림 Ⅷ-5] John F Kennedy의 Oral History Project의 녹취록 구성 내용 예[20]

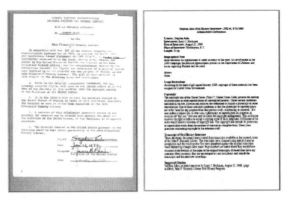

20 그림 좌 : 'general services administration. national archives and records service', 그림 우 : 프로젝트 전반에 대한 개요(면담자, 구술자, 면담일, 공개여부, 저작권 등)

② 서비스 특징

John F. Kennedy 구술기록 온라인 서비스의 특징은 녹취록에 포함된 구술 자료에 있다. 녹취록은 사례에서 검토한 바와 같이 구술내용 뿐만 아니라 프로젝트 전반에 대한 개요와 상세목록, 접근 및 저작권 등의 내용을 포함한다. 그 중 구술기록 활용 및 서비스와 관련된 서식의 구술자료 원본 서식[21]이 포함되어 있다. 구술기록 이용 및 접근제한 사항을 일부 언급한 경우가 일반적이라 할 수 있는데 John F. Kennedy의 사례와 같이 원본 서식을 포함하고 있는 것은 또 다른 의미가 있다. 구술자와 면담자 또는 면담기관 간의 동의와 약속을 바탕으로 구술자료가 공개되고 온라인으로 서비스 될 수 있다는 점을 보다 분명하게 밝히는 것이며, 구술채록 과정 및 구술기록 성격을 반영한 것이라 할 수 있다. 그러나 영상 및 음성자료가 일체 온라인 서비스되지 않으며, 구술기록 검색 리스트도 구술자명의 알파벳순으로만 제공되고 있어 이용자의 특정 관심 또는 구술자료의 주제를 통해 접근하기에는 어려움이 있다.

(3) The University of Virginia Miller Center Public Affairs

① 서비스 현황

The University of Virginia Miller Center Public Affairs(이하 Miller Center)의 Presidential Oral History Program은 Academic Programs 중 하나로 전(前) 대통령과 관련 주변 인사들이 기록으로 남기지 않은 그들의 일에 대해서 후대에 남기기 위해 수행되었다. 구술프로그램을 통해 Miller Center는 후대에게 지난 대통령의 통솔에 대한 진정한 목소리를 보존하고 공공에게 서

---

21 구술자와 면담자, 면감기관이 직접 작성하고, 동의 서명을 확인할 수 있는 형식을 말한다.

비스하기 위해 노력하고 있다. 구술프로그램 전반에 대한 설명은 Presidential Oral History Program Home에서 'Program Description'을 통해 구체적으로 제공된다. 구술프로그램의 수행 배경과 목적, 구술프로그램이 갖는 의미와 과정, 프로그램의 포괄적인 범위 및 주제 등에 대해서 설명한다.

[그림 VIII-6] Miller Center의 Presidential Oral History Program Home 메인

Miller Center의 구술기록은 대통령 프로젝트별로 제공된다. 프로젝트는 Presidential Projects와 Special Projects로 구분하며 전 대통령에 대한 구술프로젝트는 전자에, 그 외 관련인물 및 사건에 대한 프로젝트는 후자에 해당한다. Presidential Project에는 Jimmy Carter, Ronald Reagan, George H. W. Bush, William J. Clinton의 구술프로젝트가 포함되며, Special Projects에는 Edward M. Kennedy, Lloyd N. Cutler, Falklands Roundtable, Congressional Affairs Symposium로 구분된다. 이중 일부는 현재 구술프로젝트가 진행 중에 있어 구술자료는 아직 제공되지 않는 상태이며, 온라인에서

수행중인 프로젝트에 대한 소개와 목적, 과정, 향후 구술아카이브 구축 방향 등에 대해 설명하고 있다. 구술기록이 제공되는 프로젝트를 중심으로 살펴보면 구술프로그램에서 제공되고 있는 구술자료 및 정보는 다음과 같다.

〈표 VIII-2〉 Presidential Oral History Program의 온라인 서비스 구술기록[22]

Presidential Oral History Program Home			
Program Description			
Presidential Projects	Jimmy Carter	Transcripts/Audio	
		Scholars	
		News/Publications	
	Ronald Reagan	Transcripts/Audio	
		Research Materials	
		Project Brochure	
Special Projects	Lloyd N. Cutler	Transcripts	
		Research Materials	
			Timeline
			Suggested Topics
			Bibliography
		Cutler Biography	
		Interview Team	
		Photographs	
		2006 Cutler Conference	
	Falklands Roundtable	Transcripts	
		Research Materials	
			Timeline
			Suggested Topics
			Bibliography
		Participant Biographies	
		Interview Team	
		Photographs	
		Oral History Citation Guide	
News and Events			
Scholars and Staff			
Policies and Procedures			
Editorial Style Guide / Oral History Citation Guide			

22 Presidential Oral History Program의 메뉴를 중심으로 제공하고 있는 구술기록 및 정보를 파악하고 구조화 한 것이다.

현재 Miller Center에서는 Jimmy Carter, Ronald Reagan, Lloyd N. Cutler, Falklands Roundtable의 구술프로젝트의 구술기록을 온라인을 통해 서비스하고 있으며, 각 프로젝트마다 제공되는 구술기록 및 정보에는 약간의 차이를 보이지만 녹취록을 기본적으로 제공한다.

[그림 VIII-6] Presidential Oral History Program의 구술자 상세 화면

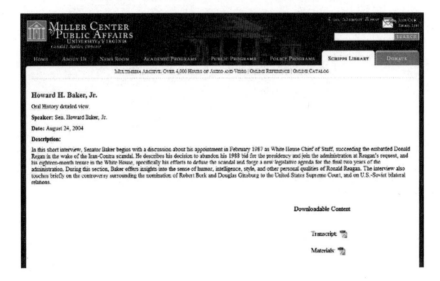

녹취록은 구술자 목록 순으로 제공되는데 구술자명과 직위(position), 면담일이 기본적으로 제공된다. 구술자의 상세화면은 구술자와 면담일, 그리고 구술내용에 대한 간략한 기술이 제공된다. 프로젝트의 전제목록을 제공하되 일부 구술자의 경우 온라인 서비스가 제한된다. 온라인 서비스가 제한되는 경우 해당 구술자료는 이용할 수 없음을 알리는 메시지와 함께 상세화면에 나타나는 기본정보를 제공하여 직접적으로 구술자료에 접근할 수는 없어도 대략의 내용을 파악할 수 있도록 하였다. 녹취록은 PDF파일 형식으로 전문(全文)이 서비스되며, 공개가 제한된 내용은 검게 삭제하여 제공된다.

Jimmy Carter를 제외하고 제공하고 있는 'Research Materials'에는 Timeline, Suggested Topics, Bibliography와 같은 정보가 포함된다.[23] Timeline은 해당 프로젝트의 주요 역사적 배경과 사건 등에 대해 시간적 흐름에 따라 정리한 자료이며, Suggested Topics은 예비질문과 같은 핵심 주제에 대한 자료이다. Bibliography는 프로젝트 수집과정에서 참고한 관련자료 목록이다.

[그림 Ⅷ-7] 좌 : Timeline , 우 : Suggested Topics 에 대한 예

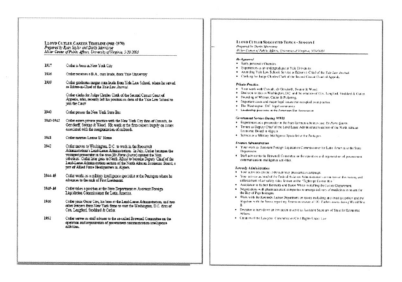

위 [그림 Ⅷ-7]는 Research Materials의 Timeline과 Suggested Topics의 한 예이다. Timeline은 Lloyd N. Cutler 경력에 관한 약력정보로 Lloyd N. Cutler의 출생부터 주요 경력을 연도순으로 정리하였다. 우측의 Suggested Topics은 Lloyd N. Cutler의 구술면담을 수행한 핵심주제와 세부주제를 정리

---

23 'Research Materials'는 Ronald Reagan의 경우와 같이 하나의 문서에 관련 정보를 포함하여 제공하기도 하며, 화면 상에서 각각의 메뉴를 설계하여 제공하기도 한다.

하여 전체적으로 다루고 있는 주제에 대해서 파악할 수 있다.

Interview Team 및 Scholars and Staff는 구술프로그램 운영 및 프로젝트에 참여한 사람들의 이름 및 직업, 프로젝트의 책임분야, 연구 분야 등에 대해 구체적인 사항을 제공한다. 또한 Miller Center는 구술프로젝트 내에서 생산된 자료뿐만 아니라 프로젝트와 관련된 뉴스, 출판물, 컨퍼런스 등의 다양한 정보를 함께 제공하고 있다

② 서비스 특징

Miller Center의 구술기록 온라인 서비스는 기획단계의 구술기록 및 정보가 충실하게 서비스된다는 점이 특징이다. Miller Center의 구술프로그램 전반에 대한 소개와 목적, 아카이브 방향 등을 비롯하여 각 프로젝트마다의 목적과 수행과정, 배경정보를 풍부하게 제공한다. 특히 Research Material에 해당되는 각종 자료는 본 프로젝트의 구술자료를 활용하고 이를 바탕으로 더욱 심도 있는 연구를 수행하는 연구자에게 핵심적인 자료가 될 수 있다. 또한 참여자 및 구술자에 대한 정보가 상세하게 제공되는데 이는 일반적으로 면담자에 대한 정보가 이름, 직위에 한정되었던 것과는 차이가 있다. 이와 같은 면담자에 대한 상세정보는 구술프로젝트의 전문성과 신뢰를 얻는데 영향을 미칠 수 있다.

이에 비해 음성 및 영상자료 서비스에는 소극적이며, 면담후기 및 일지와 같은 면담자 관점이 부재하다. 또한 상세목록이 제공되지 않아 구술자 상세화면에서 확인할 수 있는 기술을 바탕으로 전반적인 구술내용을 파악해야 하는 한계가 있다. 즉, Miller Center는 구술프로젝트를 기획하고 수행한 과정 및 구술프로젝트에서 다루는 연구 주제 등의 다양한 주제를 제공하는데 비중을 두고 있다고 할 수 있다. 구술자료와 더불어 구술프로젝트와 관련한 뉴스 및 발간물, 컨퍼런스 등의 각종 자료도 제공하고 있다.

이상에서는 해외사례로 The California University Regional Oral History Office와 John F Kennedy Presidential Library & Museum, The University of Virginia Miller Center Public Affairs의 세 기관을 살펴보았다. 해외사례에서는 대체로 음성 및 영상자료의 온라인 서비스가 소극적으로 이루어지는 반면 녹취록이 적극적으로 서비스 되는 경향을 보인다. 구술채록의 목적과 방향, 구술채록 방법 등에 관한 기획단계의 구술기록 및 정보가 간략하게라도 제공되는지만 면담후기 및 일지 등의 면담자 관점의 정보 제공은 미흡하다는 것을 알 수 있다. 또한 구술기록 뿐만 아니라 도서관과의 연계를 통해 여타의 관련 자료에 관한 정보를 다방면으로 접근할 수 있도록 설계하고 있다. 이것은 대학교와 연계된 구술사 연구소가 발달해 있는 해외사례의 특징이라 볼 수 있다.

5. 구술기록 온라인 서비스체계 수립

기존의 온라인 서비스는 인터넷을 통한 효과적인 홍보와 제공자 지향적 서비스를 중심으로 이루어져 왔다. 또한 온라인 서비스는 특성상 이용자 접근의 편의성과 정보검색의 신속성, 온라인 접근을 시도하는 불특정 다수를 대상으로 한 대중성을 지향한다. 이와 다르지 않게 구술기록 온라인 서비스도 구술 아카이브를 통한 그 의미를 전달하기보다 정보 전달의 도구이자 성과물 홍보에 더욱 집중해 온 것으로 나타난다. 그러나 구술기록의 체계적인 생산 및 관리를 바탕으로 한 활용분야가 두각을 보이기 시작하였으며, 따라서 이와 더불어 앞으로 구술기록 온라인 서비스가 더욱 체계적으로 활성화 될 수 있는 방안을 고민해야 할 필요가 있다.

그러나 그 무엇보다도 구술기록 온라인 서비스에서 공통적으로, 그리고 우선적으로 고려되어야 할 점은 구술기록의 정체성이다. 구술기록이 어떠한 과정과 연구 작업을 통해 생산되었는지, 그리고 이를 통해 무엇을 전달하고자 하는지, 구술기록이 어떤 목적과 의도를 바탕으로 생산되었는지, 그것의 의미는 무엇인지에 대한 기본적인 물음에서 구술기록의 정체성을 발견할 수 있다. 이러한 구술기록의 정체성은 구술기록 맥락관계에 기반 한다. 즉, 구술기록 온라인 서비스는 선행적으로 구술기록의 정체성 형성을 위한 구술기록의 맥락을 고려해야 하며, 나아가 기관의 목적 및 구술기록의 성격에 따라 대중성과 전문성을 적절히 반영하는 것이 필요하다.

구술기록의 맥락은 앞서 언급한 바와 같이 넓은 의미의 구술기록에서 구술채록을 수행하는 기관의 업무기능과의 연계성과 구술채록 과정 내에서 생산 및 수집되는 구술기록 간의 연계성, 그리고 구술내용의 맥락을 포괄하는 개념으로 볼 수 있다. 이와 같은 구술기록 맥락이 중요한 것은 구술기록이 다른 기록물과는 다른 성격을 갖고 있기 때문이다. 구술기록의 맥락은 기본적으로 구술채록 프로세스에 의해 형성된다. 구술기록은 음성 및 영상의 개별자료로서 존재하기 보다는 한 프로세스 내의 각 단계 연구 작업이 서로 영향을 미쳐 하나의 구술프로젝트 및 구술아카이브를 구축하게 된다. 또한 이렇게 구술기록이 맥락관계를 갖게 될 때 그 가치와 의미는 더욱 커지게 된다. 구술성, 주관성 및 쌍방향성 등 구술기록의 특성을 고려하여 구술기록을 해석하고 연구적으로 활용하기 위해서는 그 특성을 살리되 한계를 보완할 수 있어야 한다.

(1) 기획단계

구술기록 생산 과정은 기획단계에서 실행단계, 정리단계를 거쳐 수행된다. 먼저 구술기록 온라인 서비스에서 제공되는 기획단계의 구술기록은 다음과 같은 정보를 포함할 수 있다.

- 구술프로젝트를 수행한 기관의 배경과 목적
- 구술프로젝트를 통해 궁극적으로 추구하는 가치
- 구술채록 대상 범위
- 구술프로젝트의 주요 핵심 주제
- 구술프로젝트 수행 과정 및 정책
- 구술프로젝트 참여자 및 수행기간
- 구술아카이브의 향후 방향
- 구술채록 면담을 위한 사전조사 및 연구

이와 같은 정보는 구술프로젝트의 가치와 의미를 부여하고 이용자가 이 구술프로젝트가 왜 수행되었고, 어떠한 중요성을 갖는지를 인식하게 한다. 또한 구술기록의 핵심적인 주제와 관점을 안내하여 구술기록의 이해와 해석의 범위를 구체화 하는데 도움을 준다. 이는 구술기록 온라인 서비스를 접하는 이용자가 구술기록에 대한 이해와 지식이 없는 경우 더욱 유용할 수 있으며, 구술기록에 친근한 연구자 층의 이용자에게도 연구자료 및 프로젝트를 파악하는데 유용하게 활용 될 수 있다. 더불어 기획단계 구술기록은 구술프로젝트를 계획한 기관 업무의 기능과 연계하여 관련 업무의 목적과 계획을 반영한다.

구술채록을 수행하는 데 있어 구술자를 선정하는 일과 더불어 면담자를 선정하는 일도 매우 중요하다. 구술채록을 주관하고 구술기록 온라인 서비스를 제공하는 기관에서 면담자의 선정의 중요성을 알고 있다고 하더라도, 구술기록 온라인 서비스 시 면담자에 대한 정보 제공에는 소홀한 편이다. 구술자와 관련해서는 구술자의 출생지부터 학력, 경력 등 구체적인 정보를 제공하는 반면 면담자에 대한 구체적인 정보를 제공하고 있는 곳은 드물며, 제공하고 있다고 할지라도 주로 면담자 이름과 직위 정도에 국한되는 경우가 대부분이다.

보다 다양한 정보를 제공하고 있는 Miller Center의 연구자 및 참여자에 관한 정보제공 사례를 살펴보면 다음과 같다.

- 사진 및 이름
- E-mail / Phone
- 참여자에 대한 간략한 소개
  (예: 소속기관, 직위, 주요 연구 분야, 구술프로젝트 경험 등)
- 밀러센터 구술사 프로그램에서의 책임 분야 및 역할
- 주요 저서

Miller Center에서 제공하는 정보는 이름과 직위에 국한되지 않고 사진, 연락처부터 연구자가 주로 활동한 분야, 경력, 저서, 그리고 구술사 프로그램에서 참여한 연구 분야와 역할 등에 대해서 간략하지만 구체적으로 제공되고 있음을 알 수 있다. 이러한 참여 연구자의 구술채록의 경험, 구술채록 연구주제와 연구자의 학문적 연계성, 연구자의 경력 등과 같은 정보는 이용자로부터 구술프로젝트와 나아가서는 구술내용의 전문성, 구술기록에 대한 신뢰를 얻는 역할을 한다고 볼 수 있다.

(2) 실행단계

실행단계에서는 면담내용을 담고 있는 영상자료, 음성자료와 면담일지 및 후기, 면담시 기증받은 각종 기증자료 등의 구술기록이 제공되며 이를 통해 면담수행에 대한 정보를 제공할 수 있다. 실행단계의 가장 핵심적인 구술자료라 할 수 있는 음성 및 영상자료는 직접적으로 구술자의 말이 전달되는 것이며 특히 영상자료는 구술자의 모습이 담겨져 있어 온라인 서비스에 민감할 수 있다. 음성 및 영상자료를 온라인 서비스하기 위해서는 구술내용의 맥락을 고려하여 다뤄지는 주제를 이해할 수 있는 수준에서 제공되는 것이 바람직하다. 앞뒤의 맥락 없이 특정 내용을 부분적으로 제공할 경우 내용의 오해와 왜곡을 야기할 위험이 있다.

오늘날 구술자의 비언어적 표현이 구술내용과 해석에 중요한 기능을 한다는 점이 강조되면서 영상자료가 주목받고 있다. 반면, 온라인 서비스에서 영상자료는 매우 신중하고 조심스럽게 다뤄지는 경향이 있다. 따라서 음성 및 영상자료를 전 분량 서비스하기 어렵다면, 구술기록 공개가 가능한 범위 내에서 구술자의 표정, 제스처, 시선, 억양 등을 함께 전달하기 하기 위해 부분적으로 구술자의 모습을 함께 접할 수 있는 영상자료가 제공되는 것이 효과적일 수 있다. 연구자들은 구술자와 면담자의 얼굴 표정을 봄으로써, 분석할 때 참고[24]가 될 수 있기 때문이다.

영상자료의 화면구성에서도 구술자 중심적 화면구성과 전반적인 면담상황을 함께 보여주는 방법으로 구분해 볼 수 있다.[25] 전자의 경우 깨끗하면서도 정

---

24 한국구술사연구회, 『구술사: 방법과 사례』, 선인, 서울, 2005, p.107.

25 이는 부분적인 사례 검토 결과라는 한계가 있으나 국내의 영상구성의 차이를 확인할 수 있다. 온라인으로 서비스되는 영상자료는 편집이 가미될 수 있다는 점을 감안해야 한다. 한국구술사연구회의 『구술사: 방법과 사례』에서 영상화면은 이용자 중심의 화면을 구성해야 한다고 말하고 있다. 촬영자는 본인이 현장 상황을 이해하므로 촬영자 중심의 화면을 구성하여 구술자의 얼굴만 클로즈업 되어 있으나 이용자 중심의 화면을 구성하여 구술자와 면담자의 모

돈되어 구술 내용에 집중하기가 용이한 반면 일방적인 인터뷰 느낌이 강하다. 후자의 경우 면담상황의 생동감과 현장감을 전달하고 구술기록의 특성인 구술자와 면담자의 상호작용을 통한 결과물이라는 점을 인식하게 한다.

면담일지 및 후기는 구술기록의 쌍방향적 성격을 반영한다. 구술자의 의도와 구술내용 뿐만 아니라 면담을 수행한 면담자의 관점은 구술기록을 해석하고 이해하는데 중요한 요소가 된다. 구술기록은 면담상황에 따라 영향을 받는다. 따라서 동일한 면담자와 구술자가 같은 주제로 면담을 수행할 지라도 매번 다른 결과로 나타난다. 하지만 이용자는 면담상황을 확인할 수 없으며, 영상자료를 통해서 파악할 수 있는 것은 부분에 불과하다. 이러한 측면에서 면담일지 및 후기는 핵심적인 정보를 전달하며, 구술자의 비언어적 표현이 객관적으로 면담자에 의해 포착될 수 있다. 면담일지 및 후기에 포함될 수 있는 사항을 살펴보면 다음과 같다.

- 면담수행 기본정보(예: 면담자, 구술자, 면담일, 면담 장소 등)
- 면담자가 구술을 시작하게 된 계기, 준비과정
- 면담에서 주로 다뤄진 세부 주제
- 면담시 구술자 또는 참여자의 행동 사항
- 면담 전 준비사항 및 특이사항(예: 촬영장비 상태 등)
- 면담장소 및 면담 환경에 대한 설명
- 구술자의 기억력 정도 또는 구술 능력 정도
- 구술내용 중 확인이 필요한 사항(예: 기존 학설과 다른 구술내용)
- 면담수행 과정에서 면담자의 느낌이나 소감
- 구술자에 대한 면담자의 개인적인 의견

습이 같이 잡히도록 해야 한다고 언급하였다. 한국구술사연구회, 『구술사: 방법과 사례』, 선인, 서울, 2005, p.106-107. 그러나 국내에서도 일부 온라인 서비스를 위해 구술자 중심의 화면이 전문적이고 깨끗해 보인다는 의견이 제시되기도 한다.

면담일지 및 후기는 다양한 방법으로 서비스된다. 각 원자료마다 '딸림자료'[26]로 제공되거나 구술자별 또는 프로젝트별로 총체적인 면담자의 의견을 반영하여 제공되기도 한다. 또한 공식적인 형식을 갖추기도 하지만 면담자의 자유로운 서술 형식으로 작성되기도 한다.

구술채록 과정에서 면담자는 구술자의 구술기록 공개 및 이용 동의서에 확인을 받는다. 이는 형식적인 절차의 하나이기도 하지만 비단 법적 조치의 형식에 그치지 않고 윤리적인 문제와 연관된다. 구술사 분야에서 법적·윤리적인 문제는 구술사 분야 연구의 특수 요소를 위한 정부의 허가받은 규칙이라는 법률적 이해와 올바른 인간관계의 행위를 더 높은 차원으로 정착시키려는 윤리적 측면을 포괄한다.[27] 이러한 구분이 잘못된 것은 아니지만 구술사 분야의 종합적인 관점에서 이들 관계는 밀접하게 얽혀있다.

구술사 분야의 윤리적 문제는 구술채록 과정에서의 연구 작업과 연관된다. 하나는 면담을 위한 구술자의 현명한 동의(informed consent)를 얻는 것과 다른 하나는 작성된 녹취록의 법적인 안전함을 말한다.[28] 전자의 경우 구술자의 현명한 동의를 이끌기 위한 면담자의 역할을 강조한 것이다. 여기서 중요한 것은 구술자가 구술채록의 목적과 범위, 인터뷰의 가치, 진행과정, 주요 논의 주제 등에 대해서 충분히 인지 한 상태에서 동의하였는가 하는 것이며, 더불어 면담자는 이러한 과정을 충분히 수행하였는가 하는 문제이다. 만약 녹취록이 작성된다면 구술자가 이를 검토하고 수정하는 것, 그리고 보존 장소, 보존계획, 비공개 부분 및 공개 시점 등에 대한 사항을 포함하며, 구술자는 의지에 따라

---

26 녹취록, 면담후기, 이용 및 공개허가서, 공개여부 검토의견서, 상세목록 등을 '딸림자료'라 하며, 음성 및 영상자료 등 면담과정에서 생산되는 구술자료를 원자료라 한다. 민주화운동기념사업회, 『구술자료의 활용 방안과 전망』, 민주화운동기념사업회 구술사 워크샵 자료집, 2009, pp.8~9 참고.

27 Thomas L. Charlton, *History of Oral History:Foundations and Methodology*, Rowman & Littlefield Pub Inc., 2007, p.125.

28 Thomas L. Charlton, *History of Oral History:Foundations and Methodology*, Rowman & Littlefield Pub Inc., 2007, p.127.

구술면담을 진행할 수 있고, 중단할 수 있음을 확인하는 것이다. 이는 형식적인 서명을 통해 기록되고, 규약에 의해 체계화 되며, 구술자와 면담자의 양자 확인 되는 것이 바람직하다. 이러한 확인사항과 공개 제한 부분, 구술자의 요구 등에 관한 정보를 온라인 서비스에서 구술자료의 공개 및 이용 범위와 함께 제공하는 것이 바람직하다.[29] 이는 구술자의 요구와 동의 범위 내에서 서비스가 가능하다는 점과 구술자의 의견을 충분히 존중하여 서비스됨을 밝히고 이용자의 협조를 구하는 과정이다. 나아가 잠재적 구술자에게 신뢰를 줄 수 있다.

(3) 정리단계

정리단계는 실행단계를 수행하면서 생산 및 수집된 구술기록을 보존·활용하기 위해 체계적으로 정리하는 과정으로 녹취록, 상세목록 등을 작성한다. 이러한 정리기록은 구술기록 관리 및 보존에 중요한 기능을 함은 물론 이용자의 활용과 온라인 서비스에서도 핵심적인 역할을 담당한다.

텍스트 분석 및 활용을 위해 작성되는 녹취록은 온라인 서비스에서 좀 더 폭넓게 활용될 수 있다. 녹취록 구성의 기본은 면담자, 구술자, 면담일, 면담장소 등의 면담 기본 개요와 원자료에 가깝게 작성된 구술내용이다. 그러나 녹취록은 서비스의 기본 구술자료로서 제공하는 해외 구술기록 온라인 서비스에서는 보다 효율적으로 활용하고 있다. 즉, 구술프로젝트에 대한 정보 및

---

29 Thomas L. Charlton, *History of Oral History:Foundations and Methodology*, Rowman & Littlefield Pub Inc., 2007, p.128. 면담에 앞서 이러한 절차가 인터뷰 자체에 냉담한 효과를 줄 수 있다는 것은 논쟁거리지만 그 반대의 효과를 가져 올 수 있다. 이것은 구술자의 신뢰를 얻고 구술사 본래의 목적에 대해 구술자를 교육하는 것일 수도 있으며, 구술자가 인터뷰에 대해 열정을 창출 할 수 있다. 또한 자신의 역할을 이해하고 훌륭한 인터뷰를 이끄는데 도움을 줄 수 있다. Thomas L. Charlton, *History of Oral History:Foundations and Methodology*, Rowman & Littlefield Pub Inc., 2007, p.129.

구술기록 이용을 위한 관련 정보를 녹취록에 포함하여 녹취록 접근만을 통해서도 유용한 정보를 얻을 수 있도록 내용을 구성하는 것이다. 앞서 살펴본 ROHO와 같이 녹취록을 활용한 사례를 한 곳 더 살펴보도록 하겠다.

다음은 The Art Institute of Chicago[30]의 Chicago Architects Oral History Project에서 제공하는 녹취록의 내용 구성이다.

〈표 Ⅷ-3〉 Chicago Architects Oral History Project의 녹취록 내용 구성

1. 표지 (Title Page)

2. 저작권과 발간물 정책 (Rights and Reproductions Statement)[31]

3. 녹취문 목차 (Table of Contents)

4. 서문 (Preface)[32]

5. 개정판 서문 (Preface to Revised Edition)

6. 상세목록 (Outline of Topics)

7. 구술내용 (Interview Transcript)

8. 참고자료 (Selected References)

9. 구술자 이력정보 (Curriculum Vitae)

10. 성명목록 (Index of Names and Buildings)

---

30 〈http://www.artic.edu/aic〉

31 'Rights and Reproductions Statement'에서는 오직 연구 목적을 위해 이용할 수 있으며, 저작권이 The Ryerson and Burnham Libraries of The Art Institute of Chicago에 있음을 명시하고 있다. 또한 본 기관의 허가 없이 인용, 이용할 수 없음을 내용으로 한다.

32 구술프로젝트 수행기관 및 목적, 주요 핵심주제, 과정 등에 관한 서술을 내용으로 한다.

Chicago Architects Oral History Project에서 제공하는 녹취록은 위 〈표 Ⅷ-3〉와 같은 동일한 형식을 갖추고 있으며, 이를 통해 구술프로젝트에 대한 전체적인 이해가 가능하다. 이 중 성명은 알파벳순으로 정리하고 구술내용에 언급되는 성명목록과 해당 이름이 나타난 녹취록의 페이지 정보를 함께 제공하는데, 이는 녹취록의 활용도를 높이고 구술내용에 대한 이용자의 접근점을 높일 수 있다.

다양한 정보를 포함한 녹취록은 일반적으로 온라인상에서 구술프로젝트에 대한 관련정보가 미비한 사례에서 제공되는 경우가 많다. 온라인상에서 너무 많은 메뉴와 관련 정보를 나열할 경우 이용자가 오히려 복잡하게 느낄 수 있으나 그렇다고 관련 정보를 제공하지 않을 수 없다. 따라서 녹취록을 활용하여 중요한 정보를 함께 제공하고 구술기록의 맥락을 형성할 수 있도록 서비스하는 것도 방법이 될 수 있다.

또한 녹취록은 음성 및 영상자료의 온라인 서비스가 어려운 경우 또는 음성 및 영상자료가 부분적으로만 제공되어 구술내용의 맥락을 해칠 위험이 있을 때 유용하게 활용된다. 공개가 가능한 범위에서도 구술기록의 음성 및 영상자료의 온라인 서비스는 신중하게 고려된다. 녹취록의 경우 작성자에게 책임소재가 있으나 전체 음성자료에 대한 공개는 무책임하게 내용 자체가 왜곡 변형될 소지를 갖기 때문이다. 음성자료는 청취자의 해석에 따라 다른 내용이 되므로 청취자인 해석자에 따라 다른 자료가 될 수 있다.[33] 그러나 한편으로는 구술기록의 구술성을 가장 잘 보여줄 수 있는 자료이기도 하다. 따라서 부분적으로 음성 및 영상자료를 제공하되 더불어 구술내용의 맥락을 전달할 수 있는 수준의 녹취록을 서비스하는 방안을 고려할 수 있다.

---

33 한국구술사연구회, 「구술사: 방법과 사례」, 선인, 서울, 2005, pp.233~234.

온라인을 통한 서비스는 구술기록의 무분별한 포스팅(posting)[34]을 우려하지 않을 수 없다. 해외 여러 사례에서는 녹취록 전문(全文)을 PDF파일 형식으로 다운받아 이용할 수 있도록 서비스하지만 반드시 바람직한 방법이라고만은 할 수 없다. 자료이용을 위해서 실명확인의 로그인 절차를 거쳐야 하는 경우, 구술자료 이용 제한 동의 절차 설계, 온라인화면 상으로 나타난 녹취문 부분만을 출력할 수 있도록 설정하거나 녹취록 출력 분량을 제한하는 등의 방식은 구술자료의 이용을 억제하고 편의를 고려하지 못한 것 이라기보다는 구술자의 구술자료를 존중하기 바라는 마음[35]과 신중한 활용으로 '불미스러운 결과'를 최소화 하고자 하는 의도가 반영된 것이라 할 수 있다.

녹취록 온라인 서비스 할 경우 구술자가 요청한 비공개 부분 및 공개 제한이 필요한 부분은 구술내용의 맥락을 고려하여 삭제 후 서비스 되어야 한다. 일부분 공개 제한되어 있다고 구술내용 전체를 공개하지 않는 것은 바람직하지 않다. 또한 음성 및 영상자료와 함께 이용 할 때 녹취록의 구술내용마다 시간표기를 해 두는 경우 관심 있는 구술내용 접근시 유용하게 활용될 수 있다. 그러나 녹취록 작성도 매우 오랜 시간과 노력이 드는 만큼 필요한 경우에 따라서 고려될 수 있는 방법이다.

---

34 정보 및 자료가 불특정 다수에게 보내어 지는 것을 의미한다.
35 한국구술사연구회, 『구술사: 방법과 사례』, 선인, 서울, 2005, p.232.

[그림 Ⅷ-8] 좌: Miller Center의 녹취록 중 공개제한 삭제 부분
우: ROHO의 녹취록 중 시간표기를 한 사례

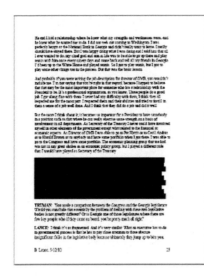

상세목록은 방대한 양의 원자료, 녹취록을 일일이 확인하지 않고도 전반적인 내용을 파악하는데 유용하다. 따라서 기록학적 측면에서 뿐만 아니라 온라인 서비스에서도 이용자가 자신에게 필요하고 관심 있는 정보에 접근하는데 중요한 역할을 담당한다. 구술기록의 상세목록은 이전까지는 간략한 개요식으로 핵심적인 주제를 정리하는데 그쳤다. 그러나 상세목록을 바탕으로 기술 항목을 작성한다던지 활용 여부 등을 검토하는 경우 너무 간소한 상세목록으로는 판단하기 어렵기 때문에 점차 보다 구체적으로 작성되어야 한다는 의견이 제시되고 있으며, 현재 구술기록의 상세목록을 작성하는 구체적인 기준은 마련되지 않고 면담자의 자율성에 의존하였으나 향후 상세목록의 필수요소에 대한 고민이 이루어 져야 한다.[36]

---

36 민주화운동기념사업회, 「구술자료의 활용 방안과 전망」, 민주화운동기념사업회 구술사 워크샵 자료집, 2009, p.9.

[그림 Ⅷ-9] ROHO에서 제공되는 녹취록에 포함된 상세목록 예[37]

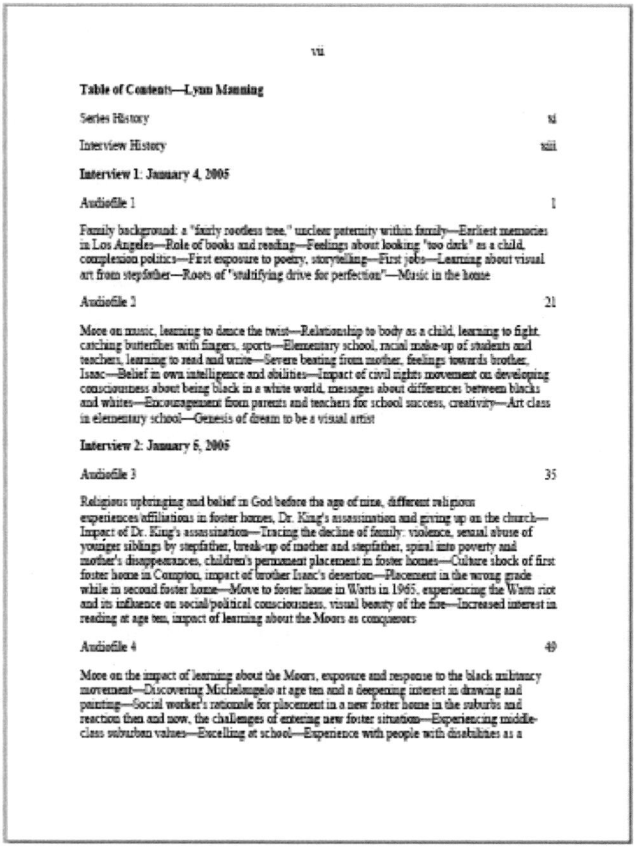

vii

Table of Contents—Lynn Manning

Series History xi

Interview History xiii

Interview 1: January 4, 2005

Audiofile 1 1

Family background: a "fairly rootless tree," unclear paternity within family—Earliest memories in Los Angeles—Role of books and reading—Feelings about looking "too dark" as a child, complexion politics—First exposure to poetry, storytelling—First jobs—Learning about visual art from stepfather—Roots of "stultifying drive for perfection"—Music in the house

Audiofile 2 21

More on music, learning to dance the twist—Relationship to body as a child, learning to fight, catching butterflies with fingers, sports—Elementary school, racial make-up of students and teachers, learning to read and write—Severe beating from mother, feelings towards brother, Isaac—Belief in own intelligence and abilities—Impact of civil rights movement on developing consciousness about being black in a white world, messages about differences between blacks and whites—Encouragement from parents and teachers for school success, creativity—Art class in elementary school—Genesis of dream to be a visual artist

Interview 2: January 6, 2005

Audiofile 3 35

Religious upbringing and belief in God before the age of nine, different religious experiences/affiliations in foster homes, Dr. King's assassination and giving up on the church—Impact of Dr. King's assassination—Tracing the decline of family: violence, sexual abuse of younger siblings by stepfather, break-up of mother and stepfather, spiral into poverty and mother's disappearances, children's permanent placement in foster homes—Culture shock of first foster home in Compton, impact of brother Isaac's desertion—Placement in the wrong grade while in second foster home—Move to foster home in Watts in 1965, experiencing the Watts riot and its influence on social/political consciousness, visual beauty of the fire—Increased interest in reading at age ten, impact of learning about the Moors as conquerors

Audiofile 4 49

More on the impact of learning about the Moors, exposure and response to the black militancy movement—Discovering Michelangelo at age ten and a deepening interest in drawing and painting—Social worker's rationale for placement in a new foster home in the suburbs and reaction then and now, the challenges of entering new foster situation—Experiencing middle-class suburban values—Excelling at school—Experience with people with disabilities as a

온라인을 통해 생산된 구술기록의 전체목록 및 수행된 프로젝트에 대한 소개는 구술기록관리 및 구술프로젝트를 수행하는 구술사 분야 기관이나 연구자에게 매우 유용한 정보가 될 수 있다. 구술채록을 수행한 바 있는 국사편찬위원회의 경우 음성 및 영상자료의 온라인 서비스는 제공하지 않지만 수행된 프로젝트 및 구술자료 목록을 온라인에서 공개하고 있다. 해외에서도 마찬가지

37 녹취록의 상세목록은 면담수행 차수별〉음성파일별로 구분되어 있으며, 구술내용은 개요식으로 간략하게 언급되어 있으나 전체적인 구술내용의 맥락은 파악할 수 있을 정도의 수준으로 제공되고 있다.

로 구술자료를 온라인 서비스 하지 않지만 이러한 정보를 제공하는 기관이 다수 존재한다. 이와 같은 정보는 구술사 분야 기관간의 연구 작업과 그 결과에 대한 정보를 공유함으로써 중복 수집을 막을 수 있고 그 현황을 파악하기 용이하다. 또한 구술기록 전체 목록에서는 온·오프라인의 이용 여부를 구분하여 제공한다면, 이용자가 온라인 접속을 통해 구술자료의 생산여부를 확인하고 오프라인으로의 접근을 유도하는 등의 보다 적극적인 활용을 야기할 수 있는 정보가 된다.

[그림 VIII-10] The Columbia University Libraries Oral History Research Office의 'Carnegie Corporation Oral History Project' 전체목록 중 온·오프라인 이용 구분[38]

Bam, Fikile 📽
Date: 1999
Transcript: 64 pages
Sessions: 1 video
Media: 5 digibeta

Brown, Gloria Primm
Date: 1999
Transcript: 206 pages
Sessions: 6 audio, 3 video
Media: 8 audio cassette, 3 digibeta

구술기록 온라인 서비스는 구술기록의 특성을 고려하여 제한적인 범위 내에서 이루어지며, 저작권 등의 정책과 연관되어 있다. 또한 온라인 접근이 나아가 오프라인으로 이어지기 위해서는 이와 관련한 이용정보가 제공되어야 한다. 이러한 정보는 비단 이용방법과 담당 부서의 연락처를 남기는 것에만 국한되지 않는다. 앞서 본 논문에서 계속 강조하고 있듯이 구술기록 공개 및 활용은 법적인 규정과 정책의 범위를 넘어선 문제와 연관되어 있기 때문이다.

온라인을 활용한 구술기록 서비스에서는 구술자의 '현명한 동의(informed

---

38 그림 좌: 온라인 이용 가능 구술자료, 그림 우: 온라인 이용 불가능 구술자료

consent)'와 접근에 추가적인 쟁점이 발생한다. 즉, 어떤 구술자료가 온라인을 통해 일부 또는 전체가 포스팅(posting) 될지 모른다면 면담자는 '현명한 동의(informed consent)'의 과정으로서 구술자와 이것에 대해 논의할 필요가 있다. 그러나 어떤 제약도 존재하지 않은 상황에서 불특정 다수에게 유용한 활용의 가능성이 있는 온라인에 대해 친근하지 않는 구술자라면 어떻게 '현명한 동의(informed consent)'를 해 줄 수 있을 것인가 하는 문제가 있다. 따라서 면담자는 최소한 온라인이란 특성과 구술자의 구술자료가 온라인을 통해 서비스 될 경우를 설명해야 한다.[39] 구술기록 공개 및 동의서에 이러한 사항이 첨가되어야 하며, 기관에서는 구술자의 요구와 공개제한 부분을 반드시 존중해야 한다.

온라인 서비스에 대한 '현명한 동의(informed consent)'는 구술자에게만 부여되는 몫이 아니다. 온라인 서비스를 제공하는 기관과 이에 접근하여 이용하는 이용자에게도 구술기록을 활용하기 위한 바른 자세가 요구된다. 서비스 제공자는 구술기록 온·오프라인 이용에 대한 사항을 이용자에게 제공해야 하며, 구술기록의 특성과 윤리적인 문제를 포함하여 이용자가 신중하게 접근 및 활용할 수 있도록 하는 것이 바람직하다. 구술기록 온라인 서비스에서 이용과 관련하여 제공되는 사항은 다음과 같은 내용이 포함될 수 있다.

- 구술사 및 구술기록의 성격
- 저작권 및 이용 관련 규정
- 신중한 이용 및 접근을 권고/요구
- 인용 및 참고 형식 기준
- 열람이용 가능 분량, 유형, 비용
- 온·오프라인 이용 시간 및 장소
- 담당자 연락처, 예약절차 및 접수방법

----

39 Thomas L. Charlton, *History of Oral History:Foundations and Methodology*, Rowman & Littlefield Pub Inc., 2007, pp.136~138.

다음은 한 사례로 National Library of Australia Oral History Collection[40] 의 구술자료 이용 약관을 간략하게 살펴보도록 하겠다. 여기에서는 이용약관에 동의하에 구술자료를 이용할 수 있음을 명시하고 있다.

〈표 VIII-4〉 National Library of Australia Oral History Collection의 이용 약관[41]

〈End User Licence Agreement〉
◎ 구술사에 대한 설명과 이용 규약 절차가 필요한 이유와 방법 언급
◎ 이용 약관
   1. 자격 부여(Grant of Licence)
   2. 지적 재산권 및 소유권(Intellectual Property and Ownership)
   3. 다른 권리에 대한 요청(Requests for other rights)
   4. 거부 표명(Disclaimer)
   5. 이용자 의무(Your obligations)
   6. 손해배상(Indemnity)
   7. 보증(Warranty)
   8. 책임의 제외(Exclusion of liability)
   9. 종료(Termination)
   10. 의무의 유효함(Survival of obligations)
   11. 법률 및 사법권 적용(Governing law and jurisdiction)
   12. 구제 누적(Remedies cumulative)
   13. 구분 (Severability)
   14. 기권(Waiver)
   15. 정의(Definitions)

---

40 〈http://www.nla.gov.au/oh〉
41 규약의 내용을 간단히 살펴보면 1은 구술자료 이용 가능 범위, 2는 지적 재산권 및 소유권에 관한 사항, 3은 출판, 복사 등의 관련 사항을, 4는 구술자료 내용은 구술자의 의견, 관점이며 도서관과는 별개임, 5는 이용자의 준수사항, 6은 이용자가 규약 위반으로 발생한 책임에 대해서 보상해야 함을 명시함, 7은 도서관은 무엇을 대표하거나 표현하거나 암시하지 않음을 밝힘, 8은 이용자의 사용 결과로 야기된 문제에 대해 도서관은 책임의 의무가 없음을 나타냄, 9는 도서관은 허가를 언제든지 해지할 수 있음을 알림, 10은 이용자의 의무는 지속되며 영속적이라는 점, 11은 이 규약은 The Australian Capital Territory의 법에 의해 적용됨을 밝힘, 12는 이 규약에 의해 제시된 권리, 효력, 법은 누적됨, 13에서는 이 규약이 합법적이며, 타당하고, 실행 효력을 갖는다는 것을 분명히 함, 14에서는 Part의 기권은 문서로 표현되어야 효력이 있음을 알리며, 15에서는 본 규약에서 사용하고 있는 용어에 대해서 정의하고 있다.

National Library of Australia 구술사 이용 약관 사례에서는 단순히 구술기록을 이용하기 위해 염두 해야 하는 일반적인 알림사항을 넘어 이용자의 의무와 제공자의 책임범위를 구체적으로 명시하고 있다. 과도한 책임과 의무사항은 자칫 이용자의 거부반응을 야기할 수 있다. 그러나 이용자가 간과 할 수 있는 구체적인 상황이 발생하였을 경우 대처방법에 대한 정보가 기관 내적으로만 존재하는 것이 아니라 이용자와 공유하여 그들의 역할과 권리를 인지할 수 있게 한다는 점에서 의미가 있다.

이와 같은 이용관련 정보는 온라인 이용시 쉽게 접근해서 확인해 볼 수 있도록 해야 한다. 구술프로젝트와 직접적인 관련이 없다고 여겨 눈에 잘 띄지 않는 곳에 배치한다면 이용자가 무의식중에 지나칠 수 있다. 따라서 구술자료 이용시 거쳐야 하는 단계로 설정하거나 구술자료 최초 접근시 의무적인 확인 단계로 설정하는 방법 등을 통해 항상 이용자 가까이에 위치하여 언제든지 확인할 수 있도록 설정해야 한다. 구술자료의 이용정보는 구술채록 프로세스 과정에서 생산되는 정보와는 다를 수 있지만 이러한 활용과 이용의 조건을 바탕으로 생산되는 것이며, 이용 절차나 방법은 구술기록 생산과정에서 고려한 접근 사항이 반영되므로 무관하다고는 할 수 없다.

지금까지 살펴본 바와 같이 구술기록 온라인 서비스는 구술기록의 맥락을 바탕으로 제공되어야 한다. 구술기록은 구술채록 과정의 특수성과 구술기록이 갖는 성격을 고려하여 특성을 살리고 한계를 보완할 수 있는 서비스 방안을 설계해야 한다. 즉, 구술기록 온라인 서비스는 구술기록의 정체성을 보여 줄 수 있는 구조를 갖춰 서비스 되는 것이 바람직하다. 구술기록의 맥락에 기반 한 온라인 서비스는 또한 구술기록이 과학적인 구술채록 방법에 의거하여 그 절차에 따라 체계적으로 생산되었음을 증명하는 것이며, 이후 구술아카이브가 구술기록간의 연계성을 고려하여 기록학적으로 관리되었음을 보여주는 것이다. 이로써 구술기록의 신뢰성과 전문성을 높일 수 있다. 구술기록은 문헌기록의 보완적 역할로서 또는 문헌기록과 함께 심도 있는 연구 자료로서, 기록되지 않은 역사의 조각을 맞추고 빈자리를 메우는 자료로서, 기존의 역사를 대체하는 연구 자료 등으로서 다방면으로 활용될 수 있는 중요한 자료이다. 구술기록이 온라인 화면에서 보여 지는 방법은 구술기록 온라인 서비스 구축을 계획하고 기관의 구술기록 유형에 따라 차이가 있을 수 있으며, 기관의 필요와 목적에 따라 시스템적인 체계를 구상해야 할 것이지만, 구술기록이 활용되는 어느 공간에서든 구술기록의 맥락을 바탕으로 한 구술기록의 정체성은 보존될 수 있어야 한다.

한지혜

한국외국어대학교 대학원 정보·기록학과에서 석사학위를 받았으며, 현재 강원도 삼척시청 기록관에서 기록연구사로 활동하고 있다. 국가기록원 대통령기록관의 '역대 대통령 구술채록 사업'에 참여하였으며, 연구성과로는 「구술기록의 온라인 서비스방안」, 한국외국어대학교 대학원 석사학위논문, 2010이 있다.

9장 구술과 디지털 아카이빙[1]

디지털 구술자료의 특성과 구술 디지털 아카이빙 필요성

20세기 말 이후 생존자의 경험과 기억을 육성으로 채록하는 구술사 사업이 전 세계적으로 매우 활발하게 수행되고 있다. 근래 들어 유행한 사회사 및 미시사 연구경향과 맞물려 문자화된 기록으로 남지 않은 주요 인사 및 민초들의 기억을 기록화 시키기 위해서이다. 아울러 녹음 및 녹화 기술의 발전으로 인해 이제 글이 아닌 말도 기록의 중요 도구로 등장한 것도 구술채록의 유행에 일조하였다. 이러한 구술자료들은 당대의 소중한 경험과 기억을 전승하는 유일성을 지닌 주요 정보원으로 영구적으로 보존되어 활용될 가치를 지닌다.

최근 디지털 기술의 발전 및 보편화와 맞물려 구술자료들은 디지털 방식으로 생성되고 있다. 디지털 방송용 카메라 및 디지털 음성녹음 기기를 활용한 구술

---

1 이 글은 김명훈, 「디지털 구술 아카이빙에 관한 연구」, 『구술사연구』4(1), 한국구술사학회, 2013의 내용을 수정·보완한 것임.

채록은 생성 및 활용상의 편리성뿐만 아니라 고품질의 구술자료 생성이 가능하다는 점에서, 최근 구술채록 사업에서 일반적으로 수행되고 있다. 하지만 수정·변조·복제가 용이하며 항구적인 보존이 어렵다는 디지털 자료의 특성으로 인해, 디지털 구술자료는 관리 및 영구 보존 상의 큰 문제를 지니고 있다. 이러한 점을 감안할 때 디지털 구술 아카이빙의 필요성이 절실히 요청된다.

디지털 구술자료는 디지털 객체로서 지닌 다음과 같은 특성으로 인해 관리 및 보존상의 딜레마를 지니게 한다. 첫째 디지털 객체가 지닌 정보 변화의 용이성을 들 수 있다. 디지털 구술자료는 디지털 방식, 즉 0과 1의 비트스트림으로 생성되며, 이로 인해 생성 이후 내용의 수정·변조·복제가 매우 용이한 특성을 지닌다. 이것은 곧 디지털 구술자료가 지닌 내용상의 진본성 확보를 어렵게 한다. 구술은 생존자의 기억을 통해 과거의 경험 내지 사실을 기록으로 남기는 행위라 할 수 있으며, 따라서 구술자료는 해당 구술자의 기억에 관한 유일한 증거 내지 정보라 할 수 있다. 따라서 디지털 구술자료가 지닌 수정·변조·복제 등 정보 변화의 용이성은 구술자료의 진본성 확보에 딜레마로 작용하게 되며, 유일한 증거 내지 정보로서의 진본성 확보는 디지털 구술자료 관리·보존상의 핵심적 관건으로 떠오르게 된다.

두 번째는 디지털 구술자료의 기술의존성을 들 수 있다. 최근의 기술환경에서 구술은 디지털 기기를 사용하여 수행되고 있다. 디지털 카메라 및 녹음기를 사용하여 채록된 구술자료는 해당 디지털 기기에서 생성된 디지털 포맷형식으로 제작되며, 이는 반드시 해당 포맷을 가독할 수 있는 컴퓨터 및 디지털 기기에서만 판독할 수 있다. 여기서 문제가 발생한다. 디지털 기술은 급격한 속도로 빠르게 변화하기 때문이다. 이는 곧 해당 디지털 구술자료의 이용가능성에 영향을 미치게 된다. 디지털 기술의 급속한 발전으로 예전의 파일포맷을 읽을 수 없는 경우가 빈번히 발생하게 되기 때문이다. 따라서 디지털 기술의 급속한 진전에 따른 이용가능성 확보는 디지털 구술자료 관리·보존상의 시급한 문제로 부상된다.

세 번째는 디지털 구술자료의 보존 문제와 관련된다. 과거 종이 등 물리적 매체의 보존에서는 고려할 필요가 없었던 제반 문제들을 디지털 객체 보존에서는 발생하게 된다. 위와 마찬가지로 이는 디지털 기술의 급속한 진전에서 연유한다. 즉 급속한 기술의 변화로 디지털 객체의 사양화 및 저장매체의 불안정성으로 인해, 해당 구술자의 기억에 대한 유일한 증거 내지 정보로서의 디지털 구술자료를 영구적으로 보존한다는 것은 현재의 기술수준으로는 불가능하기 때문이다. 바로 이러한 연유에서 디지털 구술자료를 원래의 내용 그대로 필요한 기간 동안 보존하는 디지털 아카이빙은 현재 디지털 구술자료의 관리·보존에 가장 첨예한 문제가 되고 있다.

네 번째는 디지털 구술자료의 관리 및 통제 상의 어려움이다. 디지털 구술자료는 생성은 물론, 생성 이후의 관리 및 통제 모두 디지털 방식으로 이루어지게 된다. 이는 곧 디지털 구술자료를 생성된 원래 그대로 관리 및 유지하는 것을 어렵게 한다. 앞서 언급한 바대로 디지털 객체가 지닌 수정 및 변조, 복제가 매우 용이한 특성 때문이다. 이로 인해 디지털 구술자료의 관리 및 통제를 위해서는 불법적인 접근이나 이용으로부터 있는 그대로의 구술자료를 유지할 보호책이 필요하며, 이를 위해서는 접근통제 및 보안방안이 마련되어야 한다.

다섯 번째는 디지털 구술자료의 메타데이터 문제이다. 메타데이터는 데이터에 대한 데이터로, 디지털 객체의 생성 및 관리·활용·보존과 관련하여 이용되는 제반 맥락 및 기술적 정보들을 설명해주는 정보라 할 수 있다. 메타데이터의 포착 및 유지는 디지털 구술자료 관리 및 보존을 수행하기 위한 필수 요소라할 수 있다. 일반적으로 종이기록과 달리 디지털 객체는 내용과 맥락, 구조가서로 분리되어 존재하는 이유로 인해, 메타데이터의 포착 없이는 내용에 대한 정확한 이해는 물론 향후의 활용 및 보존을 어렵게 한다. 특히 후술할 바대로 디지털 구술자료가 반드시 지녀야 할 진본성 및 무결성, 신뢰성, 이용가능성 확보를 위해서는 디지털 구술자료의 생산 이전단계부터 최종 보존에 이르기까지 메타데이터가 체계적으로 포착되어야 한다.

이와 같은 디지털 구술자료가 지닌 특성을 감안할 때, 해당 구술자의 기억에 관한 유일한 증거 내지 정보로서 디지털 구술자료를 관리 · 보존하기 위해서는 기록관리 분야의 국제표준인 ISO 15489에서 제시하고 있는 진본성?무결성 · 신뢰성 · 이용가능성이란 4대 속성 확보가 필요하다. 이는 디지털 구술자료가 디지털 기술의 급진전에 따라 불가피하게 발생하게 되는 마이그레이션 · 컨버전과 같은 보존조치나 복제본의 제작, 사유표준 포맷에서 공개표준 포맷으로의 변환과정에서 진본성을 확보해야 함과 더불어, 디지털 기술의 진전에 상관없이 해당 디지털 구술자료를 계속적으로 판독 및 이용할 수 있도록 하는 이용가능성을 확보 · 유지해야 함을 의미한다. 또한 채록된 디지털 구술자료의 내용이 불법적인 수정이나 변경, 복제로부터 보호되어, 채록된 당시의 있는 그대로 내용의 진실함을 보증하는 무결성 및 신뢰성이 확보되어 지속적으로 유지되어야 함을 의미한다.

바로 이러한 연유에서 디지털 구술자료에 대한 디지털 아카이브(Digital Archive) 체제 마련이 현실적으로 절실히 요청된다고 할 수 있다. 아카이브(Archive)는 크게 두 가지 의미를 지니고 있다. 기록을 보존하는 공간 내지 장소로서의 개념과 함께, 항구적 보존가치를 지닌 특정 기록을 지칭하는 개념이다.[2] 이러한 아카이브의 의미는 역사적 전개과정에서 단순 보존장소로서의 의미를 넘어, 다양한 관리 · 보조상의 전문적 조치 및 열람 · 활용이 행해지는 복합적인

---

2 ICA & IRMT, *Glossary of Terms*, London: International Records Management Trust, 1999.

의미를 지니게 되었다. 디지털 아카이브는 이러한 아카이브 개념을 디지털 시대에 맞게 전용한 개념이다. 디지털 아카이브는 디지털 객체를 장기적으로 저장·유지·접근시키는 시스템3으로 정의내릴 수 있지만, 보다 넓게는 지속적으로 보존할 가치를 지닌 디지털 객체를 장기간 관리·보존하여 이후의 이용을 보장함과 더불어 보존행위의 주체가 되는 디지털 아카이브의 구축 및 운영에 이르는 의미를 포괄한다. 여기서 '장기간'(Long-Term)이란 말은 가능한 긴 시간이며 무한의 미래로까지 그 의미를 확장할 수 있는데, 인류가 현재와 유사한 언어와 문자 커뮤니케이션 시스템을 사용하는 한 보존의 대상이 되는 디지털 객체를 읽고 이해할 수 있는 상태로 보존하는 의미를 내포한다. 이는 디지털 아카이빙이 '만년의 약속'이라 불리는 의미이기도 하다.4

현재 국내 구술 관련 영역에서도 디지털 방식으로 생성된 구술결과물에 대해 디지털 아카이빙의 필요성이 언급되고 있지만, 아직까지 구체적인 방안이 부재하다. 일부 기관에서 디지털 구술결과물을 저장 및 활용시스템 구축을 통해 시범적으로 운영 중에 있기는 하지만, 이는 단기적 안목에서의 단순 저장 및 웹서비스 차원에만 초점을 맞춘 것일 뿐, 디지털 아카이빙의 핵심인 진본성·무결성을 유지한 장기보존의 관점은 충분히 고려되고 있지 못한 실정이다. 디지털 구술 아카이빙의 핵심은 유일본으로서의 디지털 구술 객체를 앞서 언급한 진본성·무결성·신뢰성·이용가능성을 확보한 가운데 장기 보존해, 이용자에게 채록 당시의 있는 그대로의 내용을 제공하는 것이라 할 수 있다. 이에 전세계적으로 수용되고 있는 디지털 아카이빙의 국제 표준인 OAIS 참조모형의 디지털 아카이빙 세부 절차를 고찰해 디지털 구술 아카이빙 체제 구축을 위한 방안을

---

3 RLG/OCLC Working Group, *Trusted Digital Repositories: Attributes and Responsibilities*, Mountain View, CA: RLG, 2002.

4 한국기록학회 편, 『기록학용어사전』, 역사비평사, 서울, 2008.

모색해 보도록 하겠다.

2. 디지털 구술 아카이빙을 위한 기본 프레임워크

진본성 및 신뢰성을 지닌 디지털 구술자료를 아카이빙 하기 위한 기본적인 프레임워크로 본고에서 상정한 OAIS(Open Archival Information System) 참조모형은 전세계적으로 디지털 아카이빙을 실현하기 위한 가장 기본적인 개념적 틀로 활용되고 있다. 미국 NASA의 CCSDS(Consultative Committee for Space Data System)에서 개발되어, 지난 2002년 ISO 14721로 제정된 OAIS 참조모형은 장기간에 걸쳐 디지털 정보를 보존하여 이에 대한 지속적 접근을 제공하고자 하는 아카이브를 위한 개념적 구조를 제공하는 것으로, 디지털 정보를 영구적이거나 무기한 장기적으로 보존하는데 있어서 광범위한 의견일치에 도달하기 위해 개발된 기술적 권고안이라 할 수 있다. OAIS 참조모형의 'Open' 의 의미는 특정 유형의 디지털 객체만을 아카이빙 하는 것이 아닌 모든 유형의 디지털 객체를 포용할 수 있는 디지털 아카이빙을 지향한다는 것으로, OAIS 참조모형은 디지털 아카이빙에 관련된 다양한 이해당사자들의 필요에 부응함과 아울러 이들의 협력을 통해 디지털 아카이빙에 관한 의견 일치를 모색한 결과물이라 할 수 있다.

OAIS 참조모형은 현재 디지털 보존에 관련된 모든 활동 및 프로젝트의 개념적 기반으로 채택되어 온 디지털 보존 분야의 독보적 표준으로서 위상을 차지하고 있는 것으로,[5] OAIS 참조모형상의 디지털 아카이빙 기능모형은 디지털 구술 아카이빙을 수립하고 운영하는데 기반이 될 기본 절차들을 제시해준다.

이는 OAIS 참조모형이 디지털 아카이브 구축을 위한 가장 기본적인 기능요건을 제시해줄 뿐만 아니라, 디지털 객체에 초점을 맞춘 상세 기능절차들 역시 설계되어 있기 때문이다. 이에 본장에서는 디지털 아카이빙을 위한 6개의 기능 요소 가운데, 디지털 구술 아카이브 구축에 필수적인 절차라 할 수 있는 입수 · 보존 · 운영 · 접근 기능들에 대해 각 기능별 상세 기능요소들을 고찰해 보도록 하겠다. 이러한 상세 기능요소들은 디지털 구술 아카이빙 체제 구축시 필요한 기본적인 세부 프로세스들을 도출해 주기 때문이다.

1) 입수 기능

수많은 기관 및 개인이 생성한 디지털 객체를 디지털 아카이브로 이관 받는 입수 기능의 첫 번째 세부 기능은 아래의 그림에 제시된 바와 같이 입수객체 접수(Receive Submission)이다. 입수객체 접수 기능은 생산자로부터 SIP를 입수하거나, 디지털 아카이브 운영영역으로부터 업데이트된 SIP를 입수하는 기능으로, FTP를 활용한 전자적 전송이나 DVD 내지 외장하드를 통한 접수 등 제출될 SIP를 입수할 적절한 기술적 방안이 사전에 마련되어야 한다. 아울러 SIP의 상세한 형태나 내용은 디지털 객체 생성자와 디지털 아카이브 운영자 사이의 협약에 의해 사전적으로 결정해야 한다.[6] 이러한 디지털 객체의 입수는 SIP에 대한 관할권(Custody)이 공식적으로 양도됨을 의미하는 것으로, 입수된 SIP의 내용에는 적절한 접근통제 조치가 이루어져야 하며 아울러 입수된 SIP에 에러가 발견된 경

---

5 이소연, 「디지털 아카이브 장기보존 기능에 대한 연구」, 『제16회 한국정보관리학회 학술대회 논문집』, 2009, p. 74.

6 이소연, 「디지털 아카이빙의 표준화와 OAIS 참조모형」, 『정보관리연구』33(3), 2002, p. 53.

9장 구술과 디지털 아카이빙 **287**

우에는 생산자에게 다시 제출할 것을 요청해야 한다(ISO 14721: 47).

<그림 IX-1> 입수 상세기능 아키텍처

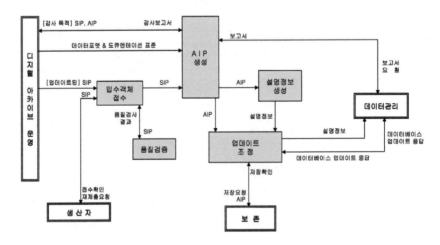

출처: ISO 14721: 47.

입수객체 접수 기능으로 입수된 SIP는 다시 품질보증 기능(Quality Assurance)으로 이송된다. 품질보증 기능은 SIP가 오류 없이 제대로 입수되었는지를 검증하는 단계로, 일반적으로 각각의 데이터파일과 결합된 체크섬(checksum)[7] 내지 CRC(Cyclic Redundancy Checks)[8] 또는 시스템 로그파일을 사용하게 되며, 품질검증 후 결과 값은 다시 입수객체 접수 기능에 제공되게 된다(ISO 14721: 47). AIP 생성(Generate AIP) 기능은 입수객체 접수 기능으로부터 SIP를 넘겨받아, 디지털 아카이브의 데이터 포맷 및 도큐멘테이션 표준을 준수해 SIP를 AIP로 변환시키는 역할을 담당한다. AIP는 내용정보와 이에 대한 보존기술정보의 완전한 집합으로 만들어지며, AIP는 다른 여러 개의 AIP 집합으로 구성될 수도 있다.[9] 또한 설명정보 생성에 필요한 정보들을 데이터관리 영역에 요청해 제공받게 되는데, 추후 이들 정보들은 AIP와 함께 설명정보 생성기능으로 보내지게 되며, 생성된 AIP는 다시 업데이트 조정기능과 설명정보 생성 기능으로 제공되게 된다(ISO 14721: 48).

설명정보 생성(Generate Descriptive Information)은 AIP 및 기타 정보원에서 추출한 정보들을 기반으로 설명정보를 생성시키는 기능이다. 이들 설명정보는 디지털 객체의 진본성 및 무결성을 확보·유지시킴과 아울러 검색 및 보존 목적을 위한 메타데이터로 활용되게 되며, 궁극적으로 이러한 설명정보는 AIP와 통합되어 보존 영역 및 데이터관리 영역에 제공된다(ISO 14721: 48). 마지막으로 업데이트 조정(Coordinate Update) 기능은 보존영역으로 AIP를 이송함과 아울러, 데이터관리 영역으로 설명정보를 이송하는 역할을 담당한다. 이를 통해 디지털 아카이브의 보존공간에 AIP가 장기보존되며, 디지털 객체의 메타데이터는 데이터관리 영역에서 업데이트 되어 별도로 관리되게 된다(ISO 14721: 48).

2) 보존 기능

보존기능은 모두 6개의 상세기능들로 세분화할 수 있다. 우선 데이터 접수(Receive Data) 기능은 전단계의 입수 기능으로부터 AIP의 저장요청을 받아 디

---

7 데이터 전송에서 데이터를 일정한 비트 수의 블록으로 분할하고 각 블록의 데이터를 수치로 덧셈한 총합의 값에서 잉여 계산 등으로 구한 데이터를 체크섬 문자로 하는 오류검출 방식.

8 데이터 전송에서의 검사 방식의 하나이며, 블록(block) 혹은 프레임(frame) 마다에 여유 부호를 붙여 전송하고, 그것에 따라서 전송 내용이 정확했는지의 여부를 조사하는 방법. 순환 여유 검사(CRC) 방식은 시간적으로 나뉘어져 발생하는 연속적인 오류(버스트 오류)에 대해서 효과가 있다.

9 임진희, 「전자기록의 장기보존을 위한 보존정보패키지(AIP) 구성과 구조」, 『기록학연구』13, 2006, p. 58.

지털 아카이브 내의 보존공간으로 AIP를 이송하는 역할을 담당하는데, 디지털 객체의 장기보존에 필요한 적절한 보존매체 및 장치를 사전적으로 선택해야 한다(ISO 14721: 49). 이를 위해서는 디지털 아카이브에서 이용자 공동체 모니터링, 기술 모니터링, 보존전략과 표준 개발, 패키지 디자인과 마이그레이션 포맷 개발을 사전적으로 수립해야 한다.[10] 저장계층 관리(Manage Storage Hierarchy)는 AIP를 활용도 내지 보안수준 등에 따라 할당된 저장계층에 저장시키는 기능이다. 즉 디지털 아카이브 운영영역에서 제공된 저장관리 정책 등을 기반으로 AIP를 적절한 저장매체에 위치를 할당시키게 되는데, AIP에 대한 열람요청 정도, 보안수준 등을 감안해 저장계층을 선택해야 하며, 아울러 이용가능한 저장용량을 파악해 디지털 아카이브 운영영역에 보고해야 한다(ISO 14721: 49).

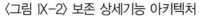

〈그림 IX-2〉 보존 상세기능 아키텍처

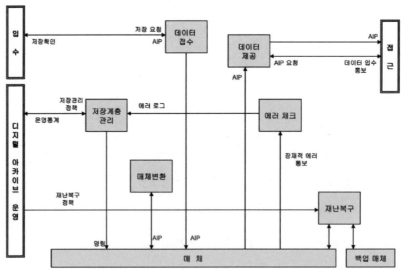

출처: ISO 14721: 49.

---

10 이소연, 「디지털 아카이브 장기보존 기능에 대한 연구」, 『제16회 한국정보관리학회 학술대회 논문집』, 2009, p. 75.

매체변환(Replace Media)은 컴퓨터 기술의 진전에 대응한 기능이다. 즉 디지털 기술이 급속히 발전함에 따라 저장매체의 사양화는 필연적으로 진행될 수밖에 없다. 따라서 AIP를 장기적으로 보존함과 아울러 향후의 이용가능성을 담보하기 위해서는 저장매체를 지속적으로 변환해 주어야 한다.[11] 단 매체변환 기능에서 AIP의 내용정보와 설명정보는 절대 변경되어서는 안되며, 패키징 정보를 구성하는 데이터만 변경이 가능하다(ISO 14721: 49-50).

에러체크(Error Checking)는 저장공간으로의 이송 과정에서 변질된 AIP의 구성요소가 존재하는지 여부를 점검하는 기능이다. 디지털 아카이브 내의 모든 하드웨어 및 소프트웨어는 잠재적 에러를 체크해 보존관리자에게 통보해야 하며, 에러사항들은 CRC(Cyclic Redundancy Checks) 내지 RS(Reed-Solomon) 코드[12]와 같은 장치를 활용해 정정되어야 한다. 재난복구(Disaster Recovery)는 예상치 못한 재난에 대비하기 위해 디지털 아카이브 내의 모든 정보들을 복제하거나 백업시키는 기능으로 디지털 아카이브에서 수립한 재난복구 정책을 근간으로 이 기능이 수행되어야 하며, 마지막으로 이상의 절차를 거쳐 보존된 AIP는 데이터제공(Provide Data) 기능을 통해 열람요청자의 열람청구 시 AIP 사본을 제공해주게 된다(ISO 14721: 49-50).

---

11 컴퓨터 기술의 진전에 따른 보존전략의 구체적인 방식에 대해서는 Charles M. Dollar, *Authentic Electronic Records: Strategies for Long-Term Access*, Chicago, Illinois: Cohasset Associates, 2000을 참조.

12 리드(Reed)와 솔로몬(Solomon)이 제안한 군집 형태의 오류를 정정할 수 있는 비2원 BCH 부호의 일종. 자기 테이프나 디스크 표면의 손상 또는 먼지는 군집 오류를 발생시키므로 리드 솔로몬 부호를 적용한다. RS(204,188) 리드 솔로몬 부호는 입력이 188바이트일 때 16바이트를 붙여 전송하면 8바이트의 오류를 완벽하게 정정함을 나타낸다. 또한 군집 오류 정정이 뛰어난 특성을 이용하여, 산발 오류에 대하여 정정 능력이 뛰어나 지상 무선 통신 분야와 유선 통신 및 암호 통신에 널리 쓰이는 돌림형 부호(convolutional code)와 연결하여 산발 오류와 군집 오류가 동시 발생하는 환경인 우주 통신이나 위성 통신, 위성 방송에 사용함으로써 채널 오류를 강력히 제거하고 있다. 이동 통신 시스템, 대역 확산 시스템 등의 통신 시스템과 컴퓨터 기억 장치, CD와 디지털 녹음기(DAT) 같은 저장 매체의 오류 정정에 널리 적용되고 있으며, DVB(device video broadcast)에서는 전송 표준으로 채택하고 있다.

3) 디지털 아카이브 운영

디지털 아카이브시스템의 전체적인 운영을 담당하는 디지털 아카이브 운영 기능은 도합 8개의 상세 기능들로 구성된다. 첫 번째로 입수협약 협의 (Negotiate Submission Agreement)는 생산자와 입수협약 및 입수 일정을 교섭하는 기능이다. 이 기능에서는 SIP 입수를 지원할 자원요건(resource requirement)을 유지·관리하며, 보존계획 영역으로부터 AIP 및 SIP 템플릿과 커스토마이징 조언을 받게 된다. 그리고 디지털 객체 입수포맷 및 절차는 디지털 아카이브의 정책에 명확히 문서화되어 있어야 한다(ISO 14721: 52-53).

〈그림 IX-3〉 디지털 아카이브 운영 상세기능 아키텍처

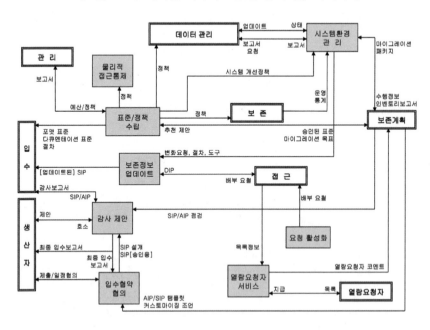

출처: ISO 14721: 52.

시스템 환경관리(Manage System Configuration)는 디지털 아카이브시스템의 기능성을 지속적으로 모니터링하고 시스템 환경에 대한 체계적인 제어를 담당하는 기능이다. 이 기능은 시스템 라이프사이클 전 과정 동안 시스템 환경의 무결성을 유지시킴과 더불어, 시스템 성능 및 시스템 활용에 관한 정보를 축적하고 감시하게 된다. 그리고 데이터관리 영역에 시스템 정보에 관한 보고서를 요청해 보고서를 받고 보존 영역으로부터 운영에 관한 통계정보를 받게 되며, 아울러 이들 보고서를 요약하고 인벤토리 보고서와 디지털 아카이브시스템 수행정보를 보존계획 영역에 정기적으로 제공하고 표준 · 정책수립 기능에도 디지털 아카이브시스템 수행정보를 발송하게 된다. 또한 보존계획 영역으로부터는 마이그레이션 패키지를 받게 되는데, 마이그레이션 패키지의 구조정보를 보내면 이들 정보를 반영해 시스템 환경을 관리하는데 반영되게 된다. 아울러 시스템 개선정책을 표준 · 정책수립 기능으로부터 받아 시스템 개선계획을 수립 · 실행하며, 마지막으로 변화요청, 절차, 도구를 보존정보 업데이트 기능으로 보내게 된다(ISO 14721: 53).

보존정보 업데이트(Archival Information Update) 기능은 아카이브의 콘텐츠를 업데이트하는 메커니즘을 제공하는데, 시스템 환경관리 기능으로부터 변화요청, 절차, 도구를 받고, 배부요청을 접근 영역으로 보내 DIP를 받아 이를 업데이트한 후 이를 다시 SIP 형식으로 입수 영역에 발송하게 된다. 물리적 접근통제(Physical Access Control)는 디지털 아카이브에 대한 접근을 승인하거나 제약하는 메커니즘을 제공하는 기능으로, 디지털 아카이브 정책을 기반으로 수립되어야 한다(ISO 14721: 53). 표준 · 정책 수립(Establish Standard & Policies) 기능은 디지털 아카이브시스템의 각종 표준 및 정책을 수립 · 유지하는 역할을 수행한다. 관리 영역으로부터는 디지털 아카이브 정책강령 및 범위, 자원활용 가이드라인과 같은 정책 및 예산정보를 받고 정기적으로 보고서를 보내며, 보존계획 영역으로부터는 디지털 아카이브시스템 개선을 위한 권고와 더불어 아카이브 데이터 표준에 관한 제안을 받게 된다. 그리고 입수된 정보를 토대로 포맷표준, 도큐멘테이션 표준 및 입수과정 동안 준수해야 할 절차와 같은 디지털 아카이브 표준 및 정책을 수립해 기타 기능 엔티티들로 보내는 역할 역시 담당하게 되며, 마이그레이션 정책과 함께 보존운영 정책을 개발함과 아울러 데이터베이스 관리 정책 및 재난복구 정책을 개발하고 디지털 아카이브에 대한 보안정책 역시 결정하는 역할을 수행하게 된다(ISO 14721: 53).

감사 제안(Audit Submission)은 SIP 및 AIP가 입수협약의 상세 명세사항을 충족하고 있다는 것을 입증하는 기능으로, 보존계획 영역으로부터 AIP 및 SIP 점검을 수령하고 다시 감사보고서를 입수 영역에 제출하게 된다. 감사 프로세스는 데이터가 디지털 아카이브 및 점검위원회의 요구사항을 충족시키는지를 검증해야 하며, 내용정보들이 이해할 수 있고 활용 가능하다는 것을 보증하기 위해 적절한 재현정보 및 보존설명정보가 존재한다는 것을 입증해야 한다. 아울러 감사 프로세스에서는 디지털 아카이브에 보존하는 것이 적절치 않는 SIP 및 다시 제출되어야 하는 SIP, 제외되어야 하는 SIP를 결정하게 되며, 감사 프로세스가 완수된 후에는 최종 입수보고서를 생산자 및 입수협약 협의 기능에 제공하게 된다(ISO 14721: 53-54). 열람요청자 서비스(Customer Service) 기능에서는 열람요청자의 계정을 만들고 수정·삭제하는 등 고객인 열람요청자의 정보를 관리하는 역할을 담당하며, 마지막으로 요청 활성화(Activate Requests) 기능에서는 정기적 이벤트에 따른 요청 기록을 유지함과 아울러 이를 디지털 아카이브의 콘텐츠와 주기적으로 비교하게 된다(ISO 14721: 54).

4) 접근 기능

열람요청자의 열람요청에 대응한 제반 서비스 기능을 수행하는 접근 기능은 세가지의 상세 기능들로 구성되어 있다. 우선 접근행위 조정(Coordinate Access Activities)은 디지털 아카이브가 보유한 정보에 대한 열람요청자 인터페이스를 제공하는 기능으로, 최근의 기술환경에서는 주로 컴퓨터 네트워크를 통해 수행되게 된다. 열람요청자로부터 질의요청, 보고서요청을 받아 데이터관리 기능에 전달하고 그 결과 값을 DIP와 함께 다시 열람요청자에게 제공해주며, 아울러 열람요청 전에 사전적으로 열람요청의 수행이 가능한지 인가된 열람요청자인지 여부 등을 확인하고 그 결과를 열람요청자에게 알려주게 된다 (ISO 14721: 57).

〈그림 IX-4〉 접근 상세기능 아키텍처

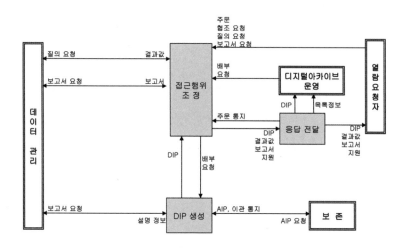

출처: ISO 14721: 57.

DIP 생성(Generate DIP)은 열람요청된 DIP를 생성시키는 기능으로, 접근행위 조정 기능으로부터 배부요청을 받은 후 보존영역에서 열람요청된 AIP를 찾아 해당 데이터 사본을 생성시키는 것이다. 아울러 데이터관리 영역에 해당 AIP의 설명정보를 요청해 수령한 후, 해당 AIP와 설명정보를 기반으로 DIP를 생성시켜 접근행위 조정기능으로 송부하게 된다(ISO 14721: 57-58). 마지막으로 응답 전달(Delivery Response)은 열람요청자에게 알맞은 응답을 온오프라인으로 전달하는 기능이다. 열람요청자가 요청한 DIP 및 결과 값을 커뮤니케이션 링크를 통해 실시간으로 전송해주며, 아울러 열람요청자에게 DIP 및 결과 값을 전달한 후 그 내역을 디지털 아카이브 운영 영역에 송부하게 된다(ISO 14721: 58).

이상으로 전 세계 디지털 객체의 보존과 관련된 독보적 표준으로 각광받아 온 OAIS 참조모형의 디지털 아카이빙 세부 절차들을 고찰하였다. 이는 현재까지 개발된 디지털 아카이빙을 위한 가장 모범적인 전형이 되는 세부 프로세스를 제시한 것으로, 향후 디지털 구술 아카이빙을 구축하는 실무적 토대로 삼아야 함은 물론이다. 다만 OAIS 참조모형에서도 밝혔듯이 이들 절차들은 디지털 아카이빙 구축에 있어 반드시 설정되어야 하는 기본 절차들로, 각 국가별 내지 각 기관별 실제 디지털 아카이빙을 구축할 때에는 이를 세부적으로 구체화 시켜야 한다. 물론 이를 위해서는 각 세부 절차별로 향후 방대한 연구가 수행되어야 할 것이다. 그럼 다음 장에서는 향후 디지털 구술 아카이빙 구축 시 고려되어야 하는 점을 두 가지 측면에서 제시하는 것으로 본고를 마무리하고자 한다.

3. 디지털 구술 아카이빙을 위한 고려 사항

디지털 구술 아카이빙은 디지털 객체를 저장하고 웹상으로 서비스 하는 웹 서버의 구축으로 완료되는 단순한 작업이 아니다. 디지털 구술 아카이빙은 앞서 3장에서 살핀 수많은 세부 프로세스들이 유기적으로 작동되는 하나의 거대한 시스템이자, 수많은 구술자료 생성자와 디지털 아카이빙 주체가 정책적, 제도적으로 조우하는 하나의 장이기 때문이다. 구술 아카이브 구축시 일정 목표와 이를 합리적으로 추구하기 위한 방법이 상호 원활하게 이루어져야 하며, 아울러 안정적이고 장기적인 정책이 마련[13]되어야 하는 이유도 여기에 있다고 할 수 있다. 이에 본고에서는 향후 본격적인 디지털 구술 아카이빙 구축시 고려되어야 하는 사항을 제도적 측면과 절차적 측면이란 두 가지 측면에 초점을 맞추어 제시하는 것으로 본고를 마무리하고자 한다.

먼저 제도적 측면과 관련해서는 국가적 단위의 디지털 구술 아카이빙 체제가 수립될 필요가 있다. 디지털 구술 아카이빙은 개인 및 개별 기관 차원에서 담당할만한 수준의 과업이 아니다. 고도의 기술력은 물론 방대한 예산?인력?장비 등 각종 인프라가 수반되어야 하며, 아울러 관련 법규 및 제도, 정책이 마련되어야 하기 때문이다. 현재 우리나라에서 구술채록은 수많은 기관에서 수행되고 있지만 그 방식은 각기 다양하다. 보통 충분한 예산을 지닌 일부 기관의 경우 SONY와 JVC사가 개발한 HDV 디지털카메라와 함께 최신의 보이스레코더를 활용해 디지털 구술자료를 생성시키나, 대부분의 소규모 기관들의 경우에는 가정용캠코더나 MP3를 사용해 구술자료를 만들고 있다. 따라서 구술을 통해 생

---

13 함한희, 「구술아카이브 발전방향」, 『구술아카이브 구축방안과 운영: 민주화운동기념사업회 구술워크숍』, 2008, p. 62.

성된 디지털 결과물들은 표준화되지 못한 채 수많은 디지털 포맷 내지 아날로 그 형식으로 제작되고 있으며, 이는 결국 디지털 구술자료의 항구적 보존 및 활용에 가장 큰 장애로 떠오르게 된다. 이를 감안할 때 디지털 구술 아카이빙 구축을 위해 최우선적으로 해결해야 할 과제는 최신의 기술력을 모니터링해 디지털 구술자료의 포맷을 표준화시켜, 디지털 아카이브로의 입수 규격을 사전적으로 규정하는 것이라 할 수 있다.

물론 이를 위해서는 국가적 견지에서 디지털 구술 아카이브를 총괄적으로 운영하거나 다양한 기관을 조정할 수 있는 기구의 마련이 요청된다. 현재 우리나라에서의 구술자료 생성기관 유형은 크게 세 가지 범주로 구분할 수 있다. 첫째 국사편찬위원회, 한국학중앙연구원, 국가기록원, 대통령기록관과 같은 주로 사료보존을 담당하는 공공영역의 대규모 기관과 같이, 디지털 구술자료를 자체적인 지침에 따라 생성해 체계적으로 관리 · 저장하는 유형이다. 다음은 개별 기관 차원에서 자체적으로 생성해 일정 수준의 관리 · 저장 조치만 수행하는 유형이며, 마지막은 자체적으로 생성해 연구상 목적으로 활용할 뿐 관리 조치는 거의 이루어지지 않는 유형이다.

구술은 인류가 기억해야 할 중요 사건 및 경험에 대한 유일성을 지닌 정보유산이라는 점에서 항구적으로 보존해 전승해야 할 당위성을 지니며, 아울러 개인 자료의 성격을 뛰어넘어 공적인 아카이브로 구축될 때 원래의 가치를 회복하고 보다 넓은 활용성을 지니게 된다.[14] 이러한 점에서 국가적 견지의 디지털 구술 아카이브 수립을 통해 소중한 정보유산을 공유하고 전승하는 토대로 삼아야 한다. 현실적으로 볼 때 첫 번째 유형의 기관들 역시 디지털 구술 아카이빙을 위한 전문적 기술은 물론 충분한 예산 및 인력이 마련되어 있지 못한 실정이며,

---

14 윤택림 · 함한희, 『새로운 역사쓰기를 위한 구술사 연구방법론』, 아르케, 서울, 2006, pp. 151~154.

각 기관들 마다 지침 및 생성 포맷 역시 각기 상이하다. 더욱이 두 번째와 세 번째 유형의 경우 생성된 구술자료들은 거의 방치되어 사장되는 경우가 일반적이다. 이러한 점을 고려할 때 더 이상 구술을 '내 연구에 필요한 사료' 정도로 간주하는 인식을 넘어 국가적으로 공유·전승되어야 할 정보유산으로 인식되어야 하며, 국가적 차원의 디지털 구술 아카이브 총괄 기구를 통해 각종 표준 및 지침 수립은 물론, 디지털 구술 아카이빙을 운영하고 수많은 기관들의 참여와 지원, 협조를 조정·통제할 수 있는 제도가 마련되어야 한다.

이러한 제도적 측면에 더해, 유일성을 지닌 소중한 정보유산으로서의 디지털 구술자료를 아카이빙 하기 위해서는 절차적으로 다음과 같은 점들이 반드시 고려되어야 한다. 우선적으로 디지털 구술채록을 위한 체계적인 프로세스 수립이 선행되어야 한다. 아래의 그림은 디지털 구술자료의 생산 이후 디지털 아카이빙을 위한 예비단계로서 각 생성기관에서 수행하는 관리 및 보존절차를 도식화한 것이다. 다양한 구술 생성기관으로부터 디지털 구술자료를 디지털 아카이빙 시스템으로 입수하기 위해서는 생산과정에서부터 표준화된 절차 마련이 필수적이기 때문이다. 이러한 절차에 따라 디지털 구술자료들이 생산기관 차원에서 관리·보존된다면 디지털 구술 아카이빙시스템으로의 입수는 체계적으로 이루어질 수 있다.

<그림 IX-5> 디지털 구술자료 관리보존 프로세스

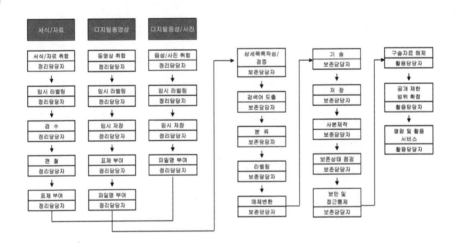

출처: 김명훈, 2010, 「디지털 구술기록의 생산 및 정리·보존절차에 관한 연구」, 『한국기록관리학회지』 10(1), 2006, p. 19.

다음으로는 디지털 아카이브로의 구술자료 입수단계에서 디지털 구술자료의 파일포맷에 상관없이 다양한 파일포맷의 구술자료를 이관받을 수 있어야 하며, 입수시 디지털 구술자료의 내용·구조·맥락과 함께, 진본성 및 무결성 입증에 필요한 메타데이터 및 기타 필요 정보들을 함께 이관되도록 해야 한다. 아울러 진본성 및 무결성 입증과 함께, 바이러스 검사, 체크섬, 기타 해쉬 함수 등 다양한 방식을 활용해 제반 오류 검사를 실시해야 한다.

이와 함께 오프라인 형식의 구술자료 역시 입수 단계에서 고려되어야 한다. 구술자료는 디지털 방식으로 생성된다고 하더라도, 구술 과정에서 생성되는 각종 서식 및 기증자료 등 종이 형태로 입수되는 자료들 역시 존재하기 때문이다. 종이형태로 입수되는 자료들을 디지털화하여 보존할 필요는 없다. 왜냐하면 이들 서식 중심의 종이 자료들은 종이 형태로 보존하는 것이 가장 안전한 보존방식이기 때문이다. 따라서 문헌자료의 조사 및 분석, 구술채록의 준비, 상세질문지의 작성, 그리고 구술채록 수행과정에서 생성되는 구술동의서·구술자 및 면담자 신상카드, 면담일지 및 후기, 녹취문, 기타 참고자료 등은 디지털 구술동영상 입수 시 하나의 분류단위로 취급하여 입수되어야 한다.

입수단계에서 고려해야 할 또 하나의 사항은 디지털 구술자료의 표제부여 문제이다. 디지털 카메라에서 부여된 구술 동영상의 파일명은 구술의 내용 및 논리적 분류체계와는 관계없는 경우가 일반적이며, 아울러 입수 이후 디지털 아카이브에서 파일명을 새롭게 부여하기란 용이한 일이 아니기 때문이다. 따라서 디지털 구술 아카이브로 입수 전 생성기관에서는 디구술 동영상 및 음성, 디지털 사진 등은 '연도명–사업명–주제명–구술자명–회차'를 활용하여 표제를 새롭게 부여해야 하며, 이러한 파일명은 단일의 구술자료별로 유일성을 지니게 생성시켜야 한다.

디지털 아카이브로 입수가 완료되면, 디지털 구술자료의 내용상 연계성 및 활용성 등을 고려해 분류를 실시해야 한다. 이러한 분류는 디지털 구술자료의 전체적인 논리구조를 형성시킴과 더불어 검색성을 창출시키는 방편이며, 또한 다양한 유형으로 생성되는 구술자료들간의 관련성은 물론 전체 구술자료들 간의 상호연계성을 확보하는 수단이기 때문이다.[15] OAIS 참조모형에서는 계층적 분류를 제시하고 있지는 않지만, 디지털 구술 아카이브에서는 계층적 분류체계 및 계층별 집합적 기술을 수행할 수 있는 기능을 보유해야 하며, 아울러 활용성 제고를 위해 시스템 상에 기본 분류체계 외에 다중 분류체계의 구현이 가능하도록 설계해야 한다.

디지털 구술 아카이브에서 구술자료의 분류시에는 '대분류–중분류–소분류–

---

15 김명훈, 「디지털 구술기록의 생산 및 정리·보존절차에 관한 연구」, 『한국기록관리학회지』10(1), 2010, p. 22.

세분류'와 같은 계층적 분류뿐만 아니라, 단일 구술자의 구술을 통해 생성된 다양한 유형의 구술채록 결과물들을 단일 구술자를 정점으로 집합적으로 관리?보존케 할 수 있는 구술자별 분류도 반영시켜야 하며, 더불어 디지털 자료와 오프라인 자료를 상호 연계시킬 수 있는 기능 역시 구비해야 한다. 이러한 분류를 위해서는 전체 디지털 구술자료의 수량 · 매체유형 · 내용별 내지 주제별 분포도 · 생성연도 등을 사전적으로 분석해야 하며, 아울러 이러한 분류체계를 디지털 아카이브 시스템 상에서 반영시킬 수 있는 분류기호 체계 역시 사전적으로 정의될 필요가 있다.

디지털 구술자료의 메타데이터 확보 역시 고려되어야 한다. 디지털 객체의 경우 메타데이터는 진본성 및 무결성을 유지시킴과 아울러 실제 자료의 분석에 필요한 맥락 포착을 가능케 해주는 필수 불가결한 요소로, 메타데이터 없이는 디지털 구술자료의 관리 및 활용, 보존은 아무런 의미를 지니지 못하게 된다. 따라서 입수 시부터 디지털 구술자료와 함께 필수 메타데이터를 함께 이관되도록 해야 하며, 디지털 아카이브 내에서 수행된 관리 및 보존행위 역시 필수 메타데이터로 생성 · 관리되도록 시스템을 설계해야 한다. 이와 더불어 분류체계상 상위계층으로부터 메타데이터를 상속받거나 동일 메타데이터 요소를 재사용할 수 있도록 해야 하며, 메타데이터의 생성 및 변경과 관련된 모든 처리행위는 자동화된 방식으로 감사 증적으로 남도록 해야 한다.

디지털 구술 아카이브에서 보존은 가장 기본적이자 핵심적인 사안으로, 입수된 디지털 구술자료의 장기 보존 및 진본성 · 무결성 유지와 함께 컴퓨터 기술의 진보 속에서도 이용가능성을 확보할 수 있도록 해야 한다. 이를 위해서는 우선적으로 시간의 흐름 및 기술의 진보, 재난 등으로부터 디지털 구술자료를 안전하게 보존하는데 필요한 보존정책 및 업무절차, 제반 기술적 장치를 수립해야 하며, 디지털 아카이빙시스템을 구성하는 하드웨어, 소프트웨어 등의 기술적 구성요소가 변경·업데이트되거나 포맷변환 및 마이그레이션을 수행할 경우에도 디지털 아카이브에 보존하고 있는 구술자료 및 메타데이터는 원래대로 유지되도록 해야 한다. 그리고 저장 매체의 수명에 따라 매체 이전 시기를 사전 통보해주는 기능을 시스템에 반영시킴은 물론, 표준화된 장기보존 포맷으로의 변환 후 전과 후의 포맷을 상호 비교해 무결성을 점검할 수 있도록 해야 한다.

디지털 구술자료의 보존과 관련하여 구술동영상은 컴퓨터 기술의 진보에 따른 향후의 이용가능성을 확보하기 위해 표준 포맷으로 변환시킬 필요가 있다. 현재 HD 디지털 카메라로 촬영된 구술동영상은 특정 제조사의 사유포맷 형식으로 생성되는 경우가 일반적이다. 특정 제조사가 만든 독점적 표준을 사용한 사유포맷의 경우에는 상호호환성 및 저작권 문제 등으로 인해 많은 문제점을 지니게 된다. 이를 감안할 때 디지털 구술 아카이브에서는 디지털 동영상 변환 프로그램을 이용하여 MPEG-2와 같은 국제표준 포맷으로 변환해 보존해야 하며, 아울러 외부 이용자를 위한 서비스 포맷의 경우에는 MPEG-4와 같은 멀티미디어 통신에서의 활용을 위해 개발된 저용량의 포맷으로 변환할 필요가 있다.

이와 더불어 디지털 구술 아카이브에서는 컴퓨터 기술의 진전에 따른 장기보존 전략 역시 개발해야 한다. 현재 디지털 카메라로 생성되어 활용되는 구술동영상은 컴퓨터 기술의 급속한 발전으로 인해 오래지않아 가독이 불가능한 경우가 생기기 때문이다. 이에 대비하기 위해서는 컴퓨터 기술의 진전과 보조를 맞추어 현재의 파일포맷을 새로운 파일포맷으로 변환하거나 재현하는 장기보존 전략이 필요하다. 디지털 객체의 장기보존 전략으로 가장 광범위하게 사용되는 것은 마이그레이션(Migration)과 에뮬레이션(Emulation) 전략이다. 마이그레이션은 하나의 기술로부터 다른 기술로 디지털 객체를 복제 내지 변환하는 방식이며, 에뮬레이션은 하드웨어 내지 소프트웨어를 흉내 내어 원래의 디지털 객체를 재현하는 방식으로, 원래의 컴퓨팅 환경을 재현하는 관계상 가장 정확한 형태로 장기보존할 수 있는 전략이다. 양 장기보존 전략은 각기 강점이 존재하는데, 우선 마이그레이션 전략은 해당 포맷의 공급자를 비롯한 다양한 관련 자로부터 변환도구가 지속적으로 개발 공급되고 있기 때문에 장기보존에 있어 개발 및 시행을 위한 비용이 낮으며, 원래의 응용프로그램을 보유할 필요가 없고 수행 절차가 간결하게 잘 확립되어 있다는 장점을 지닌다.[16] 이에 반해 에뮬레이션 전략은 디지털 객체를 원래 그대로의 정확한 형태로 보존할 수 있는 가능성을 제공해주지만, 에뮬레이터 개발에 고도의 기술력과 비용이 소요되는 한계를 지닌다.[17] 물론 이러한 양대 보존전략은 디지털 구술자료의 특성, 디지털 아카이브 운영주체의 예산 및 인력, 기술력 수준 등을 고려하여 선택해야 한다.

디지털 아카이브 운영과 관련해서는 기술적 진보 및 재난 등에 관계없이 디지털 아카이빙시스템 자체의 신뢰성, 안정성 및 효율적인 운용성이 보장되도록 해야 하며, 디지털 아카이브 운영에 관한 모든 정보를 감사증적으로 남김과 함께 재난 등에 대비한 시스템 복구에 필요한 기능 내지 서브시스템을 제공할 수 있도록 해야 한다. 마지막으로 구술자료의 특성에서 연유하는 하이브리드적 관리조치 역시 디지털 아카이빙시스템 설계에 고려될 필요가 있다. 최근에도 구술자료는 디지털 동영상 및 음성 파일 형식으로 생성되지만 녹취문 및 상세목록, 기타 구술과 관련된 각종 서식은 예전처럼 문자화된 종이자료로 생성된다. 여기서 고려되어야 하는 점은 디지털 형식의 동영상 및 음성 파일과 종이자료로 생성되는 각종 구술 서식은 하나의 단위로 보존 및 활용되어야 한다는 점이

---

16 권도윤 · 김희섭 · 오삼균, 「전자기록물 장기보존을 위한 마이그레이션 전략에 관한 연구」, 『한국기록관리학회지』 9(2), 2009, pp. 24~25.

17 Digital Preservation Testbed, *Emulation: Context and Current Status*, Digital Preservation Testbed White Paper, 2003, pp. 22~25.

18 김명훈, 「디지털 구술기록의 생산 및 정리 · 보존절차에 관한 연구」, 『한국기록관리학회지』10(1), 2010, p. 13.

다. 디지털 구술자료는 단일 구술자의 기억을 토대로 생성되는 산물이라는 점에서 단일 구술자는 구술자료 분류 및 통제 상의 가장 기초적 단위가 되며, 더불어 이들 자료들은 단일 구술자를 정점으로 한 상호연계성 속에 보존·활용되어야 할 필요가 있다. 이러한 점을 고려할 때 디지털 구술 아카이브에서는 디지털 구술자료와 종이자료 양자를 연계성 속에 통제할 수 있는 절차를 마련해야 한다.[18]

김명훈

한국외국어대학교 대학원 정보·기록학과에서 기록학으로 박사학위를 취득하였고, 한국외국어대학교 기록학연구센터 연구부장과 한국외국어대학교 대학원 정보·기록학과에서 겸임교수로 활동하고 있다. 구술 관련 연구사업으로는 국가기록원 대통령기록관의 '역대 대통령 구술채록 사업', 서울시역사편찬위원회의 '서울시 역사 구술사업, '국가기록원의 '국민생활정책 관련 구술채록사업', 한국학중앙연구원의 '현대한국구술사연구사업' 등에 참여하였다. 주요 저서로서는 『출처주의와 현대 기록관리』(한국국가기록연구원, 2003), 『전자기록관리의 이해』(한국국가기록연구원, 2004, 공저), 『전자기록 평가론』(진리탐구, 2009) 등이 있으며, 주요 연구논문으로는 「레코드 컨티뉴엄과 평가, 그리고 기록콘텐츠: 기록콘텐츠 개념 정립을 위한 시론」(『정보관리연구』41(3), 2010), 「기록학적 관점에서의 구술의 의미와 역할에 관한 연구」(『기록학연구』24, 2010), 「디지털 구술기록의 생산 및 정리·보존 절차에 관한 연구」(『한국기록관리학회지』10(1), 2010) 등이 있다.

참고문헌

국내 단행본

- **국가기록원**, 『구술 기록물 종합 관리 체계 방안 및 구술 방법론』, 구술기록물 관리체계 구축 방안 및 구술채록을 위한 연구용역보고서, 국가기록원. 2007.
- **국사편찬위원회**, 『사료조사·수집 지원 사업 공동연구 세미나: 구술자료 수집을 위한 조사 연구』, 국사편찬위원회. 2003.
- **국사편찬위원회**, 『지역사·구술 자료 수집 정리의 실제와 과제』, 국사편찬위원회. 2005.
- **국사편찬위원회**, 『현황과 방법, 구술·구술자료·구술사』, 국사편찬위원회. 2004.
- **권귀숙**, 『기억의 정치』, 서울. 문학과지성사. 2006.
- **김귀옥 외**, 『전쟁의 기억 냉전의 구술』, 선인. 서울. 2008.
- **김귀옥**, 『월남민의 생활 경험과 정체성 : 밑으로부터의 월남민 연구』, 서울대학교출판부. 서울. 1999.
- **김명훈**, 『출처주의와 현대기록관리』, 서울. 한국국가기록연구원. 2003.
- **김현주**, 『구술성과 한국서사전통』, 월인. 서울. 2003.
- **민주화운동기념사업회**, 『민주화운동기념사업회 구술워크숍 자료집 – 구술아카이브 구축 방안과 운영』, 민주화운동기념사업회. 2008.
- **박성희**, 『질적 연구방법의 이해 : 생애사 연구(biography research)를 중심으로』, 원미사. 서울. 2004.
- **서울대학교 한국교육사고 편**, 『구술사 이론·방법 워크숍 자료집』, 서울대학교 한국교육사고. 2003.
- **선영란 외**, 『구술기록의 기록학적 관리방안』, 한국국가기록연구원. 서울. 2006.
- **우창한**, 『역사의 경계를 넘는 격정의 기억』, 새미. 서울. 2006.
- **윤택림 편역**, 『구술사, 기억으로 쓰는 역사』, 아르케. 서울. 2010.
- **윤택림**, 『문화와 역사 연구를 위한 질적 연구 방법론』, 아르케. 서울. 2004.
- **윤택림**, 『인류학자의 과거 여행 : 한 빨갱이 마을의 역사를 찾아서』, 역사비평사. 서울. 2003.
- **윤택림·함한희**, 『새로운 역사쓰기를 위한 구술사 연구방법론』, 아르케. 서울. 2006.
- **이상록 외**, 『일상사로 보는 한국근현대사 : 한국과 독일 일상사의 새로운 만남』, 책과 함께. 서울. 2006.
- **전진성**, 『역사가 기억을 말하다』, 휴머니스트. 서울. 2005.
- **조옥라 외**, 『젠더, 경험, 역사(Gender, experience and history)』, 서강대학교출판부. 서울. 2004.
- **조용환**, 『질적 연구 : 방법과 사례』, 교육과학사. 경기. 2005.
- **표인주 외**, 『전쟁과사람들 : 아래로부터의 한국전쟁연구』, 한울아카데미. 서울. 2003.
- **한국구술사연구회**, 『구술사 – 방법과 사례』, 선인. 서울. 2005.
- **한국기록학회**, 『기록학 용어 사전』, 서울. 역사비평사. 2008.
- **한국외국어대학교 현대한국 구술사연구단**, 『구술관리·보존 프로세스 표준』, 한국외국어대학교 현대한국 구술사연구단. 2009.

- James Hoopes, 『증언사 입문』, 유병용 역, 한울아카데미, 서울, 1995.
- 제프리 K. 올릭 편, 최호근 외 역, 『국가와 기억 : 국민국가적 관점에서 본 집단기억의 연속 갈등 변화』, 서울, 민주화운동기념사업회, 2006.
- Walter J. Ong, 『구술문화와 문자문화』, 이기우 · 임명진 역, 문예출판사, 서울, 1997.

국내 논문

- 권명숙, 「구술기록의 수집 절차에 관한 연구 – 민간인학살사건 다큐멘테이션을 중심으로」, 경북대학교 석사학위논문, 2007.
- 권미현, 「강제동원 구술자료의 관리와 활용 – 일제강점하강제동원피해진상규명위원회 소장 구술자료를 중심으로–」, 『기록학연구』16, 한국기록학회, 2007.
- 권미현, 「구술사료의 기록학적 관리방안 연구」, 『기록학연구』10, 한국기록학회, 2004.
- 김광식, 「구술사 연구의 필요성 : 근 · 현대 불교의 공백을 메우자」, 『불교평론』5(2), 불교평론사, 2003.
- 김귀옥, 「구술사 연구현황과 구술사 아카이브즈의 구축」, 한국기록학회 학술심포지엄 자료집, 2005.
- 김귀옥, 「지역 조사와 구술사 방법론」, 『한국사회과학』22, 서울대사회과학연구원, 2000.
- 김귀옥, 「한국 구술사 연구 현황, 쟁점과 과제」, 『사회와역사』71, 한국사회사학회, 2006.
- 김기석 · 이향규, 「구술사: 무엇을, 왜, 어떻게 할 것인가」, 서울대학교사범대학 한국교육사고 연구노트 제9호, 1998.
- 김명훈, 「기록학적 관점에서의 구술의 의미와 역할에 관한 연구」, 『기록학연구』24, 한국기록학회, 2010.
- 김명훈, 「디지털 구술기록의 생산 및 정리 · 보존 절차에 관한 연구」, 『한국기록관리학회지』10, 한국기록관리학회, 2010.
- 김무용, 「과거청산 작업에서 진실말하기와 대항 내러티브 주체의 형성」, 『제주4.3 62주년 기념 국제 심포지엄 자료집 : 기억의 구술과 역사』, 제주광역시, 제주4.3연구소, 2010.
- 김미주, 「인터넷을 통한 구술자료 서비스 현황과 메뉴설계 방안」, 충남대학교 석사학위논문, 2007.
- 김민영, 「구술기록의 신뢰성 확보 방안 연구」, 신라대학교 석사학위논문, 2009.
- 김봉중, 「미국 구술사의 동향과 쟁점」, 『전남사학』16, 전남사학회, 2001.
- 김상수, 「자끄데리다와 해체」, 『서양사연구』제33집, 2005.
- 김상희, 「구술사와 그 실제에 관한 연구 : 통일교의 구술사 기술을 중심으로」, 선문대학교 석사학위논문, 2008.
- 김선정, 「미국 중소도시 한인사회와 한인들의 삶 : 인디애나폴리스 올드타이머를 중심으로」, 한국외국어대학교 박사학위논문, 2008.
- 김용의, 「일본 구술사 연구의 동향과 쟁점」, 『일본어문학』12, 일본어문학회, 2002.
- 김원, 「서벌턴은 왜 침묵하는가? – 구술, 기억 그리고 재현을 중심으로」, 『사회과학연구』17(1), 서강대학교 사회과학연구소, 2009.
- 김은영, 「보존과 활용을 위한 구술기록의 정리방안 연구– 국사편찬위원회 사례를 중심으로」, 명지대학교 석사학위논문, 2010.

- **김익한**, 「기록의 속성과 메타데이터 표준을 통해 본 한국의 기록 · 기록기술」, 『기록학연구』10, 한국 기록학회, 2002.
- **김주관**, 「문화자료와 디지털 아카이브의 구축」, 『지방사와 지방문화』9(2), 역사문화학회, 2006.
- **김주관**, 「생활사 아카이브 구축의 의미와 방법」, 『For Archiving: 20세기민중생활사연구단 3차년 도 1차 아카이브 워크숍』, 대구 영남대학교, 2004.
- **김지수**, 「대통령 구술기록 수집방안 – 김대중 대통령 구술 수집을 중심으로」, 명지대학교 석사학위논문, 2008.
- **김진성**, 「영화기록의 기술에 관한 연구」, 한국외국어대학교 석사학위논문, 2009.
- **김철효**, 「국내외 예술아카이브와 구술사프로젝트의 사례 : '한국근현대예술사 증언채록사업'의 자리 매김을 위하여」, 『한국예술종합학교논문집』6, 한국예술종합학교, 2003.
- **김현승**, 「해군 구술 기록의 수집 방안 연구」, 서울대학교 석사학위논문, 2009.
- **김혜진**, 「한국 구술기록의 관리 효율화 방안 연구」, 중앙대학교 석사학위논문, 2010.
- **남신동**, 「'역사의 민주화'와 구술사 연구의 윤리적 쟁점」, 『한국예술종합학교논문집』6, 한국예술종합학 교, 2003.
- **남신동**, 「구술사(口述史, oral history)와 기억의 역사사회학」, 『(새길을여는)교육비평』21, 교육비평, 2006.
- **남신동**, 「국내외 예술아카이브와 구술사 프로젝트의 사례」, 『한국예술종합학교논문집』6, 한국예술종합 학교, 2003.
- **노대진**, 「국내 구술사료의 관리 실태와 서비스 방안」, 원광대학교 석사학위논문, 2007.
- **류방란**, 「구술사연구의 방법과 활용」, 『한국교육』25(2), 한국교육개발원, 1998.
- **문동원**, 「구술기록의 Digital화에 따른 활용 및 서비스에 관한 연구」, 중부대학교 석사학위논문, 2009.
- **박순철 · 함한희**, 「디지털 아카이브즈의 문제점과 방향」, 『한국비블리아학회지』17(2), 한국비블리아학회, 2006.
- **설문원**, 「지역 기록화를 위한 다큐멘테이션 전략의 적용」, 『기록학연구』, 제26호, 2010.
- **염미경**, 「전쟁연구와 구술사: 아래로부터의 한국전쟁 연구를 위한 새로운 방법들」, 『동향과 전망』 51, 한국사회과학연구소, 2001.
- **염미경**, 「지방사연구에서 구술사의 활용현황과 과제」, 『역사교육』98, 역사교육연구회, 2006.
- **오유석**, 「한국 근 · 현대 사회사 연구와 구술기록」, 『기록학연구』9, 한국기록학회, 2004.
- **원종관**, 「레코드 컨티뉴엄의 속성을 통해 본 증거와 기억의 조화에 관한 연구」, 한국외국어대학교 대학원 정보 · 기록관리학과 석사학위논문, 2008.
- **유철인**, 「구술사와 생애사: 구술자와 채록자의 상호작용」, '한국근현대예술사 증언채록사업' 기초설계를 위한 제1 차 워크숍, 2003.
- **유철인**, 「구술자료의 채록과 해석」, 『한국예술종합학교논문집』6, 한국예술종합학교, 2003.
- **유철인**, 「생애사와 신세타령: 자료와 텍스트의 문제」, 『한국문화인류학』22, 한국문화인류학회, 1990.
- **윤택림**, 「구술사와 지방민의 역사적 경험재현」, 『한국문화인류학』30(2), 한국문화인류학회, 1997.
- **윤택림**, 「구술자료의 해석과 텍스트화 – 한국문화연구의 방법론 모색: 구술사적 접근을 중심으

로」, 『한국문화인류학회 제6차 워크숍 발표논문집』, 1999.

• 윤택림, 「기억에서 역사로: 구술사의 이론적, 방법론적 쟁점들에 대한 고찰」, 『한국문화인류학』25, 한국문화인류학회, 1993.

• 윤택림, 「생활역사와 구술사의 만남 : 20세기 한국 민중의 구술자서전을 중심으로」, 『녹색평론』85, 녹색평론사, 2005.

• 윤택림, 「역사인류학자의 시각에서 본 역사학─구술사 연구를 중심으로」, 『역사문제연구』6, 역사문제 연구소, 2001.

• 윤형숙, 「생애사 연구의 발전과 방법론적 쟁점」, 『배종무총장 사임기념 사학논총』, 1994.

• 이승억, 「기록 평가선별 결정 분석에 관한 연구」, 『기록학연구』 제12호, 2005.

• 이승억, 「전자환경에서의 기록관리 개념에 대한 재검토」, 『기록학연구』 제6호, 2002.

• 이신철, 「사례보고: 구술자료의 수집과 보존을 위한 제안」, 『구술자료 수집을 위한 조사연구』, 2003.

• 이용기, 「구술사의 올바른 자리매김을 위한 제언」, 『역사비평』58, 역사비평사, 2002.

• 이용기, 「역사학, 구술사를 만나다」, 『역사와 현실』71, 한국역사연구회, 2009.

• 이정연, 「구술사 기록물 아카이브 구축을 위한 메타데이터 모델링 및 표준 요소 개발에 관한 연구」, 『정보관리학회지』26, 한국정보관리학회, 2009.

• 이주영, 「구술기록을 통한 민간인 학살사건의 역사화─경상북도 영덕군 창수면을 중심으로」, 경북대 학교 석사학위논문, 2010.

• 이창순, 「영상기록물의 메타데이터 요소에 관한 연구」, 충남대학교 석사학위논문, 2006.

• 이호신, 「한국문화예술위원회 아르코예술정보관의 〈예술사 구술채록사업〉 운영 현황」, 『한국무용 기록학회지』13, 한국무용기록학회, 2007.

• 이화은, 「구술기록의 기술에 관한 연구」, 이화여자대학교 석사학위논문, 2009.

• 장진철, 「구술자료의 관리에 관한 연구」, 대구대학교 석사학위논문, 2001.

• 전진성 , 「기억의 정치학을 넘어 기억의 문화사로: '기억' 연구의 방법론적 진전을 위한 제언」, 『역 사비평』76, 역사비평사, 2006.

• 정영란, 「홀로코스트기념관을 통해 본 주제기록관(special subject repository)에 관한 연구 : 집합적 기억(collective memory)의 수집과 수집물의 특성을 중심으로」, 명지대학교 기록과학대학원 석 사학위논문, 2003.

• 정영록, 「구술기록의 디지털아카이빙에 관한 연구 ─ 디지털구술기록의 생산 · 관리 및 보존전략을 중심으로」, 한국외국어대학교 석사학위논문, 2010.

• 정혜경, 「구술사료의 관리방안」, 『한국예술종합학교논문집』6, 한국예술종합학교, 2003.

• 정혜경, 「일제말기 조선인 강제연행 · 강제노동에 관한 기록사료 :수집 및 활용 방안을 중심으로」, 『史林』24, 首善史學會, 2005.

• 정혜경, 「한국 구술사료 관리현황」, 『한국 역사기록의 관리와 발전방향』, 한국역사연구회, 2000.

• 정혜경, 「한국 근현대사 구술자료의 간행 현황과 자료가치 ─ '지운 김철수'를 중심으로─」, 『역사와 현실』33, 한국역사연구회, 1999.

• 조용성, 「구술기록의 수집과 아카이브 정책에 관한 연구」, 『기록학연구』25, 2010.

- **조용성**, 「구술기록의 수집정책에 관한 연구 - 과거사 진상규명 관련 위원회의 면담조사기록을 중심으로」, 한국외국어대학교 대학원 석사학위논문, 2009.

- **한정은**, 「대중적 이용을 위한 구술기록의 수집과 활용 방안」, 한국외국어대학교 석사학위논문, 2007.

- **한지혜**, 「구술기록 온라인 서비스 방안」, 한국외국어대학교 석사학위논문, 2010.

- **함한희**, 「구술사와 문화연구」, 「한국문화인류학」33(1), 한국문화인류학회, 2000.

- **함한희**, 「구술사 연구의 새로운 패러다임 모색」, 한국구술사학회 창립학술대회 발표집, 한국구술사학회, 2009.

- **함한희**, 「제주4.3 62주년 기념 국제 심포지엄 자료집 : 기억의 구술과 역사」, 제주광역시, 제주4.3연구소, 2010.

- **허영란**, 「구술과 문헌의 경계를 넘어서」, 「현황과 방법, 구술, 구술자료, 구술사」, 서울, 국사편찬위원회, 2004

- **허영란**, 「구술 아카이브의 업그레이드와 새로운 역사쓰기」, 한국구술사학회 창립학술대회 발표집, 한국구술사학회, 2009.

- **현재열 외**, 「지역 노동사 및 노동운동사 연구를 위한 구술사의 가능성」, 「역사와경계」62, 부산경남사학회, 2007.

- **Truesdell Barbara**, 「The Practice of Oral History in the United States」, 「역사문화연구」18, 한국외국어대학교 역사문화연구소, 2003.

해외 단행본

- **Alan Ward**, A Manual of Sound Archives Administration, Aldershot, Hampshire: Gower Publishing Co. Ltd., 1990.

- **Charlton, Thomas L(ed.)**, History of Oral History :Foundations and Methodology, Rowman & Littlefield Pub Inc, 2007.

- **Daniels Maygene F.**, Walch Timothy (ed.), A Modern Archives Reader: Basic Reading on Archival Theory and Practice, National Archives and Records Service U.S. General Services Administration Washington, D. C., 1984.

- **David Lance**, An Archive Approach to Oral History, London: Imperial War Museum in association with IASA,1978.

- **Donald A. Ritchie**, Doing Oral History, New York : Twayne Publishers, 1995.

- **Francis X. Blouin, Jr., William G. Rosenberg eds.**, Archives, Documentation, and Institutions of Social Memory : Essays from the Sawyer Seminar CP, Michigan: Univ of Michigan Press, 2007

- **Frederick J. Stielow**, The Management of Oral History Sound Archives, New York: Greenwood Press, 1986.

- Marion Matters, Oral History Cataloging Manual, Chicago: SAA, 1995.

- Moss William W., Oral History Program Manual, New York: Praeger Publishers, 1974(1991).

- Richard Lochead, Documents That Move and Speak: Audiovisual Archives in the New Information Age, Munchen, London, New York, Paris: K.G.Saur, 1992.

- Robert Perks & Alistair Thomson eds., The Oral History Reader, London & New York: Routledge Press, 1998.

- Roberts David, Ellis Judith (ed.), Keeping Archives, ASA, 2000.

- Thomson Paul, The Voice of the Past: Oral History, Oxford University Press, 1987.

- United National Archives and Records Management Section, ARMS Standard on Recordkeeping Metadata, 2003.

- United States Holocaust Memorial Museum, Oral History Interview Guidelines, Holocaust Memorial Museum, 2007.

- Vansina Jan, Oral Tradition as History, The University of Wisconsin Press, 1985.

- William W. Moss & Peter C. Maikana, Archives, Oral History and Oral Tradition, A RAMP Study, Paris: UNESCO, 1986.

- Williams Caroline, Managing Archives: Foundations, Principle and Practice, Chandos Publishing Oxford, 2006.

- Yow Valerie Raleigh, Recording Oral History: a Practical Guide for Social Scientists, CA: Sage Publication, 1994.

해외 논문

- Bruce H. Bruemmer, "Access to Oral History: A National Agenda", American Archivist 54(Fall), 1991.

- Charles T. Morrissey, "Beyond Oral Evidence: Speaking (Con)Strictly about Oral History", Archival Issues 17(2), 1992.

- Colin Webb, "Stairways to Digital Heaven? Preserving Oral History Recordings at the National Library of Australia", National Library of Australia Staff Papers, National Library of Australia, 1996.

- Colin Webb, Devin Bradely, "Preserving Oral History Recordings", National Library of Australia Staff Papers, National Library of Australia, 1997.

- Committee on Oral History of the Society of American Archivists, "Oral History and Archivists: Some Questions to Ask", American Archivist 36(July), 1973.

- Dale Treleven, "Oral History and the Archival Community: Common Concerns about Documenting Twentieth-Century Life", International Journal of Oral History 10, 1989.

- David Gerard, "The Word Made Flesh: Some Reflections on Oral History", Library History

9(3-4), 1992.

- David Lance, "Oral History Archives: Perceptions and Practices", Oral History 8(2), 1980.

- Derek Reimer, "Oral History and Archives: The Case in Favor", Canadian Oral History Association Journal 5(1), 1981-1982.

- Dick Ernest J., "Oral History in canada : An Archivist's Commentary", Archivaria 4, ACA, 1977.

- Donald Swain, "Problems for Practitioners of Oral History", American Archivist 28(January), 1965.

- Ellen D. Swain, "Oral History in the Archives: Its Documentary Role in the Twenty-first Century", American Archivist 66(1), 2003.

- Ellen Scheinberg, "In Their Own Words", Archivaria 49, 2000.

- Eric Ketelaar, "Archivalisation and Archiving", Archives and Manuscripts 27, 1999.

- Eric Ketelaar, "Recordkeeping and societal power", Archives: Recordkeeping in Society(Australasian Library and Information Studies 24), Sue McKemmish, Michael Piggott, Barbara Reed, Frank Upward ed., Wagga Wagga: Centre for Information Studies Charles Sturt Univ., 2005.

- Eric Weig, Kopana Terry, Kathryn Lybarger, "Large Scale Digitization of Oral History: A Case Study", D-Lib Magazine 13, University of Kentucky, 2007.

- Ernest J. Dick, "Oral History in Canada: An Archivist's Commentary", Archivaria 4, 1977.

- Evelyn Wareham, "'Our Own Identity, Our Own Taonga, Our Own Self Coming Back': Indigenous Voices in New Zealand Record-Keeping", Archivaria 52, 2001.

- Erancis X. Blouin Jr., "Archivists, mediation, and the constructs of social memory", Archival Issues 24, 1999.

- Gould Colman, "Oral History-An Appeal for More Systematic Procedures", American Archivist 28(January), 1965.

- Graham Eeles & Jill Kinnear, "Archivists and Oral Historians: Friends, Strangers, or Enemies?", Journal of the Society of Archivists 9(4), 1988.

- Hans Booms, "Society and the Formation of a Documentary Heritage : Issues in the Appraisal of Archival Sources", Archivaria 24, 1987.

- Hugh A. Taylor, "The Collective Memory: Archives and Libraries as Heritage", Archivaria 15, 1982.

- Hugh Taylor, "'My Very Act and Deed': Some Reflections on the Role of Textual Records in the Conduct of Affairs", American Archivist 51(Fall), 1998.

- Irene Cortinovis, "Augementing Manuscript Collections through Oral History", American Archivist 43(Summer), 1980.

- James Fogerty, "Filling the Gap: Oral History in the Archives", American Archivist 46(Spring), 1983.

- Jean Dryden, "Oral History and Archives: The Case Against", Canadian Oral History

Association Journal 5(1), 1981-1982.

- Jean-Pierre Wallot & Normand Fortier, "Archival Science and Oral Sources", Janus 2, 1996.

- Jill Jarvis-Tonus, "Legal Issues Regarding Oral Histories", Canadian Oral History Association Journal 12, 1992.

- Joan M. Schwartz and Terry Cook, "Archives, Records, and Power : The Making of Modern Memory", Archival Science 2:1–19, 2002.

- John F Stevart, "Oral History and Archivist: Some Question to Ask", American Archivist 36(3), SAA, 1973.

- John F. Leslie, "The Importance of Oral and Extrinsic Historical Evidence in Understanding Indian Treaties", Archivaria 53, 2002.

- Laura Millar, "The Spirit of Total Archives : Seeking a Sustainable Archival System", Archivaria 47, 1999.

- Lisa Klopfer, "Oral History and Archives in the New South Africa: Methodological Issues", Archivaria 52, 2001.

- Michael Piggott, "Archives and memory", Archives: Recordkeeping in Society(Australasian Library and Information Studies 24), Sue McKemmish, Michael Piggott, Barbara Reed, Frank Upward ed., Wagga Wagga: Centre for Information Studies Charles Sturt Univ., 2005.

- William Moss, Gregory James (ed.), "Oral History", Managing Archives and Archival Institution, University of Chicago Press. 1991.

- Ronald L. Filippelli, "Oral History and the Archives", American Archivist 39(October), 1976.

- Randall C. Jimerson, "Archives and Memory", OCLC System & Services 19(3), 2003.

- Robert B. Perks, "Bringing New Life to Archives: Oral History, Sound Archives and Accessibility", International Association of Sound Archives Journal 12, 1999.

- Ronald Filippelli, "Oral History and Archives", American Archivist 39(October), 1976.

- Saul Benison, "Reflections on Oral History", American Archivist 28(January), 1965.

- Schwartz Joan M., Cook Terry, "Archives, Records, and Power: The Making of Modern Memory", Archival Science 2-1, 2002.

- Shauna McRanor, "Maintaining the Reliability of Aboriginal Oral Records and Their Material Manifestations: Implications for Archival Practice", Archivaria 43, 1997.

- Sinn Donghee, "Room for archives? Use of archival materials in No Gun Ri research", Archival Science 10(2), 2010.

- Terry Abraham, "Collection Policy or Documentation Strategy : Theory and Practice", American Archivist 54(Winter), 1991.

- Terry Cook, "Remembering the Future : Appraisal of Records and the Role of Archives in Constructing Social Memory", Archives, Documentation, and Institutions of Social Memory : Essays from the Sawyer Seminar CP, Francis X. Blouin, Jr., William G. Rosenberg eds., Michigan: Univ of Michigan Press, 2007.

- Terry Cook, "Shifting the archival paradigm for memory, identity and community" <Memory, Identity and the Archival Paradigm : an interdisciplinary approach> 2010. (http://www.dundee.ac.uk/cais/memoryandidentity/index.htm)
- Terry Eastwood, "Reforming the archival curriculum to meet contemporary needs", Archivaria 42, 1996.
- Thomas Carleton, "Videotaped Oral Histories: Problems and Prospects", American Archivist 47(Summer), 1984.
- Walter Menninger, "Memory and History: What Can You Believe?", Archival Issues 21(2), 1996.
- William Moss, "Oral History: An Appreciation", American Archivist 40(October), 1977.
- William W. Moss, "Oral History", Managing Archives and Archival Institutions, James Hregory Bradsher ed., London: Mansell Publishing Limited, 1988.

기타 자료

- International Standards Organization, ISO 23081-1. Information and documantation - Records management processes - Metadata for records-Part 1: Principles, 2006.
- InterPARES 2 Part 6, Investigating the roles and requirements, manifestations and management of metadata in the creation of reliable and preservation of authentic digital entities. http://www.interpares.org/ip2/display_file.cfm?doc=ip2+book_part_6_description_task_force.pdf

참고 사이트

- 구술로 만나는 한국 예술사 – http://oralhistory.arko.or.kr/oral/main.asp
- 국사편찬위원회 – http://www.history.go.kr
- 독립기념관 – http://www.i815.or.kr/KO/index.php
- 20세기민중생활사연구단 – http://www.minjung20.org/main
- 전남대 5.18연구소 – http://altair.chonnam.ac.kr/~cnu518/introduce_01.htm
- 제주4.3연구소 – http://www.jeju43.org
- 한국정신대연구소 – http://www.truetruth.org/index.htm
- 한국학중앙연구원 – http://www.aks.ac.kr/aks

- British Library Sound Archive - http://www.bl.uk/collections/sound-archive/history.html
- Canadian Oral History Association - http://www.canoha.ca
- Centre for Popular Memory (CPM), University of Cape Town
  -http://www.popularmemory.org.za

- Czech Oral History Association - http://www.oralhistory.cz
- International Oral History Association - http://www.iohanet.org
- Iranian Oral History - http://www.oral-history.ir
- John F Kennedy presidential library & museum - http://www.jfklibrary.org
- Miller Center of Public Affairs, University of Virginia
  - http://www.millercenter.virginia.edu
- National Library of Australia Oral History Collection - http://www.nla.gov.au/oh
- National Oral History Association of New Zealand - http://www.nohanz.org.nz
- Oral History Association (USA) - http://www.oralhistory.org
- Oral History Association of Australia - http://www.ohaa.net.au
- Oral History Research Office Columbia University, New York
  - http://www.columbia.edu/cu/libraries/indiv/oral
- Oral History Society (UK) - http://www.oralhistory.org.uk
- Regional Oral History Office, Bancroft Library, Berkeley University
  - http://www.lib.berkeley.edu/BANC/ROHO
- Southern Oral History Program, University of North Carolina
  - http://www.unc.edu/sohp
- The Art Institute of Chicago, Chicago Architects Oral History Project
  - http://www.artic.edu/aic
- United States Holocaust Memorial Museum, Washington D.C.
  - http://www.ushmm.org
- University of Connecticut Center for Oral History - http://www.oralhistory.uconn.edu
- University of Louisville Oral History Center
  - http://www.louisville.edu/library/uarc/ohc.htm
- University of New South Wales Oral History Program, Sydney, Australia
  - http://www.oralhistory.unsw.edu.au

색인